9급 공무원 국어 시험대비

박문각
공무원

특별판

박혜선
국어

박혜선 편저

동영상 강의 www.pmg.co.kr

천기누설 혜선팍
세트형 독해+어휘

PREFACE 이 책에 **들어가기 전에**

최단기 합격의 절대 공식! 만점 릴레이 적중 신화!
박문각 국어 1위 亦功 국어 박혜선 선생님이
亦功이들의 단기 합격을 간절하게 기원하며

안녕하세요. 박문각에서 국어를 가르치는 亦功 국어 박혜선입니다.
2025년 대대적인 출제 기조 변화로 공무원 국어가 이례적으로 아주 큰 변화를 겪게 되었습니다.

> 1) '세트형 독해'의 출몰!: '강화, 약화'와 '추론적 독해'의 강화
> 2) 철저한 암기 위주였던 '한자' 유형이 사라지고 전반적인 어휘력을 측정하는 문제들 출제!

먼저 1)을 설명 드리겠습니다! 세트형 독해의 경우에는 타 직렬에서 나왔었던 유형이나
국가직, 지방직에서는 흔하게 나오는 유형은 아니었습니다.
하지만 인사혁신처가 제시한 1차, 2차 샘플에 각각 3세트, 2세트가 나옴에 따라
세트형 독해 문제를 어떻게 정확하고 빠르게 풀어야 하는지가 정말 중요해졌습니다.

보통 세트형 문제는 ① 추론적 독해 ② 유사한 표현으로 바꾸기 or 문맥적 의미 추론으로
출제될 확률이 아주 큽니다.

다음으로 2)를 설명 드리겠습니다.
2024년 이전에는 단순 암기 유형의 대표 주자로 한자성어와 2글자 한자 표기를 출제했었습니다.
하지만 2025년 출제 기조 변화로 '유사한 표현으로 바꾸기 or 문맥적 의미 추론' 유형이 출제되면서
예전처럼 단순 암기만으로는 문제를 맞힐 수 없게 되었습니다.
반드시 어휘를 추론하는 능력을 갖추셔야 한다는 뜻입니다.

이러한 능력들을 함양하기 위한 가장 좋은 도구로
천기누설 혜선팍 세트형 독해+어휘를 출간하게 되었습니다.

> 20문제 중 거의 논리추론 포함 18문제를 차지하게 된 독해 유형,
> 특히 추론 문제 유형에 대해 대비하기 위해
> 풍부한 독해 문제들을 실음과 동시에,
> 추론 독해에 정말 필수적으로 알아야 하는 어휘 개념들을 수록했습니다.
> 추론 독해가 많아지며, 전반적인 어휘력을 측정하는 트렌드가 우세할수록,
> 어휘의 뜻을 정확하게 아는 능력이 더욱더 중요해지기 때문입니다.

자 그렇다면 이제!
독해와 어휘를 모두 잡는 천기누설 혜선팍 세트형 독해+어휘의 관전 포인트를 보겠습니다.

수석합격 릴레이, 최단기간 합격의 절대공식,
혜선 쌤의 신화는 2025에도 계속된다!

🔍 亦功 국어의 관전 포인트 1
13일 만에 세트형 추론적 독해 문제를 맘껏 양껏 훈련할 수 있는 유일한 강의!

2025 출제기조를 보면 추론적 독해 유형이 많이 나오고 있기 때문에 양질의 추론 독해 문제를 많이 푸는 것은 중요합니다. 특히 세트형 문제가 2-3 세트가 나오므로 시간을 단축하면서 동시에 풀 수 있는 야매 꼼수가 필요합니다. 세트형 문제는 기존의 출제기조에 없던 유형이므로 이 강의를 통해 양질의 문제로 강력하게 훈련할 수 있습니다.

🔍 亦功 국어의 관전 포인트 2
추론적 독해 비중이 엄청나게 커진 지금, 정말 중요한 것은 어휘력!

어휘 문제가 2문제 나오기는 하나, 사실 어휘 공부를 해야 하는 중요한 이유는 추론적 독해를 정확하게 맞히기 위함입니다. 추론적 독해가 강화되면, 제시문을 정확하게 이해한 것을 바탕으로 선지를 파악하는 문제가 많이 출제됩니다. 따라서 제시문에 나온 어려운 어휘를 이해하는 것이 중요합니다. 또한 내가 안다고 생각했지만 애매하게 아는 어휘 때문에 틀리는 경우가 많기 때문에 독해 유형에서 빈출되는 어휘들을 미리 공부한다면 더 확실하게 추론적 독해 유형을 대비할 수 있습니다. 선지를 어렵게 구성하는 경우에도 애매한 독해 어휘를 넣는 경우가 많으므로 이 강의를 통해 최빈출 독해 어휘를 짧고 강렬하게 나의 것으로 만들어야 합니다.

🔍 亦功 국어의 관전 포인트 3
세트형 독해에 반드시 출제되는 '유사한 표현으로 바꾸기, 문맥적 의미 추론' 문제를 미친 듯이 훈련!

2024 이전의 단순 암기 유형인 한자와 한자성어는 과감하게 제외하고 정말 2025년에 나올 '유사한 표현으로 바꾸기, 문맥적 의미 추론'을 양치기로 질릴 때까지 훈련할 수 있도록 많은 문제들을 실었습니다. 특히 공시나 역대 수능에서 물어봤던 어휘들을 토대로 문제를 만들기도 하였으니 출제자들이 원하는 포인트를 잘 확인하실 수 있을 겁니다!

🔍 亦功 국어의 관전 포인트 4
간편하게 공부 가능한 어휘 설명 파트, 빈칸 문제 파트로 최빈출 독해 어휘를 깔끔하고 빠르게 정리

부담스럽지 않은 미니 사이즈로 꾸준하게 독해의 감, 어휘의 감을 잃지 않게 깔끔한 어휘 설명 파트와 빈칸 문제를 수록하였습니다. 미니 사이즈 교재이지만 속은 정말 알찬 교재로 어디에서든 휴대할 수 있게 만들었습니다.

본 교재를 통해 꼭 단기 합격을 이루시기 바랍니다. 여러분의 단기 합격을 간절하게 응원합니다.

2024년 8월 편저자

박혜선 惠旋

최단기 합격의
절대 공식
亦功 국어

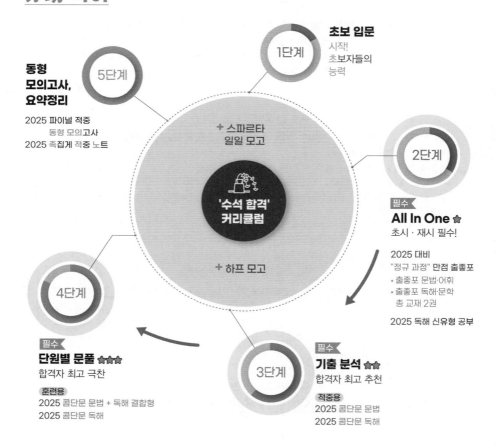

초보 입문
시작!
초보자들의
능력

1단계

5단계

**동형
모의고사,
요약정리**

2025 파이널 적중
동형 모의고사
2025 족집게 적중 노트

+ 스파르타
일일 모고

2단계

'수석 합격'
커리큘럼

필수
All In One ✿
초시 · 재시 필수!

2025 대비
"정규 과정" 만점 출졸포
• 출졸포 문법·어휘
• 출졸포 독해·문학
  총 교재 2권

2025 독해 신유형 공부

+ 하프 모고

4단계

필수
단원별 문풀 ✿✿✿
합격자 최고 극찬

훈련용
2025 콤단문 문법 + 독해 결합형
2025 콤단문 독해

3단계

필수
기출 분석 ✿✿
합격자 최고 추천

적중용
2025 콤단문 문법
2025 콤단문 독해

 = "필수" 커리

 ## 선택 사항이지만, 약점이 되는 부분은 듣는 것을 강추!
(수업이 너무 좋아서 듣게 될 거임.)

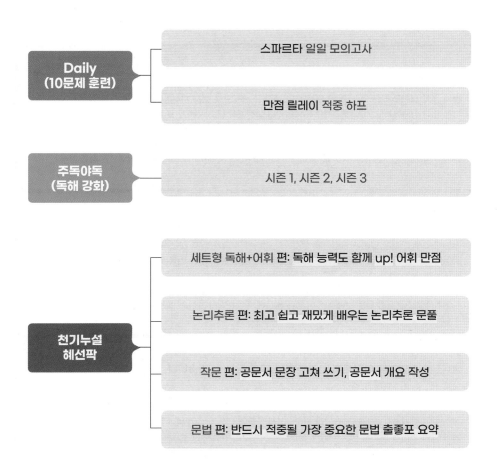

Daily
(10문제 훈련)
- 스파르타 일일 모의고사
- 만점 릴레이 적중 하프

주독야독
(독해 강화)
- 시즌 1, 시즌 2, 시즌 3

천기누설
혜선팍
- 세트형 독해+어휘 편: 독해 능력도 함께 up! 어휘 만점
- 논리추론 편: 최고 쉽고 재밌게 배우는 논리추론 문풀
- 작문 편: 공문서 문장 고쳐 쓰기, 공문서 개요 작성
- 문법 편: 반드시 적중될 가장 중요한 문법 출좋포 요약

REVIEW

 亦功 박혜선 국어 수강 후기

빠르고 정확하게 문제를 풀 수 있도록 문제 유형별 풀이 방식을 꼼꼼하게 알려주십니다.

[문학] 기본적으로 알고 있어야 하는 문학적 개념들을 잘 설명해 주시고 잘 정리되어 있어서 기본개념 외우기 좋습니다. 그 이후 문학 작품 설명이 들어가는데 작가별로 포인트를 짚어서 외울 부분을 알려주시고 이야기로 풀어서 잘 설명해주시다 보니 기억에 잘 남습니다.

[독해] 빠른 시간 안에 정확하게 문제를 풀어낼 수 있도록 각 문제 유형별로 풀이 방식을 알려주셔서 적용하는 연습을 계속해서 시켜주십니다. 혜선 쌤만의 많은 팁을 적용하면서 문제를 어떻게 풀어야 하는지 많은 도움을 받았습니다.

파파야얌

혜선 쌤의 야매 꼼수, 출좋포 문학도 강추!!!

현대 문학 유형은 작품 그 자체보다는 작가의 성향을 중심으로 배경 지식을 알면 훨씬 수월합니다. 물론 다른 문학 강의에서도 가르치시지만, 특히 올인원 과정에서 더 자세하게 알려주시기 때문에 추천하는 강의입니다. 특히 국가직 시험은 자주 출제되는 작품보다는 생소한 작품을 내는 경향이 있기 때문에 작가가 살아온 배경지식을 알아야 시간 절약에 도움이 됩니다. 아무리 문학에 자신 있는 분이라도 생소한 작품 문제가 나오면 순간 당황할 수가 있기에 올인원 문학을 반드시 들어서 크게 도움이 되었으면 좋겠습니다.

미래공무원

저처럼 금세 싫증을 느끼거나 스스로 공부하는 것에 자신이 없는 분들에게 추천! 안 질리는 강의

저는 스스로 끈기가 있는 사람이라고 생각하지 않습니다. 그게 짧지 않은 공시 기간 중에 큰 허점이 될 것이라고도 생각합니다. 그러나 혜선 쌤의 강의는 분명 같은 내용을 반복해서 회독하고 있는 것임에도 불구하고, 물림 없이 수강하게 됩니다. 강의 도중 학습 내용과 연계하여 풀어주시는 썰과, 쉬운 암기를 위해 제공해 주시는 야매 꼼수, 숨이 찰 만큼 높은 텐션이 그렇습니다. 그래서 저는 저처럼 금세 싫증을 느끼거나 스스로 공부하는 것에 자신이 없는 분들에게 추천드리고 싶습니다.

최*오

2025 문학 영역을 이렇게 대비해 주다니 듣길 잘한 거 같습니다.

출좋포 시즌 따라서 진행 중입니다. 내년 2025 기조가 바뀌니깐 문학은 나오지 않을 거다 생각하지만서도 마음이 불안했는데 혜선 쌤이 숙제로 듣게 해주셔가지고 수강했는데 잘 들은 것 같아요. 수강 수도 적게 있고 작가마다 깔끔하게 문학을 알려주셔서 문학에 대해 허들이 낮아졌어요. 2025 기조에 맞게 부담이 없이 편하게 듣기도 하고 마음에 불안함도 사라졌습니다. 혹시나 2025 대비하시는데 문학에 대한 부담이나 불안하신 분들은 꼭 만점 출좋포 문학 수업 들어보시는 거를 추천드립니다. 혜선 쌤이 알려준 요점대로만 따라가도 좋을 것 같아요. 문법으로 머리가 아팠는데 혜선 쌤의 하이텐션으로 더 문학으로 재미를 봅니다. 다들 파이팅입니다.

김*진

선생님 강의에서 가장 도움이 되는 건 역시 "독해"였습니다.

선생님과 추론하는 과정 그리고 풀어나가는 시간을 최대한 맞춰나갔고 틀리는 것도 무슨 오류를 범하는지 계속 생각해나갔습니다.(전 사고 비약이 심해서 실수하지 않도록 선생님 말씀처럼 이해해가며 신중히 펜체킹했습니다.) 1년 정도 하고나니 국어 푸는데 딱 20분이 걸렸고 모든 과목을 다 풀고도 20분정도 남아서 omr 2번 확인하고 헷갈렸던 문제도 다시 풀 수 있어서 3문제 고쳐서 맞힌 덕분에 성적 상승에도 도움이 됐습니다.

날아다니는 치킨

가장 유사한 독해 문제 유형을 출제하는 쌤 고르라면 단연코 박혜선 선생님!

독해의 경우 군더더기 없는 설명을 통해 정답을 고르는데 조금의 망설임 없는 자신감과 실력을 갖추게 해주셨습니다. 제가 이번 국가직 시험을 대비하면서 타 학원 선생님의 동형모의고사도 많이 풀어보았지만 이번 국가직 시험과 가장 유사한 독해 문제 유형을 모의고사로 출제한 선생님을 고르라 하면 단연코 박혜선 선생님을 꼽을 수밖에 없을 정도로 출제 경향에 굉장히 민감하게 반응하시고 문제를 선별하셨습니다. 특히 2025년에 새롭게 선보이는 유형으로 독해 부분에선 psat을 들 수 있는데. 이 부분은 박문각 학원 측에서도 적극적으로 홍보를 해야 되지 않을까 싶을 정도로 박혜선 선생님의 독보적인 영역이라고 생각됩니다.

동현

혜선 쌤 커리만 따라가면 못하려고 해도 잘할 수밖에 없습니다.

대학교 졸업 후 공무원 준비를 하고 있는데 국어를 안한 지 오래되기도 하고 제가 기억력이 안 좋아서 정말다 잊어버려서 처음에 많이 낙담을 했습니다 ㅠㅠ 하지만 혜선 쌤의 텐션과 외우게 해주시려고 반복해주셔서 제가 외우려고 힘들이지 않아도 잘 외워지는 거 같아요!
그리고 확실히 수업시간에 아 너무 어려운데…?라고 생각했던 개념들도 풀어보고 나면 '오, 풀리긴 풀린다'라고 생각했던 게 많았던 거 같아요! 처음부터 어떻게 효율적으로 공부해야 할까… 이 많은 양을 어떻게 공부해야 하지?라는 생각을 많이 했는데 혜선 쌤께서 알아서 잘 이끌어 주시는대로 과제 착실히 하고 그날 공부한 거 복습하고 있어요! 이렇게 따라가면 못하려고 해도 잘할 수 있지 않을까?라는 믿음이 듭니다 ㅎㅎ! 아직 길과 감을 못 잡으신 분들과 정말 쉽게 중요 포인트들을 얻고 가고 싶으신 분들께 정말 강추드립니다 ㅎㅎ!

김*선

하라는 대로 따라가면 국어는 큰 문제없이 좋은 점수를 받을 수 있을 거라는 확신이 들어요.

강의의 장점으로는 텐션이 정말 정말 높고 문법은 될 때까지 예시로 때려 박아주셔서 이해하기 싫어도 자동으로 이해가 됩니다ㅎㅎ 독해 같은 경우에는 야매 꼼수로 푸는 것, 접속사를 활용해서 글의 흐름 파악하기, 선택지 끊어서 파악해가며 읽기 등등 여러 가지 팁이 정말 좋았습니다~ 또 저는 질문이 정말 많은 편인데 현강에서 질문할 때도 항상 잘 받아주셔서 너무 감사하네요! 그냥 선생님께서 하라는 대로 따라가면 국어는 큰 문제없이 좋은 점수를 받을 수 있을 거라는 확신이 들어요.

백*현

DAY	챕터	인강 날짜	회독 횟수
Day 01	❶	____ / ____	☆ ☆ ☆ ☆
	❷	____ / ____	☆ ☆ ☆ ☆
	❸	____ / ____	☆ ☆ ☆ ☆
	❹	____ / ____	☆ ☆ ☆ ☆
	❺	____ / ____	☆ ☆ ☆ ☆
	❻	____ / ____	☆ ☆ ☆ ☆
Day 02	❶	____ / ____	☆ ☆ ☆ ☆
	❷	____ / ____	☆ ☆ ☆ ☆
	❸	____ / ____	☆ ☆ ☆ ☆
	❹	____ / ____	☆ ☆ ☆ ☆
	❺	____ / ____	☆ ☆ ☆ ☆
	❻	____ / ____	☆ ☆ ☆ ☆
Day 03	❶	____ / ____	☆ ☆ ☆ ☆
	❷	____ / ____	☆ ☆ ☆ ☆
	❸	____ / ____	☆ ☆ ☆ ☆
	❹	____ / ____	☆ ☆ ☆ ☆
	❺	____ / ____	☆ ☆ ☆ ☆
	❻	____ / ____	☆ ☆ ☆ ☆
Day 04	❶	____ / ____	☆ ☆ ☆ ☆
	❷	____ / ____	☆ ☆ ☆ ☆
	❸	____ / ____	☆ ☆ ☆ ☆
	❹	____ / ____	☆ ☆ ☆ ☆
	❺	____ / ____	☆ ☆ ☆ ☆
	❻	____ / ____	☆ ☆ ☆ ☆
Day 05	❶	____ / ____	☆ ☆ ☆ ☆
	❷	____ / ____	☆ ☆ ☆ ☆
	❸	____ / ____	☆ ☆ ☆ ☆
	❹	____ / ____	☆ ☆ ☆ ☆
	❺	____ / ____	☆ ☆ ☆ ☆
	❻	____ / ____	☆ ☆ ☆ ☆
Day 06	❶	____ / ____	☆ ☆ ☆ ☆
	❷	____ / ____	☆ ☆ ☆ ☆
	❸	____ / ____	☆ ☆ ☆ ☆
	❹	____ / ____	☆ ☆ ☆ ☆
	❺	____ / ____	☆ ☆ ☆ ☆
	❻	____ / ____	☆ ☆ ☆ ☆
Day 07	❶	____ / ____	☆ ☆ ☆ ☆
	❷	____ / ____	☆ ☆ ☆ ☆
	❸	____ / ____	☆ ☆ ☆ ☆
	❹	____ / ____	☆ ☆ ☆ ☆
	❺	____ / ____	☆ ☆ ☆ ☆
	❻	____ / ____	☆ ☆ ☆ ☆

DAY	챕터	인강 날짜	회독 횟수
Day 08	❶	_____ / _____	☆ ☆ ☆ ☆
	❷	_____ / _____	☆ ☆ ☆ ☆
	❸	_____ / _____	☆ ☆ ☆ ☆
	❹	_____ / _____	☆ ☆ ☆ ☆
	❺	_____ / _____	☆ ☆ ☆ ☆
	❻	_____ / _____	☆ ☆ ☆ ☆
Day 09	❶	_____ / _____	☆ ☆ ☆ ☆
	❷	_____ / _____	☆ ☆ ☆ ☆
	❸	_____ / _____	☆ ☆ ☆ ☆
	❹	_____ / _____	☆ ☆ ☆ ☆
	❺	_____ / _____	☆ ☆ ☆ ☆
	❻	_____ / _____	☆ ☆ ☆ ☆
Day 10	❶	_____ / _____	☆ ☆ ☆ ☆
	❷	_____ / _____	☆ ☆ ☆ ☆
	❸	_____ / _____	☆ ☆ ☆ ☆
	❹	_____ / _____	☆ ☆ ☆ ☆
	❺	_____ / _____	☆ ☆ ☆ ☆
	❻	_____ / _____	☆ ☆ ☆ ☆
Day 11	❶	_____ / _____	☆ ☆ ☆ ☆
	❷	_____ / _____	☆ ☆ ☆ ☆
	❸	_____ / _____	☆ ☆ ☆ ☆
	❹	_____ / _____	☆ ☆ ☆ ☆
	❺	_____ / _____	☆ ☆ ☆ ☆
	❻	_____ / _____	☆ ☆ ☆ ☆
Day 12	❶	_____ / _____	☆ ☆ ☆ ☆
	❷	_____ / _____	☆ ☆ ☆ ☆
	❸	_____ / _____	☆ ☆ ☆ ☆
	❹	_____ / _____	☆ ☆ ☆ ☆
	❺	_____ / _____	☆ ☆ ☆ ☆
	❻	_____ / _____	☆ ☆ ☆ ☆
Day 13	❶	_____ / _____	☆ ☆ ☆ ☆
	❷	_____ / _____	☆ ☆ ☆ ☆
	❸	_____ / _____	☆ ☆ ☆ ☆
	❹	_____ / _____	☆ ☆ ☆ ☆
	❺	_____ / _____	☆ ☆ ☆ ☆
	❻	_____ / _____	☆ ☆ ☆ ☆

GUIDE

이 책의 **구성과 특징**

1

단 13일 만에 끝내는, 독해 필수 어휘 설명

• 독해 유형이 거의 추론 독해로 구성되어 있게 되면 '어휘'가 더 중요하게 작용될 수밖에 없습니다. 공시 국어에서 많이 나왔던 어려운 어휘와, 안다고 생각했지만 정확하게 알지 못해 문제를 틀리게 만들 수 있는 애매한 어휘들을 모아서 13일 만에 끝내도록 하였습니다.

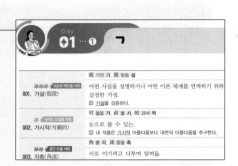

빈/칸/문/제

1. ( )에 들어갈 말을 〈보기〉에서 찾아 문맥에 맞게 넣으시오.

| ㉠ 가설 | ㉡ 가시적 | ㉢ 각축 | ㉣ 간과 |

❶ 이번 회담에서 구체적이고 ( )인 결과를 도출할 수 있기를 기대하
❷ 19세기 말, 아시아 지역에서는 외세의 ( )이/가 심화되었다.

2

빈칸 문제

• 앞에 필수 어휘를 잘 공부했는지 확인하는 빈칸 문제입니다. 언어의 감을 자연스럽게 높아지게 합니다.

3

독해 문제(세트형)

• 2025 출제기조를 확실히 반영한 세트형 독해 문제 (강화 약화/추론적 독해)를 빠르고 정확하게 풀 수 있는 방법을 알려 드리는 섹션입니다.

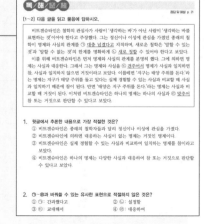

4

정답 및 해설

• 추론 독해 유형과 어휘 문제들의 정답과 해설을 자세하게 서술하였습니다.

CONTENTS 이 책의 차례

DAY
01

☆☆☆☆ **0순위 최빈출 어휘** **001. 가설(假說)**	假 거짓 **가**, 說 말씀 **설** 어떤 사실을 설명하거나 어떤 이론 체계를 연역하기 위하여 설정한 가정. 예 <u>가설</u>을 검증하다.
☆ **난이도 조절용 어휘** **002. 가시적(可視的)**	可 옳을 **가**, 視 볼 **시**, 的 과녁 **적** 눈으로 볼 수 있는. 예 내 작품은 <u>가시적</u> 아름다움보다 내면의 아름다움을 추구한다.
☆☆ **중간 빈출 어휘** **003. 각축(角逐)**	角 뿔 **각**, 逐 쫓을 **축** 서로 이기려고 다투며 덤벼듦. 예 중국 시장을 둘러싼 각국의 <u>각축</u>은 더욱 치열해질 것 같다.
☆☆☆ **0순위 최빈출 어휘** **004. 간과(看過)**	看 볼 **간**, 過 지날 **과** 큰 관심 없이 대강 보아 넘김. 예 나는 그가 따라 주는 술을 마시면서도 그 사실을 결코 <u>간과</u>하지 않았다. ≪전상국, 외딴길≫
☆☆ **중간 빈출 어휘** **005. 간헐적(間歇的)**	間 사이 **간**, 歇 쉴 **헐**, 的 과녁 **적** 얼마 동안의 시간 간격을 두고 되풀이하여 일어나는. 예 <u>간헐적</u> 공격.
006. 개괄(概括)	槪 대개 **개**, 括 묶을 **괄** 중요한 내용이나 줄거리를 대강 추려 냄. 예 그 문제를 여러 각도에서 <u>개괄</u>해 보았다.
007. 개진(開陳)	開 열 **개**, 陳 베풀 **진** 주장이나 사실 따위를 밝히기 위하여 의견이나 내용을 드러내어 말하거나 글로 씀. 예 의견 <u>개진</u>.
008. 거국적(擧國的)	擧 들 **거**, 國 나라 **국**, 的 과녁 **적** 온 나라에서 국민이 모두 하는. 예 민족 통일을 앞당기기 위해서는 민족의 <u>거국적</u>인 화해가 밑거름이 되어야 한다.

정답 및 해설 p. 288

1. (   )에 들어갈 말을 〈보기〉에서 찾아 문맥에 맞게 넣으시오.

㉠ 가설   ㉡ 가시적   ㉢ 각축   ㉣ 간과

❶ 이번 회담에서 구체적이고 (   )인 결과를 도출할 수 있기를 기대한다.

❷ 19세기 말, 아시아 지역에서는 외세의 (   )이/가 심화되었다.

❸ 연구자들은 실험을 통해 (   )을/를 검증했다.

❹ 문제를 해결하기 위해 중요한 세부 사항을 (   )해서는 안 된다.

❺ 10여 개의 팀이 우승을 놓고 (   )을/를 벌였다.

정답 및 해설 p. 288

2. (   )에 들어갈 말을 〈보기〉에서 찾아 문맥에 맞게 넣으시오.

㉠ 간헐적   ㉡ 개괄   ㉢ 개진   ㉣ 거국적

❶ 그는 이번에 제출된 제안서의 내용에 대해 자신의 우려를 (   )했다.

❷ 그는 이 작품에서 시대의 역사적 (   )을/를 시도했다.

❸ 회의 중에 모든 팀원들은 자신의 의견을 (   )할 기회를 가졌다.

❹ 우리나라에서는 입시가 (   )인 관심사가 되다시피 한다.

❺ 환자는 최근 몇 주 동안 (   )인 발작을 경험하고 있어, 의사의 추가 검사가 필요하다.

정답및 해설 p. 288~289

[1~2] 다음 글을 읽고 물음에 답하시오.

비트겐슈타인은 철학의 관심사가 사람이 '생각하는 바'가 아닌 사람이 '생각하는 바를 표현하는 것'이어야 한다고 주장했다. 그는 정신이나 이성에 관심을 가졌던 종래의 철학이 명제와 사실의 관계를 ㉠ 대충 넘겼다고 지적하며, 새로운 철학은 '말할 수 있는 것'과 '말할 수 없는 것'의 한계를 명확하게 ㉡ 정할 수 있어야 한다고 보았다.

이를 위해 비트겐슈타인은 먼저 명제와 사실의 관계를 분명히 했다. 그에 의하면 명제는 사실과 대응한다. 그래서 그는 명제와 사실을 ㉢ 견주어서 명제가 사실과 일치하면 참, 사실과 일치하지 않으면 거짓이라고 보았다. 이를테면 '지구는 태양 주위를 돈다.'라는 명제는 지구가 태양 주위를 돌고 있다는 실제 경험할 수 있는 사실과 비교할 때 사실과 일치하기 때문에 참이 된다. 반면 '태양은 지구 주위를 돈다.'라는 명제는 사실과 비교할 때 거짓이 된다. 이처럼 비트겐슈타인은 하나의 명제는 하나의 사실과 ㉣ 맞추어 참 또는 거짓으로 판단할 수 있다고 보았다.

1. **윗글에서 추론한 내용으로 가장 적절한 것은?**

① 비트겐슈타인은 종래의 철학자들과 달리 정신이나 이성에 관심을 가졌다.

② 비트겐슈타인에 의하면 대응하는 사실이 없는 명제는 거짓인 명제이다.

③ 비트겐슈타인은 실제 경험할 수 있는 사실과 비교하여 일치하는 명제를 참이라고 보았다.

④ 비트겐슈타인은 하나의 명제는 다양한 사실과 대응하여 참 또는 거짓으로 판단할 수 있다고 보았다.

2. **㉠~㉣과 바꿔쓸 수 있는 유사한 표현으로 적절하지 않은 것은?**

① ㉠: 간과했다고

② ㉡: 설정할

③ ㉢: 교대해서

④ ㉣: 대응하여

정답 및 해설 p. 289

3. **문맥상 ㉠의 의미와 가장 가까운 것은?**

> 그가 장작을 더 넣자 꺼져 가던 불꽃이 다시 ㉠ 일어나 방 안을 따뜻하게 밝혔다.

① 황사 현상이 일어나면서 하늘이 뿌옇게 변했다.
② 할아버지의 유산 덕분에 한동안 기울었던 집안이 다시 일어났다.
③ 결승골이 터지자 관중석에서 기쁨으로 환호성이 일어났다.
④ 학생들이 학생회 문제를 들고 일어났다.

☆☆☆ 중간 빈출 어휘 **009. 거시적(巨視的)**	巨 클 **거**, 視 볼 **시**, 的 과녁 **적** ① 사람의 감각으로 식별할 수 있을 정도의. 예 <u>거시적</u> 물체. ② 사물이나 현상을 전체적으로 분석·파악하는. 예 미시적으로 소설을 읽는 버릇 때문에 소설을 <u>거시적</u> 관점에서 보는 시각이 둔감해질 수 있다.
☆☆☆ 중간 빈출 어휘 **010. 견지(見地)**	見 볼 **견**, 地 땅 **지** 어떤 사물을 판단하거나 관찰하는 입장. 예 예술가의 <u>견지</u>로 보면 하찮은 돌멩이도 훌륭한 작품 소재가 된다.
☆☆☆ 0순위 최빈출 어휘 **011. 결부(結付)**	結 맺을 **결**, 付 줄 **부** 일정한 사물이나 현상을 서로 연관시킴. 예 그는 언제나 이론을 현실과 <u>결부</u>하여 검토한다.
012. 결연(決然)	決 결단할 **결**, 然 불탈 **연** 마음가짐이나 행동에 있어 태도가 움직일 수 없을 만큼 확고함. 예 <u>결연</u>하게 말하다.
013. 결탁(結託)	結 맺을 **결**, 託 부탁할 **탁** 주로 나쁜 일을 꾸미려고 서로 한통속이 됨. 예 그는 밀수 조직과 <u>결탁</u>하여 불법으로 외국 제품을 들여왔다.
014. 계도(啓導)	啓 열 **계**, 導 인도할 **도** 남을 깨치어 이끌어 줌. 예 선생님의 <u>계도</u>로 학생들이 학업에 충실하게 되었다.
☆☆ 중간 빈출 어휘 **015. 경각심(警覺心)**	警 깨우칠 **경**, 覺 깨달을 **각**, 心 마음 **심** 정신을 차리고 주의 깊게 살피어 경계하는 마음. 예 <u>경각심</u>을 높이다.
016. 고무적(鼓舞的)	鼓 북 **고**, 舞 춤출 **무**, 的 과녁 **적** 힘을 내도록 격려하여 용기를 북돋우는. 예 이번 북한의 성명은 남북 대화에 급진전을 가져올 수 있는 <u>고무적</u> 발언이었다.

정답 및 해설 p. 289

1. (　　)에 들어갈 말을 〈보기〉에서 찾아 문맥에 맞게 넣으시오.

㉠ 거시적　　㉡ 견지　　㉢ 결부　　㉣ 결연

❶ 이 프로젝트의 성공 여부는 자금 조달 문제와 깊은 (　　)이/가 있다.

❷ 인도적 (　　)에서 이웃 나라에 식량을 지원했다.

❸ 우리는 그에게서 죽음을 두려워하지 않는 (　　)한 태도를 엿볼 수 있었다.

❹ 너무 눈앞의 일만 챙기지 말고 사태를 (　　)로/으로 보고 훗날에 대비하도록 하여라.

❺ 이 정책은 사회적 문제와 직접적으로 (　　)된 사항이기 때문에 신중히 검토해야 한다.

정답 및 해설 p. 289

2. (　　)에 들어갈 말을 〈보기〉에서 찾아 문맥에 맞게 넣으시오.

㉠ 결탁　　㉡ 계도　　㉢ 경각심　　㉣ 고무적

❶ 조합은 회사 측의 발언을 무척 (　　)로/으로 받아들였다.

❷ 이번 사건은 시민들에게 교통 안전에 대한 (　　)을/를 불러일으켰다.

❸ 정부는 공공의 안전을 위해 교통법규를 준수하도록 (　　)하는 캠페인을 시작했다.

❹ 그는 출세를 위하여 권력가와의 (　　)을/를 꾀하였다.

❺ 지역 사회의 자원봉사 활동이 늘어나고 있어 (　　)인 상황이다.

정답 및 해설 p. 289~290

[1~2] 다음 글을 읽고 물음에 답하시오.

위협 소구는 수신자에게 위협이나 공포감을 불러일으켜 설득의 효과를 높이는 전략이다. 예를 들어 고속도로에서 흔히 볼 수 있는 졸음운전 방지 표지판이 이에 해당한다. 이 표지판에는 '졸음 운전자 80% 이상 사망' 등의 굉장히 위협적인 메시지가 쓰여 있어 운전자들에게 크게 ㉠ <u>살피는 마음을</u> 준다.

이러한 위협 소구는 광고와 결합해 마케팅으로 쓰이기도 한다. 물론 상기한 예시와 같이 위협 소구가 금연, 금주 등의 공익 목적으로 광고와 결합할 수도 있지만 위협 소구가 상업적 광고와 결합할 때 그로 인한 문제가 발생할 수도 있다. 이는 시청자들이 느낄 수 있는 허구적 공포에 ㉡ <u>원인을 둔다.</u>

이들 상업 광고는 공통적으로 상품의 특정 성분을 마치 유해한 것으로 표현한다. 그리고 자신들의 상품에는 그러한 성분이 다른 친환경적인 성분으로 ㉢ <u>바뀌었다는</u> 것을 강조한다. 실제로는 언급된 성분들의 유해성은 검증되지 않았으며, 오히려 관련 기관에 의해 까다롭게 관리되어 안전성이 검증된 경우가 많다. 이에 따라 시청자들의 무분별한 광고의 수용보다 비판적 시각에서의 광고 수용이 ㉣ <u>급히 요구된다.</u>

1. 윗글의 제목으로 적절한 것은?
① 자신의 생명뿐만 아니라 타인의 생명도 앗아가는 졸음운전
② 위협 소구의 효과와 그에 대한 연구
③ 공익 목적으로 활용된 위협 소구 전략의 효율성
④ 위협 소구를 활용한 상업 광고에 대한 비판적 인식 촉구

2. ㉠~㉣과 바꿔쓸 수 있는 유사한 표현으로 적절하지 않은 것은?
① ㉠: 경각심
② ㉡: 기인한다
③ ㉢: 개선된다
④ ㉣: 촉구된다

정답 및 해설 p. 290

3. 문맥상 ㉠의 의미와 가장 가까운 것은?

> 휴대폰에서 오래된 가족 모임 비디오를 ㉠ 재생하니 그때의 즐거운 기억이 떠올랐다.

① 주인공은 죽음의 문턱까지 갔다가 불사의 약초를 먹고 재생했다.
② 출감하여 그는 과거의 죄를 뉘우치고 재생할 수 있는 길을 찾아 나섰다.
③ 종이를 재생하는 과정은 환경 보호에 큰 도움을 줍니다.
④ 이 오디오 파일은 손상되어 재생할 수 없다.

017. 고소(苦笑)	苦 쓸 **고**, 笑 웃음 **소**
	어이가 없거나 마지못하여 짓는 웃음.
	예 <u>고소</u>를 띠다.
✦✦✦ 중간 빈출 어휘 **018. 공시적(共時的)**	共 한가지 **공**, 時 때 **시**, 的 과녁 **적**
	어떤 시기를 횡적으로 바라보는.
	예 그 현상은 과거의 문제에서 현재의 문제로, 다시 말해 <u>공시적</u> 문제로 논의의 초점이 변하고 있다.
✦✦✦ 중간 빈출 어휘 **019. 과도기(過渡期)**	過 지날 **과**, 渡 건널 **도**, 期 기약할 **기**
	한 상태에서 다른 새로운 상태로 옮아가거나 바뀌어 가는 도중의 시기로, 흔히 사회적인 질서, 제도, 사상 따위가 아직 확립되지 않은 불안정한 시기를 이른다.
	예 전후의 <u>과도기</u>.
020. 과신(過信)	過 지날 **과**, 信 믿을 **신**
	지나치게 믿음.
	예 그는 종종 자신의 능력을 <u>과신</u>하였다.
021. 과언(過言)	過 지날 **과**, 言 말씀 **언**
	지나치게 말을 함. 또는 그 말.
	예 그는 세계 최고의 축구 선수라고 해도 <u>과언</u>이 아니다.
✦✦✦ 0순위 최빈출 어휘 **022. 관념(觀念)**	觀 볼 **관**, 念 생각 **념(염)**
	① 어떤 일에 대한 견해나 생각.
	예 이 식당의 종업원은 위생에 대한 <u>관념</u>이 철저하지 못하다.
	② 현실에 의하지 않는 추상적이고 공상적인 생각.
	예 <u>관념</u>에 빠지다.
✦✦✦ 0순위 최빈출 어휘 **023. 괄시(恝視)**	恝 근심 없을 **괄**, 視 볼 **시**
	업신여겨 하찮게 대함.
	예 허 고 녀석, 사람 <u>괄시</u>를 단단히 하는구나.
024. 교착(膠着)	膠 아교 **교**, 着 붙을 **착**
	① 아주 단단히 달라붙음.
	예 이 풀은 <u>교착</u>이 잘되지 않는다.
	② 어떤 상태가 굳어 조금도 변동이나 진전이 없이 머묾.
	예 회담이 <u>교착</u> 상태에 빠져 진전이 없었다.

정답 및 해설 p. 290

1. (   )에 들어갈 말을 〈보기〉에서 찾아 문맥에 맞게 넣으시오.

㉠ 고소	㉡ 공시적	㉢ 과도기	㉣ 과신

❶ 정치 체제가 변화하는 과정에서 나라는 불안정한 (   )을/를 거치고 있다.

❷ 약효에 대한 (   )은/는 금물이다.

❸ 물건이 엉망이 되어 돌아온 것을 보고, 결국 (   )을/를 금치 못했다.

❹ 언어 연구에서는 (   )인 방법을 사용하여 특정 시점의 언어 구조를 분석할 수 있다.

❺ 지나친 자기 (   )은/는 때때로 사람을 위험한 상황에 빠뜨릴 수 있다.

정답 및 해설 p. 290

2. (   )에 들어갈 말을 〈보기〉에서 찾아 문맥에 맞게 넣으시오.

㉠ 과언	㉡ 관념	㉢ 괄시	㉣ 교착

❶ 잘못된 시간 (   )을/를 갖고 있는 사람은 종종 업무 마감일을 지키지 못한다.

❷ 경제적 배경이 다르다는 이유로 (   )을/를 당하는 일은 없어야 한다.

❸ 그의 영향력은 산업 전반에 걸쳐 미쳤다고 해도 (   )이/가 아니다.

❹ 협상은 양측의 의견 차이로 인해 (   ) 상태에 빠졌다.

❺ 벽과 벽지가 강한 접착제로 (   )되어 있어 쉽게 떨어지지 않는다.

정답 및 해설 p. 291

[1~2] 다음 글을 읽고 물음에 답하시오.

한 문화에서 내재적으로 새로운 요소가 ㉠ <u>나오거나</u>, 다른 문화와의 접촉을 통해 문화가 끊임없이 변화하는 현상을 문화 변동이라고 한다. 다른 지역과의 교류가 ㉡ <u>시원스럽지</u> 않던 시기에 문화 변동의 가장 큰 요인은 발명과 발견이었다.

발명은 기존에 없었던 문화 요소를 새로 만들어 내는 것이다. 이는 전구나 텔레비전과 같은 물질일 수도 있고, 종교나 관습과 같은 생각일 수도 있다. 한편, 발견은 미처 찾아내지 못하였거나 아직 알려지지 않은 사물이나 현상, 사실 따위를 찾아내는 것이다. 신대륙을 찾아낸 것이나 바이러스를 알아낸 것 등은 모두 발견에 ㉢ <u>들어맞는다</u>.

발명과 발견은 모두 이전까지 몰랐던 것을 세상에 내놓아 문화를 변화시킨다는 공통점이 있다. 그러나 발견은 이미 존재하고 있었지만 밝혀지지 않았던 원리나 물체 따위를 인식하는 활동인 반면, 발명은 존재하지 않았던 것을 만들어 내는 창조적 활동이라는 점에서 다르다.

한편, 발명은 이전까지 전혀 없었던 문화 요소를 새로 만드는 1차 발명과 이미 발견 또는 발명된 문화 요소를 적용해서 이용하여 새로운 문화 요소를 ㉣ <u>만드는</u> 2차 발명이 있다. 가령, 바퀴는 1차 발명의 산물이며, 바퀴로 굴러가는 수레는 2차 발명의 산물이다.

1. 윗글의 내용을 평가한 것으로 적절하지 않은 것은?

① 신대륙을 찾아낸 것은 발견의 사례를 강화하지만 인공섬을 만들어 낸 것은 발명의 사례를 강화한다.

② 파스퇴르가 포도주가 상하는 원인을 찾아달라는 양조업자들의 부탁을 받고 연구하여 세균의 존재를 최초로 확인한 것은 발명의 사례를 강화하지 않는다.

③ 공화제나 입헌군주제, 민주주의나 자본주의와 같은 관념이 등장하여 기존 체제를 대체한 것은 발견의 사례를 강화한다.

④ 서양 음악에서 소나타 형식이 완성된 것과 모차르트나 베토벤이 소나타 형식에 따라 작곡한 것은 발명의 사례를 강화한다.

2. ㉠~㉣과 바꿔쓸 수 있는 유사한 표현으로 적절하지 않은 것은?

① ㉠: 등장하거나 ② ㉡: 활발하지

③ ㉢: 해당한다 ④ ㉣: 조성하는

정답 및 해설 p. 291

3. 문맥상 ⑤의 의미와 가장 가까운 것은?

우리는 여행을 위해 4명씩 한 조로 ⑤ 짜서 이동하기로 했다.

① 직원과 <u>짜고</u> 공금을 횡령한 사장이 경찰에 붙잡혔다.
② 그녀는 고운 실로 전통적인 방법을 사용해 천을 <u>짜고</u> 있었다.
③ 연구소는 각 분야의 연구원들을 <u>짜서</u> 효율적인 연구 그룹을 만들었다.
④ 프로젝트 마감일에 맞추기 위해 팀원들과 함께 계획을 <u>짜야</u> 한다.

★★★★ 0순위 최빈출 어휘 **025. 구체적**(具體的)	具 갖출 **구**, 體 몸 **체**, 的 과녁 **적** ① 사물이 직접 경험하거나 지각할 수 있도록 일정한 형태와 성질을 갖추고 있는. 예 사물의 **구체적** 발현. ② 실제적이고 세밀한 부분까지 담고 있는. 예 **구체적** 근거.
★★★★ 0순위 최빈출 어휘 **026. 국한**(局限)	局 판 **국**, 限 한할 **한** 범위를 일정한 부분에 한정함. 예 자격을 20세 미만으로 **국한**하다.
★★★★ 0순위 최빈출 어휘 **027. 궁극적**(窮極的)	窮 다할 **궁**, 極 극진할 **극**, 的 과녁 **적** 더할 나위 없는 지경에 도달하는. 예 인문 과학의 **궁극적** 목표는 인간의 본질에 대한 답을 구하는 것이다.
★★★ 중간 빈출 어휘 **028. 금자탑**(金字塔)	金 쇠 **금**, 字 글자 **자**, 塔 탑 **탑** 길이 후세에 남을 뛰어난 업적을 비유적으로 이르는 말. 예 역사에 길이 남을 **금자탑**을 이룩하다.
029. 가공(可恐)	可 옳을 **가**, 恐 두려울 **공** 두려워하거나 놀랄 만함. 예 언론의 위력은 **가공**할 만하다.
030. 각인(刻印)	刻 새길 **각**, 印 도장 **인** ① 도장을 새김. 또는 그 도장. ② 머릿속에 새겨 넣듯 깊이 기억됨. 또는 그 기억. 예 그에 대한 **각인**은 좀체 지워지지 않는다.
031. 감상(感傷)	感 느낄 **감**, 傷 다칠 **상** 하찮은 일에도 쓸쓸하고 슬퍼져서 마음이 상함. 또는 그런 마음. 예 돌아가신 어머니에 대한 **감상**의 눈물이 흘렀다.
★★★★ 0순위 최빈출 어휘 **032. 감식**(鑑識)	鑑 거울 **감**, 識 알 **식** ① 어떤 사물의 가치나 진위 따위를 알아냄. 또는 그런 식견. 예 보석 **감식**. ② 범죄 수사에서 필적, 지문, 혈흔 따위를 과학적으로 감정함. 예 현장 **감식**.

정답 및 해설 p. 292

1. (　　　)에 들어갈 말을 〈보기〉에서 찾아 문맥에 맞게 넣으시오.

> ㉠ 구체적　　　㉡ 국한　　　㉢ 궁극적　　　㉣ 금자탑

❶ 청소년 문제의 (　　　)인 책임은 기성세대에 있다.

❷ 이 연구 결과는 특정 지역에 (　　　)된 것이어서 전체 상황을 반영하지 않을 수 있다.

❸ 묘사는 추상적인 대상을 (　　　)로/으로 보여 주는 방법이다.

❹ 이 행사에 대한 보도는 주로 국내에 (　　　)되어 있어서 국제적인 관심은 부족했다.

❺ 그의 연구는 과학계에서 큰 주목을 받았고, (　　　)와/과 같은 업적이라고 평가받고 있다.

정답 및 해설 p. 292

2. (　　　)에 들어갈 말을 〈보기〉에서 찾아 문맥에 맞게 넣으시오.

> ㉠ 가공　　　㉡ 각인　　　㉢ 감상　　　㉣ 감식

❶ 경찰은 화재 현장의 타다 남은 전선에 대한 (　　　)을/를 의뢰했다.

❷ 그녀는 아름다운 음악을 들으며 (　　　)에 젖어 눈물을 글썽였다.

❸ 이 영화의 특수 효과는 (　　　)할 만한 수준으로, 관객들 모두가 놀라움을 금치 못했다.

❹ 그 사건은 그의 마음에 깊이 (　　　)되어 평생 잊을 수 없는 기억이 되었다.

❺ 요즘 들어 하찮은 일에도 (　　　)이/가 깊어져, 사소한 일로도 자주 기분이 상한다.

정답 및 해설 p. 292

[1~2] 다음 글을 읽고 물음에 답하시오.

일반적으로 극락은 불교의 사후 세계이자 아미타불이 다스리는 공간으로 알려져 있다. 극락은 현재 삶의 공간인 '예토'와 구분하여 끝없는 행복과 영원한 삶이 이어지며, 타종교의 '천국'과 같은 개념일 것이라 사람들은 생각한다.

하지만 불교의 '극락'은 '천국'과는 그 개념이 다르다. 예를 들어 아미타불의 ㉠ <u>도움</u>을 받았더라도 생전에 지은 죄에 따라 '극락'에서의 생활에 차등을 두어 우주가 생성하고 다시 ㉡ <u>없어질</u> 시간 동안 좁은 공간에 갇혀 있는 이들도 있다. 또 '극락'에 간 모든 사람은 불교의 궁극적 목표인 '성불'을 이루지 못한 사람들이라 '성불'을 이루려 노력하며, 이를 돕기 위한 아미타불의 설법이 계속 이어진다. '극락'이 '예토'와 그다지 다를 바 없는 공간임에도 사람들이 극락왕생을 바라는 이유는 '극락'에 태어나는 것이 윤회의 끝을 의미하기 때문이다. 윤회에서 벗어나지 못하면 살아서 지은 죄업과 선행의 무게에 따라 끝없이 ㉢ <u>살아난다</u>.

이런 '극락'을 바라보는 불교의 시각도 흥미로운 점이 많다. 일부 종파는 '극락'이 이 세상과 분리된 또 다른 공간에 존재한다고 생각하고, 다른 이들은 '극락'은 ㉣ <u>형태를 갖춘</u> 공간이 아닌 철학적 사유의 비유적 표현으로 현실 세계가 생각에 따라 지옥이 될 수도, '극락'이 될 수도 있다고 본다.

1. 윗글에 대한 추론으로 적절한 것은?

① 극락에서는 성불을 얻지 못한 자들이 아미타불의 설법으로 더 좋은 세계에 환생하기 위해 노력한다.

② 아미타불의 구원을 받더라도 모든 죄가 사라지는 것은 아니며 극락에서 죄의 대가를 치르기도 한다.

③ 극락을 철학적 사유의 비유적 표현이라 말하는 이들은 현실 세계와 예토를 동일시하는 관점을 가지고 있다.

④ 극락이 현실과 다른 공간에 존재한다고 주장하는 불교 종파는 생각에 따라 현실이 '극락'이 될 수도 있다고 본다.

2. ㉠~㉣과 바꿔쓸 수 있는 유사한 표현으로 적절하지 않은 것은?

① ㉠: 구원   ② ㉡: 소멸할

③ ㉢: 복귀한다   ④ ㉣: 구체적

정답 및 해설 p. 293

3. 문맥상 ㉠의 의미와 가장 가까운 것은?

> 여행 준비에 필요한 물품을 사는 데 예산의 절반을 ㉠ 썼다.

① 아르바이트에 시간을 많이 <u>써서</u> 공부할 시간이 없다.

② 너무 피곤해서 그런지 눈을 <u>쓰기</u>가 힘들었다.

③ 이상하게도 그는 오늘 상대 선수에게 너무 힘을 <u>쓰지</u> 못했다.

④ 그는 취직 기념으로 친구들에게 한턱을 <u>썼다</u>.

☆☆☆☆ **0순위 최빈출 어휘** **033. 감지(感知)**	感 느낄 **감**, 知 알 **지** 느끼어 앎. **예** 음성 감지가 가능한 컴퓨터.
034. 강단(剛斷)	剛 굳셀 **강**, 斷 끊을 **단** ① 굳세고 꿋꿋하게 견디어 내는 힘. 　**예** 우리 어머니들은 그 어려운 시절을 강단으로 버텨 오셨다. ② 어떤 일을 야무지게 결정하고 처리하는 힘.
035. 개관(槪觀)	槪 대개 **개**, 觀 볼 **관** 전체를 대강 살펴봄. **예** 자연주의 문학의 개관.
036. 개안(開眼)	開 열 **개**, 眼 눈 **안** ① 눈을 뜸. 　**예** 모자에 대한 관심이 어찌도 깊었던지 혼취하여 자다가도 개안 일 　번 첫 밭으로 찾는 것은 "내 모자!" 하고 부르짖을 지경이었다. 　《변영로, 명정 40년》 ② 깨달아 아는 일. 　**예** 조병수는 그 다져진 터전에 실로 많은 빛을 던져 주었던 것이다. 　그중 하나가 예술에 대한 휘의 개안이었다. 《박경리, 토지》
037. 개전(改悛)	改 고칠 **개**, 悛 고칠 **전** 행실이나 태도의 잘못을 뉘우치고 마음을 바르게 고쳐먹음. **예** 죄인에게 개전의 기회를 주다.
☆☆☆☆ **0순위 최빈출 어휘** **038. 갱신(更新)**	更 다칠 **갱**, 新 새 **신** ① 이미 있던 것을 고쳐 새롭게 함. = 경신(更新 : 更 고칠 　경 新 새 신). **예** 동맹 갱신. ② 법률관계의 존속 기간이 끝났을 때 그 기간을 연장하는 일. 　**예** 비자 갱신. ③ 기존의 내용을 변동된 사실에 따라 변경·추가·삭제하 　는 일. **예** 시스템의 갱신.
☆☆☆☆ **0순위 최빈출 어휘** **039. 게시(揭示)**	揭 높이 들 **게**, 示 보일 **시** 여러 사람에게 알리기 위하여 내붙이거나 내걸어 두루 보게 함. 또는 그런 물건. **예** 행사 일정표를 게시하다.
040. 격상(格上)	格 격식 **격**, 上 윗 **상** 자격이나 등급, 지위 따위의 격이 높아짐. 또는 그것을 높임. ↔ 격하(格下 : 格 격식 격 下 아래 하). **예** 호칭의 격상은 인격을 존중해 주는 것이라 볼 수 있다.

정답 및 해설 p. 293

1. (   )에 들어갈 말을 〈보기〉에서 찾아 문맥에 맞게 넣으시오.

㉠ 감지　　　㉡ 강단　　　㉢ 개관　　　㉣ 개안

❶ 그녀는 자신의 감정 변화를 빠르게 (   )하고 즉시 휴식을 취하기로 결정했다.

❷ 그녀는 (   ) 있는 발언으로 회의에서 팀의 의견을 강하게 주장했다.

❸ 이 책은 국문학사의 (   )을/를 통해 한국 문학의 흐름을 자세히 설명하고 있다.

❹ 그의 경험담을 듣고 나서, 나는 그 문제에 대한 새로운 시각을 (   )하게 되었다.

❺ 비판적인 상황에서도 흔들리지 않는 (   )을/를 보여주는 것이 리더십의 핵심이다.

정답 및 해설 p. 293

2. (   )에 들어갈 말을 〈보기〉에서 찾아 문맥에 맞게 넣으시오.

㉠ 개전　　　㉡ 갱신　　　㉢ 게시　　　㉣ 격상

❶ 계약의 만료일이 다가오자, 그는 계약서의 (   ) 절차를 시작했다.

❷ 관련 법령에 따라 모든 공공 문서는 공식 사이트에 (   )해야 한다.

❸ 그의 (   )은/는 과거의 실수를 되풀이하지 않겠다는 강한 의지를 보여주었다.

❹ 도시의 공공시설은 노후화된 설비를 (   )하기 위한 대규모 프로젝트를 진행 중이다.

❺ 그의 뛰어난 실력 덕분에 선수는 국가대표로 (   )되어 국제 대회에 참가하게 되었다.

정답 및 해설 p. 293~294

[1~2] 다음 글을 읽고 물음에 답하시오.

사람의 장에는 1,000종 이상의 박테리아가 존재하는데, 그중 일부는 질병을 일으키는 유해균이다. 유해균이 ㉠ <u>보내는</u> 독소는 장 점막을 손상시키고, 간문맥을 타고 간으로 ㉡ <u>들어오는</u> 간의 해독 기능을 떨어뜨린다. 그 결과 인체의 여러 조직에는 염증이 일어나게 된다.

그러나 장내 미생물 대부분은 숙주인 인체와 이익을 주고받는 공생 관계이다. 장내 유익균과 유해균의 황금 비율은 8:2로, 대표적인 유익균으로는 장내에 증식하며 항균 물질을 분비하여 유해균들의 증식을 ㉢ <u>누르는</u> 프로바이오틱스가 있다. 프로바이오틱스는 유해균과 당단백질의 결합을 막아 장내 염증을 일으키는 사이토카인 생성을 억제한다. 또, 유해균을 ㉣ <u>느끼는</u> 대식 세포를 활성화하고, 림프 세포를 활성화하여 여러 질병을 예방할 수 있게 한다. 프로바이오틱스를 포함한 장내 유익균의 기능이 밝혀지면서, 소화기관은 영양소 흡수뿐만 아니라 면역 체계 유지에도 중요한 기관으로 주목 받고 있다.

1. 윗글을 추론한 내용으로 적절하지 않은 것은?

① 프로바이오틱스는 간문맥에서 유해균을 감지하여 간으로 가지 못하도록 차단한다.

② 유해균이 당단백질과 결합하면 사이토카인이 생성된다.

③ 건강한 사람은 장내 미생물의 약 80%가 인체와 공생 관계인 유익균이다.

④ 장내 프로바이오틱스가 충분히 증식하지 못하면 간의 해독 기능이 떨어질 수도 있다.

2. ㉠~㉣과 바꿔쓸 수 있는 유사한 표현으로 적절하지 않은 것은?

① ㉠: 분비하는   ② ㉡: 운집되는

③ ㉢: 억제하는   ④ ㉣: 감지하는

3. **문맥상 ㉠의 의미와 가장 가까운 것은?**

> 신제품 출시를 위한 마케팅 전략을 부서장이 ㉠ <u>맡게</u> 되었다.

① 그녀는 교사로서의 자격을 <u>맡고</u> 학생들에게 교육을 제공하고 있다.
② 그 카페는 이벤트를 위해 케이크 주문을 <u>맡았다</u>.
③ 부모님께 여행을 다녀와도 좋다는 허락을 <u>맡았다</u>.
④ 아무리 작은 일이라도 <u>맡은</u> 일에 최선을 다해야 한다.

	堅 굳을 **견**, 持 가질 **지**
☆☆☆ 중간 빈출 어휘 **041. 견지**(堅持)	① 어떤 견해나 입장 따위를 군게 지니거나 지킴. 　예 지식인은 냉철한 비판 의식의 <u>견지</u>를 필요로 한다. ② 군게 지지함.
	缺 이지러질 **결**, 損 덜 **손**
042. 결손(缺損)	① 어느 부분이 없거나 잘못되어서 불완전함. 　예 동력 전달 장치에 <u>결손</u>이 있다. ② 수입보다 지출이 많아서 생기는 금전상의 손실. 　예 <u>결손</u>을 메우다.
	結 맺을 **결**, 集 모을 **집**
☆☆☆ 0순위 최빈출 어휘 **043. 결집**(結集)	한곳에 모여 뭉침. 또는 한곳에 모아 뭉침. 예 그는 뜻을 같이할 사람들의 <u>결집</u>을 촉구하며 연설의 마지막을 장식했다.
	經 지날 **경**, 綸 벼리 **륜(윤)**
044. 경륜(經綸)	① 일정한 포부를 가지고 일을 조직적으로 계획함. 또는 그 계획이나 포부. 　예 그의 말은 모두 오랜 인생 <u>경륜</u>에서 우러나오는 것이다. ② 세상을 다스림. 또는 그런 능력. 　예 높은 <u>경륜</u>의 소유자.
	傾 기울 **경**, 注 부을 **주**
☆ 난이도 조절용 어휘 **045. 경주**(傾注)	힘이나 정신을 한곳에만 기울임. 예 당분간 공부에만 <u>경주</u>를 하기로 했다.
	更 고칠 **경**, 迭 번갈아들 **질**
☆ 난이도 조절용 어휘 **046. 경질**(更迭)	어떤 직위에 있는 사람을 다른 사람으로 바꿈.　예 임원 <u>경질</u>.
	更 고칠 **경**, 新 새 **신**
☆☆☆ 0순위 최빈출 어휘 **047. 경신**(更新)	① 이미 있던 것을 고쳐 새롭게 함. ≒ 갱신(更新 : 更 다시 갱 新 새 신). 　예 그의 이론은 논리학과 철학에 <u>경신</u>을 일으켰다. ② 기록경기 따위에서, 종전의 기록을 깨뜨림. 　예 그는 이번 대회에서 신기록 <u>경신</u>에 도전한다. ③ 어떤 분야의 종전 최고치나 최저치를 깨뜨림. 　예 무더위로 최대 전력 수요 <u>경신</u>이 계속되고 있다.
	固 굳을 **고**, 陋 더러울 **루(누)**
048. 고루(固陋)	낡은 관념이나 습관에 젖어 고집이 세고 새로운 것을 잘 받아들이지 아니함.　예 <u>고루</u>한 사고방식.

정답 및 해설 p. 294

1. (   )에 들어갈 말을 〈보기〉에서 찾아 문맥에 맞게 넣으시오.

㉠ 견지   ㉡ 결손   ㉢ 결집   ㉣ 경륜

❶ 그는 다년간의 경험과 노력을 통해 깊은 (   )을/를 품게 되었다.

❷ 보수와 혁신 계열 양쪽 모두의 (   )을/를 기대하기는 어렵다.

❸ 재고 관리의 부주의로 인해 상점에서는 상당한 (   )이/가 발생했다.

❹ 이 학급은 학생 수의 (   )로/으로 인해 새로운 교사를 채용해야 한다.

❺ 법적 분쟁을 다룰 때는 법의 정신을 (   )하는 것이 해결의 핵심이다.

정답 및 해설 p. 294

2. (   )에 들어갈 말을 〈보기〉에서 찾아 문맥에 맞게 넣으시오.

㉠ 경주   ㉡ 경질   ㉢ 경신   ㉣ 고루

❶ 위기 관리 능력이 부족하다고 판단된 인사는 (   )되어 전문가가 새로 임명되었다.

❷ 그의 의견은 너무 (   )해서 새로운 아이디어를 받아들이기 어렵다.

❸ 문서의 내용이 너무 (   )하게 구성되어 있어서 독자들에게 흥미를 주지 못한다.

❹ 그는 목표 달성을 위해 모든 에너지를 한곳에만 기울여 (   )하듯 노력하고 있다.

❺ 노사 간에 단체 협상 (   ) 문제를 놓고 협상을 벌였다.

정답 및 해설 p. 294~295

[1~2] 다음 글을 읽고 물음에 답하시오.

> 역사드라마는 역사적 인물이나 사건 혹은 역사적 시간이나 공간에 대한 작가의 단일
> 한 재해석 또는 상상이 아니라 현재를 살아가는 시청자에 의해 ㉠ <u>스스로</u> 해석되고 상
> 상됨으로써 다중적으로 ㉡ <u>받아들여진다는</u> 점에서 과거와 현재의 대화라는 역사의 속
> 성을 ㉢ <u>지킨다.</u> 이는 곧 과거의 시공간을 배경으로 한 텔레비전 역사드라마가 현재를
> ㉣ <u>긍정하고</u> 있음을 의미한다. 그래서 역사적 시간과 공간적 배경 속에 놓여 있는 등장
> 인물과 지금 현재를 살아가는 시청자들이 대화를 나누기도 하고, 시청자들이 역사드라
> 마를 주제로 삼아 사회적 담론의 장을 열기도 한다.

1. **윗글을 읽은 후의 반응으로 가장 적절한 것은?** 2018 지방직 7급
  ① 현재와 밀접하게 관련되는 소재로만 역사드라마를 만들어야겠군.
  ② 역사드라마를 통해 시청자들이 사회적 화젯거리를 만들 수 있겠군.
  ③ 작가가 강조하는 역사적 교훈을 배우기 위해 역사드라마를 시청해야겠군.
  ④ 부정적인 평가를 받는 인물은 역사드라마에서 항상 악인으로만 그려지겠군.

2. **㉠~㉣과 바꿔쓸 수 있는 유사한 표현으로 적절하지 않은 것은?**
  ① ㉠: 능동적으로   ② ㉡: 수용된다는
  ③ ㉢: 보호한다   ④ ㉣: 지향하고

정답 및 해설 p. 295

3. 문맥상 ㉠의 의미와 가장 가까운 것은?

> 그는 친구의 말을 듣고 나서 상황을 ㉠ 재다가 결국 도와주기로 결정했다.

① 그녀는 명품 가방을 들고 와서 재다가 모두에게 외면당했다.
② 어머니는 철 지난 옷들을 옷장에 차곡차곡 재어 놓았다.
③ 목수는 나무의 길이를 정확하게 재다가 작업을 시작했다.
④ 어떤 사람인지를 잘 재어 보고 결혼을 결정하라고 조언했다.

DAY
02

049. 고상(高尙)	**高** 높을 **고**, **尙** 오히려 **상** 품위나 몸가짐이 속되지 아니하고 훌륭함. 예 그게 그렇게 궁금한가요? 취미가 <u>고상</u>한 편엔 못 들겠는데요.
050. 고충(苦衷)	**苦** 쓸 **고**, **衷** 속마음 **충** 괴로운 심정이나 사정. 예 다른 사람의 <u>고충</u>을 덜어 주다.
★★★ 0순위 최빈출 어휘 **051. 곤혹**(困惑)	**困** 곤할 **곤**, **惑** 미혹할 **혹** 곤란한 일을 당하여 어찌할 바를 모름. 예 나는 그녀의 예기치 못한 행동에 <u>곤혹</u>을 느꼈다.
★★★ 0순위 최빈출 어휘 **052. 공론**(公論)	**公** 공평할 **공**, **論** 논할 **론(논)** 여럿이 의논함. 또는 그런 의논. 사회 대중의 공통된 의견. 예 사또는 책방과 한동안 머리를 맞대곤 <u>공론</u>을 한다. ≪유현종, 들불≫
★★★ 0순위 최빈출 어휘 **053. 관건**(關鍵)	**關** 빗장 **관**, **鍵** 열쇠 **건** 어떤 사물이나 문제 해결의 가장 중요한 부분. 예 자율적인 시민을 어떻게 육성하느냐가 민주주의의 발전에 가장 큰 <u>관건</u>으로 대두된다.
054. 관철(貫徹)	**貫** 꿸 **관**, **徹** 통할 **철** 어려움을 뚫고 나아가 목적을 기어이 이룸. 예 노동자들은 요구사항 <u>관철</u>을 위해 장외 집회를 열었다.
055. 교란(攪亂)	**攪** 흔들 **교**, **亂** 어지러울 **란(난)** 마음이나 상황 따위를 뒤흔들어서 어지럽고 혼란하게 함. 예 경찰은 사회 질서의 <u>교란</u>을 노리는 불순 세력을 뿌리 뽑기로 했다.

정답 및 해설 p. 296

1. (   )에 들어갈 말을 〈보기〉에서 찾아 문맥에 맞게 넣으시오.

㉠ 고상   ㉡ 고충   ㉢ 곤혹   ㉣ 공론

❶ 해당 관청은 국민들의 (   )을/를 듣고 해결 방안을 마련하는 중이다.

❷ 정부는 이 문제를 해결하기 위해 전문가들과 함께 (   )의 장을 마련하였다.

❸ 그녀는 두 가지 중요한 약속이 겹쳐 (   )스러운 입장에 놓였다.

❹ 그녀는 항상 (   )한 태도로 사람들을 대하며 우아함을 잃지 않는다.

❺ 기상 악화로 비행기가 연착되어 승객들은 (   )을/를 감추지 못했다.

정답 및 해설 p. 296

2. (   )에 들어갈 말을 〈보기〉에서 찾아 문맥에 맞게 넣으시오.

㉠ 관건   ㉡ 관철   ㉢ 교란

❶ 노동자들은 요구 사항 (   )을/를 위해 장외 집회를 열었다.

❷ 기후 변화는 생태계를 (   )하여 많은 종의 서식 환경을 위협하고 있다.

❸ 이번 협상에서 (   )은/는 양측이 얼마나 양보할 수 있느냐에 따라 달라질 것이다.

❹ 노조는 근로 조건 개선을 (   )하기 위해 장기적인 파업을 선택했다.

정답 및 해설 p. 296~297

[1~2] 다음 글을 읽고 물음에 답하시오.

스켈레톤은 동계올림픽 종목 중 하나로, 썰매를 타는 스포츠이다. 같은 썰매 종목인 봅슬레이는 2인승이나 4인승으로 행해지며, 루지는 1인승 또는 2인승 경기가 있지만, 스켈레톤은 1인승 경기만 있다. 선수는 출발대에서부터 전력 질주로 트랙을 내려가기 시작하며, 썰매를 밀고 가다 올라탄다.

트랙 초반부에는 한 줄의 직선이 빙판 속에 패어 있는데, 이를 따라 내려감으로써 초기 방향 안정성을 얻을 수 있다. 방향 조종이나 제동을 ㉠ 거들기 위한 장비는 금지되어 있으므로 순전히 신체만으로 중심을 이동하여 조종해야 한다. 활주 코스는 1200m로 규칙으로 정해져 있으며, 일반적으로 10개 이상의 커브 구간이 ㉡ 놓인다. 커브 구간에서는 가속으로 중력의 4배에 가까운 압력을 받아 머리를 들 수 없을 정도이다. 선수들은 시속 100㎞가 넘는 속도로 ㉢ 내달으며, 0.001초의 기록을 다투므로 속도를 줄이지 않는 것이 ㉣ 중요한 부분이다. 결승점의 약 100m 구간은 약간 위쪽으로 경사지도록 설계되어 속도를 줄일 수 있다.

1. 윗글의 '스켈레톤'에 대한 추론으로 적절하지 않은 것은?
   ① 방향 조종이나 제동을 보조하기 위한 장비 없이 시속 100㎞가 넘는 속도로 활주한다.
   ② 출발대에서는 썰매를 타지 않은 채로 출발하여 전력 질주하다가 썰매에 올라탄다.
   ③ 트랙 초반부에는 커브 구간이 있어서 중력의 4배에 가까운 압력을 받는다.
   ④ 봅슬레이나 루지와 달리 2인승 이상으로는 진행하지 않는다.

2. ㉠~㉣과 바꿔쓸 수 있는 유사한 표현으로 적절하지 않은 것은?
   ① ㉠: 보조하기   ② ㉡: 설치된다
   ③ ㉢: 도달하며   ④ ㉣: 관건

정답 및 해설 p. 297

3. **문맥상 ⊙의 의미와 가장 가까운 것은?**

> 그녀는 출퇴근 시간 동안 독서로 시간을 ⊙ 메우기 시작했다.

① 도로 공사 중에 생긴 구멍을 시멘트로 메우는 작업이 한창이었다.

② 공연 시작 전부터 관객들이 극장 좌석을 모두 메우고 있었다.

③ 여행 중 기차를 기다리면서 역 근처를 산책하며 시간을 메웠다.

④ 그는 일을 끝내기 위해 야근을 하며 부족한 시간을 메웠다.

謳 노래 구, 歌 노래 가

☆☆☆☆ 0순위 최빈출 어휘
056. 구가(謳歌)

① 여러 사람이 입을 모아 칭송하여 노래함.
② 행복한 처지나 기쁜 마음 따위를 거리낌 없이 나타냄. 또
는 그런 소리.
　📖 인생의 신음 소리보다는 인생의 <u>구가</u>가 듣고 싶은 욕망이 더욱 끓
　　어올랐다. ≪이태준, 화관≫

具 갖출 구, 備 갖출 비

☆☆ 중간 빈출 어휘
057. 구비(具備)

있어야 할 것을 빠짐없이 다 갖춤.　📖 <u>구비</u> 조건.

救 구원할 구, 恤 불쌍할 휼

058. 구휼(救恤)

사회적 또는 국가적 차원에서 재난을 당한 사람이나 빈민에
게 금품을 주어 구제함.
📖 국가적으로 피난민들을 위한 <u>구휼</u> 사업을 진행하다.

龜 거북 귀, 鑑 거울 감

☆☆☆☆ 0순위 최빈출 어휘
059. 귀감(龜鑑)

거울로 삼아 본받을 만한 모범.
📖 신사임당은 한국 여성의 <u>귀감</u>이다.

歸 돌아갈 귀, 着 붙을 착

☆ 난이도 조절용 어휘
060. 귀착(歸着)

① 다른 곳에서 어떤 곳으로 돌아오거나 돌아가 닿음.
　📖 가족 여행을 마치고 부산역에 <u>귀착</u>했다.
② 의견 따위가 여러 경로를 거쳐 어떤 결론에 다다름.
　📖 여러 방안이 제시되었으나 하나의 결론에 <u>귀착</u>하지는 못했다.

糾 꼴 규, 合 합할 합

061. 규합(糾合)

어떤 일을 꾸미려고 세력이나 사람을 모음.　📖 <u>규합</u> 세력.

屈 굽힐 굴, 折 꺾을 절

062. 굴절(屈折)

① 휘어서 꺾임.
　📖 투수의 공이 <u>굴절</u>되어 들어와서 공을 칠 수가 없었다.
　　대가의 <u>굴절</u>에 의해 빛이 퍼졌다.
② 생각이나 말 따위가 어떤 것에 영향을 받아 본래의 모습
과 달라짐.
　📖 그 사건의 충격은 내 생각 속에서 <u>굴절</u>을 겪었다.

정답 및 해설 p. 297

1. (   )에 들어갈 말을 〈보기〉에서 찾아 문맥에 맞게 넣으시오.

> ㉠ 구가   ㉡ 구비   ㉢ 구휼

❶ 이 노래는 출시되자마자 대중에게 널리 (   )되어 많은 사람들에게 사랑받았다.

❷ 이 회의실은 최신 장비와 시설이 (   )되어 있어 회의를 진행하기에 적합하다.

❸ 이 자선 단체는 빈곤층을 위한 (   ) 활동을 지속적으로 운영하고 있다.

❹ 그는 직무를 수행하는 데 필요한 지식을 (   )하고 있어 맡은 바 역할을 훌륭히 해냈다.

정답 및 해설 p. 297

2. (   )에 들어갈 말을 〈보기〉에서 찾아 문맥에 맞게 넣으시오.

> ㉠ 귀감   ㉡ 귀착   ㉢ 규합   ㉣ 굴절

❶ 빛이 물속에서 (   )되어 시각적으로 물체의 위치가 달라 보인다.

❷ (   )된 논의는 모든 의견을 종합하여 새로운 계획을 수립하는 데 초점을 맞추었다.

❸ 다양한 분야의 전문가들이 모여 문제 해결을 위한 협력 방안을 (   )했다.

❹ 그의 연구는 다양한 가설을 검토한 끝에, 과학적 이론으로 (   )되었다.

❺ 그의 역경을 극복한 이야기는 많은 이들에게 희망과 용기의 (   )이/가 된다.

063. 궤변(詭辯)	詭 속일 **궤**, 辯 말씀 **변** 상대편을 이론으로 이기기 위하여 상대편의 사고를 혼란시키거나 감정을 격앙시켜 거짓을 참인 것처럼 꾸며대는 논법. 예 그것은 구차스러운 변명이요, 약자의 <u>궤변</u>일 뿐이다.
✿✿ 중간 빈출 어휘 **064. 귀납(歸納)**	歸 돌아갈 **귀**, 納 들일 **납** 개별적인 특수한 사실이나 원리로부터 일반적이고 보편적인 명제 및 법칙을 유도해 내는 일. 예 그는 이번 실험 결과를 <u>귀납</u>해서 하나의 원리를 세웠다.
✿✿ 중간 빈출 어휘 **065. 귀추(歸趨)**	歸 돌아갈 **귀**, 趨 달아날 **추** 일이 되어 가는 형편. 예 이번 사건의 <u>귀추</u>가 주목된다.
066. 극명(克明)	克 이길 **극**, 明 밝을 **명** ① 속속들이 똑똑하게 밝힘. 예 인류 평등의 대의를 <u>극명</u>하다. ② 매우 분명함. 예 <u>극명</u>하게 대비되어 있다.
✿ 난이도 조절용 어휘 **067. 기각(棄却)**	棄 버릴 **기**, 却 물리칠 **각** 소송을 수리한 법원이, 소나 상소가 형식적인 요건은 갖추었으나, 그 내용이 실체적으로 이유가 없다고 판단하여 소송을 종료하는 일. 예 법원은 상소 <u>기각</u> 이유를 조목조목 명백히 밝혔다.
068. 기민(機敏)	機 틀 **기**, 敏 민첩할 **민** 눈치가 빠르고 동작이 날쌤. 예 철수는 머리가 <u>기민</u>했고 상황 판단도 정확했다.
069. 기만(欺瞞)	欺 속일 **기**, 瞞 속일 **만** 남을 속여 넘김. ≒ 기망(欺罔: 欺 속일 기 罔 그물 망). 예 <u>기만</u>을 당하다.
070. 기제(機制)	機 틀 **기**, 制 절제할 **제** 인간의 행동에 영향을 미치는 심리의 작용이나 원리. 예 사람은 자기를 어느 집단과 동일시함으로써 자기 자신을 확인하며 만족을 얻는 심리적 <u>기제</u>를 가진다고 한다.

정답 및 해설 p. 297

1. (   )에 들어갈 말을 〈보기〉에서 찾아 문맥에 맞게 넣으시오.

| ㉠ 궤변   ㉡ 귀납   ㉢ 귀추   ㉣ 극명 |

❶ (   )적인 사고를 통해 얻어진 결론은 여러 실험 결과를 종합하여 도출된 것이다.

❷ (   )한 대비를 이루는 색상 사용이 이 작품의 시각적 효과를 극대화한다.

❸ (   )을/를 늘어놓으며 문제를 회피하려는 태도는 신뢰를 얻기 어렵다.

❹ (   )을/를 살펴보면, 현 상황이 장기적으로 긍정적인 변화로 이어질 것으로 보인다.

정답 및 해설 p. 297

2. (   )에 들어갈 말을 〈보기〉에서 찾아 문맥에 맞게 넣으시오.

| ㉠ 기각   ㉡ 기민   ㉢ 기만   ㉣ 기제 |

❶ 그의 행동이 (   )적이라는 비판을 받으면서 신뢰를 잃었다.

❷ 그는 (   )한 반응으로 문제 상황을 신속하게 해결했다.

❸ 행동 경제학에서는 인간의 선택을 이해하기 위해 여러 심리적 (   )을/를 탐구한다.

❹ 법원은 증거 불충분으로 인해 원고의 소송 청구를 (   )했다.

❺ 상위 기관에서 제출된 상소가 (   )되면서 원심 판결이 확정되었다.

정답 및 해설 p. 298

[1~2] 다음 글을 읽고 물음에 답하시오.

문화란 공동체의 구성원들이 공유하는 생각과 행동 양식의 총체라고 할 수 있다. 문화를 ㉠ 살펴보는 사람들의 주된 관심사는 특정 생각과 행동 양식이 하나의 공동체 안에서 ㉡ 퍼지는 기제이다.

이에 대한 견해 중 하나는 문화를 생각의 전염이라는 각도에서 바라보는 것이다. 예컨대, 리처드 도킨스는 '밈(meme)'이라는 개념을 통해 생각의 전염 과정을 설명하고자 했다. 그에 따르면 문화는 복수의 밈으로 이루어져 있는데, 유전자에 저장된 생명체의 주요 정보가 번식을 통해 복제되어 개체군 내에서 확산되듯이, 밈 역시 유전자와 마찬가지로 공동체 내에서 복제를 통해 확산된다.

그러나 문화 전파의 기제를 설명하는 이론으로는 밈 이론보다 의사소통 이론이 더 적절해 보인다. 일례로, 요크셔 지역에 내려오는 독특한 푸딩 요리법은 누군가가 푸딩 만드는 것을 지켜본 후 그것을 그대로 따라 하는 방식으로 전파되었다기보다는 요크셔 푸딩 요리법에 대한 부모와 친척, 친구들의 설명을 통해 입에서 입으로 전파되고 공유되었을 가능성이 크다.

생명체의 경우와 달리 문화는 완벽하게 동일한 형태로 전파되지 않는다. 전파된 문화와 그것을 ㉢ 받아들인 결과는 큰 틀에서는 비슷하더라도 세부적으로는 다를 수밖에 없다. 다시 말해 요크셔 지방의 푸딩 요리법은 다른 지방의 푸딩 요리법과 ㉣ 가려지는 특색을 지니는 동시에 요크셔 지방 내부에서도 가정이나 개인에 따라 약간씩의 차이를 보인다. 이는 푸딩 요리법의 수신자가 발신자가 전해 준 정보에다 자신의 생각을 덧붙였기 때문인데, 복제의 관점에서 문화의 전파를 설명하는 이론으로는 이와 같은 현상을 설명하기 어렵다. 반면, 의사소통 이론으로는 설명 가능하다. 이에 따르면 사람들은 자신이 들은 이야기를 남에게 전달할 때 들은 이야기에다 자신의 생각을 더해서 그 이야기를 전달하기 때문이다.

1. 윗글의 글쓴이의 견해에 부합하는 것은? 2022 국가직 9급
① 문화의 전파 기제는 밈 이론보다는 의사소통 이론으로 설명하는 것이 적절하다.
② 의사소통 이론에 따르면 문화의 수용 과정에는 수용 주체의 주관이 개입하지 않는다.
③ 의사소통 이론에 따르면 특정 공동체의 문화는 다른 공동체로 복제를 통해 전파될 수 있다.
④ 요크셔 푸딩 요리법이 요크셔 지방의 가정이나 개인에 따라 세부적인 차이를 보이는 현상은 밈 이론에 의해 설명할 수 있다.

2. ㉠~㉣과 바꿔쓸 수 있는 유사한 표현으로 적절하지 않은 것은?
① ㉠: 인식하는
② ㉡: 전파되는
③ ㉢: 수용한
④ ㉣: 변별되는

정답 및 해설 p. 298

3. **문맥상 ㉠의 의미와 가장 가까운 것은?**

> 기침 소리에 누군가 방에 있다는 것을 ㉠ <u>알게</u> 되었다.

① 단어의 뜻을 <u>알아야</u> 그 문장의 뜻을 이해할 수 있다.
② 아무도 말을 해 주지 않아도 그가 집에 있음을 분위기로 <u>알</u> 수 있었다.
③ 부모님의 사랑을 돌아가신 후에야 <u>알았다</u>.
④ 제 자식 귀한 줄만 <u>알지</u> 부모 소중한 줄 모른다.

Day 02 ··· ④ ㄴ

071. 낙오(落伍)	落 떨어질 **낙(락)**, 伍 다섯 사람 **오**
	① 대오에서 처져 뒤떨어짐.
	예 낙오 부대와 연락이 끊어지다.
	② 사회나 시대의 진보에 뒤떨어짐.
	예 부단한 자기 개발이 없이는 경쟁 사회에서 낙오를 면하기 어렵다.
072. 내구성(耐久性) ✩✩✩ 0순위 최빈출 어휘	耐 견딜 **내**, 久 오랠 **구**, 性 성품 **성**
	물질이 원래의 상태에서 변질되거나 변형됨이 없이 오래 견디는 성질. 예 내구성이 좋은 재질.
073. 내포(內包) ✩✩✩ 0순위 최빈출 어휘	內 안 **내**, 包 쌀 **포**
	어떤 성질이나 뜻 따위를 속에 품음.
	예 사장의 말은 복합적인 의미를 내포하고 있다.
074. 냉혹(冷酷)	冷 찰 **랭(냉)**, 酷 심할 **혹**
	차갑고 혹독함.
	예 그는 냉혹하게 국가와 황실을 새로운 각도에서 인식하려 했다. ≪박경리, 토지≫
075. 논박(論駁) ✩✩✩ 0순위 최빈출 어휘	論 논할 **론(논)**, 駁 논박할 **박**
	어떤 주장이나 의견에 대하여 그 잘못된 점을 조리있게 공격하여 말함.
	예 젊은 학자들의 새로운 주장은 기존 학계의 논박의 대상이 될 것이다.
076. 논변(論辯/論辨)	論 논할 **론(논)**, 辯 말씀 **변** / 論 논할 **론(논)**, 辨 분별할 **변**
	사리의 옳고 그름을 밝히어 말함. 또는 그런 말이나 의견.
	예 두 사람은 이날 밤을 역리(易理) 논변으로 지새웠다. ≪한무숙, 만남≫
077. 능동(能動) ✩✩✩ 0순위 최빈출 어휘	能 능할 **능**, 動 움직일 **동**
	① 스스로 내켜서 움직이거나 작용함.
	예 사람의 존엄이란 능동에 있는 게 아니며 이치에 대한 피동에서 지켜져 나가는거야. ≪박경리, 토지≫
	② 주체가 자발적으로 움직이는 동사의 성질.
	예 수동 구문을 능동 구문으로 바꾸다.
078. 논증(論證) ✩✩✩ 0순위 최빈출 어휘	論 논할 **론(논)**, 證 증거 **증**
	옳고 그름을 이유를 들어 밝힘. 또는 그 근거나 이유.
	예 논증이 불가능한 일을 근거로 내세울 수는 없다.

정답 및 해설 p. 299

1. (　　　)에 들어갈 말을 〈보기〉에서 찾아 문맥에 맞게 넣으시오.

㉠ 낙오　　㉡ 내구성　　㉢ 내포　　㉣ 냉혹

❶ 그 영화는 (　　　)한 사회의 모습을 사실적으로 그려내어 많은 사람들에게 충격을 주었다.

❷ 경쟁이 치열한 환경에서 (　　　)하지 않기 위해 계속해서 자기계발에 힘써야 한다.

❸ 이 문장은 단순한 표현이지만 여러 가지 의미를 (　　　)하고 있다.

❹ 기술 변화에 적응하지 못한 기업들이 경쟁에서 (　　　)하고 있다.

❺ 고온과 고습 환경에서도 (　　　)을/를 유지할 수 있는 새로운 소재가 개발되었다.

정답 및 해설 p. 299

2. (　　　)에 들어갈 말을 〈보기〉에서 찾아 문맥에 맞게 넣으시오.

㉠ 논박　　㉡ 논변　　㉢ 능동　　㉣ 논증

❶ 그의 주장은 논리적 근거가 부족하여 (　　　)하기 어려웠다.

❷ 학문에서는 철저한 (　　　)이/가 가장 중요하다.

❸ (　　　)적인 학습 태도는 학생들이 더 빠르게 지식을 습득할 수 있도록 돕는다.

❹ (　　　)을/를 통해 발견된 오류는 논문의 신뢰성을 높이는 데 중요한 역할을 한다.

❺ 회의에서의 (　　　)이/가 명확하고 설득력 있었기 때문에, 제안이 쉽게 통과되었다.

정답 및 해설 p. 299~300

[1~2] 다음 글을 읽고 물음에 답하시오.

ⓐ <u>딥페이크(Deepfake)</u>는 인공지능을 ㉠ <u>밑바탕</u>으로 한 인간 이미지 합성 기술을 의미한다. 기존에는 인간 이미지를 합성할 때 대상이 되는 이미지의 특정 부위에 대응하는 다른 이미지를 잘라내어 붙여 넣는 기법으로 비교적 단순한 합성이 이루어졌으나, 인공지능의 발전으로 기존에 비해 양질의 합성물을 출력할 수 있게 되었다. 이는 인공지능이 다른 이미지에서 합성할 부위를 동영상을 딥러닝한 뒤 프레임 단위로 잘라 붙여 이루어진다.

이때 이용되는 기술은 ⓑ <u>적대 관계 생성 신경망</u>으로, 이 기술을 통해 인공지능은 이미지를 생성 모델과 분류 모델로 ㉡ <u>나눈다</u>. 생성 모델은 실제와 유사한 데이터를 생성하려는 모델이며, 분류 모델은 데이터의 진위 여부를 ㉢ <u>따지는</u> 기준이 되는 모델인데 이들은 서로를 경쟁자로 인식하며 이 과정에서 생성 모델은 분류 모델과 구분할 수 없을 정도의 정교함을 갖게 된다.

이 기술은 과거를 현실감 있게 재현하거나 고인이 된 인물을 영상에 출현시킬 수도 있다. 2016년에 개봉한 영화 「Rogue One」에는 1977년의 작품인 「Star Wars : A new Hope」에 출현한 배우를 1977년 당시의 모습 그대로 재현하는 등 영상 제작 업계에 실험적 시도를 가능하게 하는 등의 긍정적인 가능성을 ㉣ <u>품고</u> 있다.

1. 윗글에서 ⓑ를 적용한 ⓐ를 강화하는 것으로 적절한 것은?

① 한 시위 단체에서는 특수 투명 필름에 프로젝트를 쏘아 영상을 재생하여 실제와 구분이 되지 않는 군중들을 재현함으로써 새로운 형태의 시위를 창조하였다.

② 어떤 영상 제작자는 영화에서 사용할 영상에 실제와 유사해 보이는 산불을 구현해 달라는 의뢰를 받고 실제로 발생한 산불의 이미지를 프레임 단위로 오려 영상에 덮어씌웠다.

③ 한 방송사에서는 고인이 된 가수를 추모하기 위해 그의 생전 영상을 기반으로 하여 이미지를 만든 뒤 그 이미지와 생전 영상이 구별되지 않을 정도로 하여 최종적으로 이미지를 제3의 인물에 합성했다.

④ 한 다큐멘터리에서는 어린 나이에 안타깝게 백혈병에 걸려 고인이 된 딸을 가상 현실로 구현하여 어머니와 재회할 수 있게 프로그램을 구성하였다. 이때 가상 현실은 생전의 딸의 모습과 구분되지 않아 시청자들에게 기술적으로 긍정적인 평가를 받았다.

2. ㉠~㉣과 바꿔쓸 수 있는 유사한 표현으로 적절하지 않은 것은?

① ㉠: 기반
② ㉡: 구분한다
③ ㉢: 판별하는
④ ㉣: 포용하고

정답 및 해설 p. 300

3. 문맥상 ㉠의 의미와 가장 가까운 것은?

> 수많은 철새가 동시에 날아오르는 모습이 하늘에서 장관을 ㉠ 이루었다.

① 그는 수년간의 노력 끝에 마침내 자신의 뜻을 이루었다.

② 지구 대기에서 질소와 산소는 주성분을 이루는 가스이다.

③ 그녀는 노총각인 막냇동생이 혼사를 이루게 된 것을 자랑했다.

④ 중요한 발표를 앞둔 그는 긴장감에 잠 못 이루는 밤을 보냈다.

☆☆☆ 0순위 최빈출 어휘 **079. 단서**(端緒)	端 끝 단, 緒 실마리 서 ① 어떤 문제를 해결하는 방향으로 이끌어 가는 일의 첫 부분. 例 단서가 될 만한 물건. ② 어떤 일의 시초. 例 측량술의 발달은 수학 발달의 단서가 되었다.
080. 단정(斷定)	斷 끊을 단, 定 정할 정 딱 잘라서 판단하고 결정함. 例 결과를 보자마자 바로 단정을 짓다.
☆☆ 중간 빈출 어휘 **081. 단초**(端初)	端 끝 단, 初 처음 초 일이나 사건을 풀어 나갈 수 있는 첫머리. 例 대를 꺾어 피리를 만들어 본 것이 단초가 되어 그는 대금 만들기의 외 길로 들어섰다.
☆☆ 중간 빈출 어휘 **082. 담론**(談論)	談 말씀 담, 論 논할 론(논) ① 이야기를 주고받으며 논의함. 例 담론을 즐기다. ② 소설에서, 서사 구조의 내용을 이루는 서술 전체.
083. 당사자(當事者)	當 마땅 당, 事 일 사, 者 놈 자 어떤 일이나 사건에 직접 관계가 있거나 관계한 사람. 例 당사자에게 직접 문의하다.
084. 당착(撞着)	撞 칠 당, 着 붙을 착 ① 말이나 행동 따위의 앞뒤가 맞지 않음. 例 그의 말은 당착이 심하여 도무지 갈피를 잡기 어렵다. ② 서로 맞부딪침. 例 어째 우리 사람에게는 환경의, 모순의, 성격의 당착이 이같이도 많을꼬? ≪나도향, 환희≫
085. 대담(對談)	對 대할 대, 談 말씀 담 마주 대하고 말함. 또는 그런 말. 例 정상끼리 대담을 나누다.
086. 대변(代辯)	代 대신할 대, 辯 말씀 변 ① 어떤 사람이나 단체를 대신하여 그의 의견이나 태도를 표함. 또는 그런 일. 例 교감의 이 말은 나의 의사를 그대로 대변한 것이나 마찬가지였다. ≪이병주, 관부 연락선≫ ② 어떤 사실이나 의미를 대표적으로 나타냄. 例 유례의 존재를 대변하는 듯도 한 한 장의 편지가 책상 위에서 나 의 시선을 끌었다. ≪이효석, 성화≫

정답 및 해설 p. 300

1. (　　　)에 들어갈 말을 〈보기〉에서 찾아 문맥에 맞게 넣으시오.

㉠ 단서 　　㉡ 단정 　　㉢ 당사자 　　㉣ 담론

❶ 그는 증거 없이 사건의 결론을 (　　　)짓는 것은 위험하다고 경고했다.

❷ 이번 세미나에서는 현대 사회의 다양한 이슈에 대한 (　　　)이/가 활발히 진행되었다.

❸ 그의 발언 속에서 중요한 (　　　)을/를 발견하여 문제 해결의 실마리를 찾았다.

❹ 이번 연구 결과를 바탕으로 (　　　)적인 결론을 내리기에는 더 많은 데이터가 필요하다.

❺ 문제 해결을 위해 (　　　) 간의 충분한 대화와 협상이 필요하다.

정답 및 해설 p. 300

2. (　　　)에 들어갈 말을 〈보기〉에서 찾아 문맥에 맞게 넣으시오.

㉠ 단초 　　㉡ 당착 　　㉢ 대담 　　㉣ 대변

❶ 그의 연설은 현대 사회의 변화와 도전을 잘 (　　　)하고 있었다.

❷ 회의 중 서로의 의견을 (　　　)하게 주고받으며 문제를 해결해 나갔다.

❸ 법정에서 변호사는 피고의 입장을 (　　　)하며, 그의 권리를 보호하기 위해 노력한다.

❹ 당사자 간의 상반된 의견으로 인해 (　　　)이/가 생기고, 협상 과정이 복잡해졌다.

❺ 이번 발견은 복잡한 문제를 해결할 수 있는 중요한 (　　　)을/를 제시한다.

087. 대별(大別)	大 클 대, 別 나눌 **별**
	크게 구별하여 나눔. ≒ 대분(大分: 大 클 대 分 나눌 분). 예 생물은 동물과 식물로 <u>대별</u>된다.
✫✫✫ **0순위 최빈출 어휘** **088. 도야(陶冶)**	陶 질그릇 도, 冶 풀무 **야**
	① 도기를 만드는 일과 쇠를 주조하는 일. 또는 그런 일을 하는 사람.
	② 훌륭한 사람이 되도록 몸과 마음을 닦아 기름을 비유적으로 이르는 말. 예 학문의 <u>도야</u>.
✫✫✫ **0순위 최빈출 어휘** **089. 도외시(度外視)**	度 법도 도, 外 바깥 외, 視 볼 **시**
	상관하지 아니하거나 무시함. 예 현실을 <u>도외시</u>하다.
✫✫✫ **0순위 최빈출 어휘** **090. 도태(淘汰)**	淘 쌀 일 도, 汰 일 **태**
	여럿 중에서 불필요하거나 부적당한 것을 줄여 없앰. 예 <u>도태</u>가 일어나다.
091. 도탄(塗炭)	塗 칠할 도, 炭 숯 **탄**
	진구렁에 빠지고 숯불에 탄다는 뜻으로, 몹시 곤궁하여 고통스러운 지경을 이르는 말. 예 나라에서 심하게 세금을 수탈해 백성들이 <u>도탄</u>에 빠졌다.
092. 독보적(獨步的)	獨 홀로 독, 步 걸음 보, 的 과녁 **적**
	남이 감히 따를 수 없을 정도로 뛰어난. 예 그 사람은 이 분야에서 <u>독보적</u>인 존재로 알려진 인물이다.
093. 두둔(斗頓)	斗 말 두, 頓 조아릴 **돈**
	편들어 감싸 주거나 역성을 들어줌. 예 잘못해도 <u>두둔</u>만 하니 아이가 버릇이 없어진다.
094. 둔탁(鈍濁)	鈍 둔할 둔, 濁 흐릴 **탁**
	① 성질이 굼뜨고 흐리터분함. 　예 사람됨이 <u>둔탁</u>해서 실수가 많다. ② 소리가 굵고 거칠며 깊음. 　예 나무토막이 부서지는 <u>둔탁</u>하고 메마른 소리에 눈을 떴다. 　　　　　　　　　　　　　　≪오정희, 중국인 거리≫ ③ 생김새가 거칠고 투박함. 　예 이노우에의 눈치를 흘끔 살피고는 여유를 보이려고 <u>둔탁</u>하게 생긴 일본식 찻잔을 입으로 가져갔다. ≪유주현, 대한 제국≫

정답 및 해설 p. 300

1. ( )에 들어갈 말을 〈보기〉에서 찾아 문맥에 맞게 넣으시오.

> ㉠ 대별　　㉡ 도야　　㉢ 도외시　　㉣ 도태

❶ 학생들의 학업 성적은 학년별로 ( )하여 분석하여 학습 향상 방안을 모색하였다.

❷ 회의에서 그의 제안이 ( )되어, 문제 해결에 필요한 핵심 아이디어가 간과되었다.

❸ 변화에 적응하지 못한 인재는 회사의 발전과 함께 ( )되는 경우가 많다.

❹ 법안을 작성할 때 시민들의 실질적인 요구를 ( )하면 사회적 갈등이 심화될 수 있다.

❺ 작가는 글쓰기 기술을 ( )하기 위해 끊임없이 독서와 글쓰기를 반복한다.

정답 및 해설 p. 300

2. ( )에 들어갈 말을 〈보기〉에서 찾아 문맥에 맞게 넣으시오.

> ㉠ 도탄　　㉡ 독보적　　㉢ 두둔　　㉣ 둔탁

❶ 그 선수는 경기에서 ( )인 실력으로 우승을 거머쥐었다.

❷ 그는 친구의 잘못된 행동을 ( )하며, 문제가 더 커지지 않도록 하려고 했다.

❸ 기계의 작동 소리가 ( )하게 들려서 고장 여부를 점검해야 했다.

❹ 문제를 일으킨 동료를 ( )하려는 태도는 팀워크에 해로운 영향을 미칠 수 있다.

❺ 전쟁의 참혹함 속에서 많은 사람들이 ( )에 빠져 삶의 희망을 잃어버렸다.

천기누설 혜선팍
세트형 독해+어휘

DAY
◆3

095. 막후(幕後)	幕 장막 **막**, 後 뒤 **후**
	① 막의 뒤.
	② 겉으로 드러나지 않은 뒷면. ≒ 배후(背後 : 背 등 배 後 뒤 후). 예 **막후** 거래가 이루어지다.

096. 만회(挽回)	挽 당길 **만**, 回 돌아올 **회**
	바로잡아 회복함. 예 인기 **만회**.

097. 말단(末端)	末 끝 **말**, 端 끝 **단**
	① 맨 끄트머리.
	예 신문 **말단**에 실린 기사에서 우연히 그의 이름을 발견했다.
	② 조직에서 제일 아랫자리에 해당하는 부분.
	예 다양한 사건에서 애써 범인을 체포해 놓고 보면 이들은 단지 **말단** 하수인에 지나지 않는 경우가 빈번했다. ≪유재용, 성역≫

098. 망실(亡失)	亡 망할 **망**, 失 잃을 **실**
	잃어버려 없어짐.
	예 장비도 이미 간밤의 전투로 삼분지이나 파손되거나 **망실**되었다. ≪홍성원, 육이오≫

✦✦✦ 중간 빈출 어휘 099. 맹목적(盲目的)	盲 눈멀 **맹**, 目 눈 **목**, 的 과녁 **적**
	주관이나 원칙이 없이 덮어놓고 행동하는.
	예 그녀는 부모님께 **맹목적**으로 순종했다.

100. 멸절(滅絶)	滅 멸할 **멸**, 絶 끊을 **절**
	멸망하여 아주 없어짐. 또는 멸망시켜 아주 없애 버림.
	예 거대한 폭풍우로 조그마한 도시 국가가 **멸절**하였다.

✦ 난이도 조절용 어휘 101. 명징(明徵)	明 밝을 **명**, 徵 부를 **징**
	① 분명한 증거. 예 **명징**으로 판단했다.
	② 사실이나 증거로 분명히 함.
	예 수사팀은 보강 수사로 김 회장의 비리를 **명징**하였다.

정답및해설 p. 301

1. ( )에 들어갈 말을 〈보기〉에서 찾아 문맥에 맞게 넣으시오.

| ㉠ 막후 | ㉡ 만회 | ㉢ 말단 | ㉣ 망실 |

❶ 그는 회사에서 ( ) 직원으로 시작했지만, 노력과 성과로 빠르게 승진했다.

❷ 자료의 ( )로/으로 인해 중요한 회의에서 필요한 정보를 제공할 수 없었다.

❸ 그는 손해를 ( )하기 위해 새로운 전략을 마련하고 재빠르게 실행에 옮겼다.

❹ ( )에서 진행된 협상과 조정이 결국 결정적인 결과를 가져왔다.

❺ 문서의 ( )에 실린 주석은 본문의 내용을 이해하는 데 필수적인 정보를 제공한다.

정답및해설 p. 301

2. ( )에 들어갈 말을 〈보기〉에서 찾아 문맥에 맞게 넣으시오.

| ㉠ 맹목적 | ㉡ 멸절 | ㉢ 명징 | ㉣ 모멸 |

❶ 그의 실패를 지켜보던 사람들은 ( )에 찬 비난의 눈길을 보내며 조롱했다.

❷ ( )로/으로 따른 규칙이 상황에 따라 유연하게 조정될 필요가 있다.

❸ 그는 공적인 자리에서 상사의 비판을 받으며 ( )을/를 받았다.

❹ 그의 설명은 ( )하여 복잡한 개념도 쉽게 이해할 수 있었다.

❺ 환경 파괴와 서식지의 감소로 인해 많은 동물들이 ( ) 위기에 처해 있다.

※ **모멸(侮蔑 : 侮 업신여길 모 蔑 업신여길 멸) :** 업신여기고 얕잡아 봄.

정답 및 해설 p. 301~302

[1~2] 다음 글을 읽고 물음에 답하시오.

> 계몽주의는 문명의 발달과 이성에 대한 믿음을 바탕으로 인간 사회를 개혁고자 하는 사상이다. 루소와 볼테르로 대표되는 계몽주의자들은 문명과 이성에 반하는 ㉠ 무원칙의 종교적 믿음과 절대적 신분 체제를 비판하였다.
>
> 루소는 그의 저서에서 인간 불평등의 기원에 대해 서술하였다. 그에 따르면 문명화되지 않은 자연 상태의 인간은 모두가 평등한 상태에 머물러 있다. 이후 기술의 발달로 빈부 격차가 발생하고, 부유층은 도덕과 법률을 만들어 자신의 소유를 ㉡ 단단하게 한다. 그는 볼테르와는 달리, 도덕과 법률이 인간 불평등의 시작이자 불평등을 심화하는 행위라고 주장했다. 이런 이유로 루소는 인간이 문명 상태에서 ㉢ 벗어나 자연 상태로 되돌아가야 한다고 주장하였다. 이런 그의 주장은 문명을 부정한다는 점에서 자연보다 문명을 강조하는 볼테르의 전형적 계몽주의와 ㉣ 맞선다. 볼테르는 루소의 저서에 대해 "거지의 철학을 보라"라고 평하며 분노하였는데 이는 볼테르가 유럽의 손꼽히는 부호였던 것과 관련이 깊다.

1. 윗글에서 '볼테르'의 견해로 볼 수 없는 것은?
   ① 문명화된 인간이 자연 상태의 인간보다 바람직하다.
   ② 불평등 역시 인간 이성에 따른 것으로 수용해야 한다.
   ③ 도덕과 법률은 불평등을 심화하는 요인이 아니다.
   ④ 종교에 대한 맹목적 믿음은 사회 발전의 걸림돌이다.

2. ㉠~㉣과 바꿔쓸 수 있는 유사한 표현으로 적절하지 않은 것은?
   ① ㉠: 맹목적인   ② ㉡: 공고히
   ③ ㉢: 탈피하여   ④ ㉣: 직면한다

정답 및 해설 p. 302

3. 문맥상 ㉠의 의미와 가장 가까운 것은?

> 이번에는 제대로 된 대통령이 당선되어 국가 기강을 잘 ㉠ <u>세우게</u> 되었다.

① 아이들은 선생님의 재미있는 이야기에 두 귀를 쫑긋 <u>세우고</u> 들었다.
② 한국은 아름다운 전통을 <u>세우며</u> 전세계에 자신이 문화강국임을 알렸다.
③ 그는 어제 경기에서 우리가 이기는 데에 큰 공을 <u>세웠다.</u>
④ 국회에서는 국민들의 가계를 바탕으로 내년 예산을 <u>세웠다.</u>

Day 03

☆☆☆ 0순위 최빈출 어휘 **102. 모순(矛盾)**	矛 창 **모**, 盾 방패 **순** 어떤 사실의 앞뒤, 또는 두 사실이 이치상 어긋나서 서로 맞지 않음을 이르는 말. 예 체제의 <u>모순</u>을 극복하다.
103. 모해(謀害)	謀 꾀 **모**, 害 해할 **해** 꾀를 써서 남을 해침. 예 그녀는 무슨 <u>모해</u>나 당하지 않을까 노심초사했다.
☆ 난이도 조절용 어휘 **104. 몰각(沒却)**	沒 빠질 **몰**, 却 물리칠 **각** ① 아주 없애 버림. 　예 우리를 잊어버린 사회, 인정이 <u>몰각</u>된 사회, 현대에 이르러 휴머니티가 새삼스레 논의되고…. 옛날 생활의 흔적들이 모두 <u>몰각</u>되고 말았다. ≪박종홍, 새날의 지성≫ ② 무시해 버림. 　예 우리의 주장이 <u>몰각</u>되는 회의에는 더이상 참여할 수가 없다
105. 몰두(沒頭)	沒 빠질 **몰**, 頭 머리 **두** 어떤 일에 온 정신을 다 기울여 열중함. 예 그는 날이 저물도록 일에 <u>몰두</u>했다.
106. 몽매(蒙昧)	蒙 어두울 **몽**, 昧 어두울 **매** 어리석고 사리에 어두움. 예 <u>몽매</u>를 깨우치다.
107. 무구(無垢)	無 없을 **무**, 垢 때 **구** ① 때가 묻지 않고 맑고 깨끗함. 　예 어린아이 같이 순진무구한 표정. ② 꾸밈없이 자연 그대로 순박함. 　예 그들은 너무나 선량했다. 너무나 순진했다. 추호도 남을 의심해 볼 수 없는 <u>무구</u>한 심성의 소유자들이었다. ≪이병주, 지리산≫
☆☆ 중간 빈출 어휘 **108. 무산(霧散)**	霧 안개 **무**, 散 흩을 **산** 안개가 걷히듯 흩어져 없어짐. 또는 그렇게 흐지부지 취소됨. 예 그의 실수로 우리의 계획은 <u>무산</u> 위기에 처했다.

정답 및 해설 p. 302

1. (   )에 들어갈 말을 〈보기〉에서 찾아 문맥에 맞게 넣으시오.

㉠ 모순   ㉡ 모해   ㉢ 몰각   ㉣ 몰두

❶ 상사의 권력을 이용해 직원들을 (   )하려는 시도가 내부적으로 논란이 되고 있다.

❷ 그의 주장은 논리적으로 (   )이/가 있어, 문제를 해결하기에는 부족했다.

❸ 문제의 심각성을 (   )한 채 방치하다 보니, 나중에 큰 피해를 입게 되었다.

❹ 새로운 규정이 이전의 규정과 (   )되는 부분이 있어, 재검토가 필요하다.

❺ 회의 준비에 (   )하느라 다른 업무를 소홀히 하게 되었다.

정답 및 해설 p. 302

2. (   )에 들어갈 말을 〈보기〉에서 찾아 문맥에 맞게 넣으시오.

㉠ 몽매   ㉡ 무구   ㉢ 무산

❶ 자신의 편견에 갇혀 (   )한 시각으로 세상을 바라보는 것은 문제를 해결하기 힘들다.

❷ 회의에서 제안된 여러 아이디어는 실현 가능성 부족으로 (   )되었다.

❸ (   )한 어린 시절의 추억은 그에게 소중한 기쁨을 안겨 주었다.

❹ 그녀의 (   )한 표정은 다른 사람들에게 순수하고 진실한 인상을 남겼다.

❺ 협상 결과가 기대와 달리 (   )되자, 팀은 다시 전략을 세워야 했다.

⭐⭐⭐ 0순위 최빈출 어휘 **109. 묵과(默過)**	默 잠잠할 **묵**, 過 지날 **과** 잘못을 알고도 모르는 체하고 그대로 넘김. 예 당시가 한낮이었고 진료가 진행 중이어서 왕래가 많았으므로 <u>묵과</u>의 가능성을 배제할 순 없습니다. ≪이원규, 훈장과 굴레≫
110. 묵언(默言)	默 묵묵할 **묵**, 言 말씀 **언** 아무런 말도 하지 않음. 예 그의 계속되는 <u>묵언</u>은 창피를 당한 것에 대한 불만의 표시 같았다.
⭐⭐⭐ 0순위 최빈출 어휘 **111. 묵인(默認)**	默 잠잠할 **묵**, 認 알 **인** 모르는 체하고 하려는 대로 내버려 둠으로써 슬며시 인정함. 예 부정행위를 <u>묵인</u>하다.
112. 미궁(迷宮)	迷 미혹할 **미**, 宮 집 **궁** ① 들어가면 나올 길을 쉽게 찾을 수 없게 되어 있는 곳. 예 산은 길을 찾을 수 없는 <u>미궁</u>으로 변했다. ② 사건, 문제 따위가 얽혀서 쉽게 해결하지 못하게 된 상태. 예 길상에게서 혐의가 멀어졌고 그 사건 자체가 <u>미궁</u>으로 끝난 지 십여 년…. ≪박경리, 토지≫
⭐⭐ 중간 빈출 어휘 **113. 미시적(微視的)**	微 작을 **미**, 視 볼 **시**, 的 과녁 **적** ① 사람의 감각으로 직접 식별할 수 없을 만큼 몹시 작은 현상에 관한. 또는 그런 것. 예 <u>미시적</u>인 세계. ② 사물이나 현상을 전체적인 면에서가 아니라 개별적으로 포착하여 분석하는. 또는 그런것. 예 <u>미시적</u>으로 분석하다.
114. 미제(未濟)	未 아닐 **미**, 濟 건널 **제** 일이 아직 끝나지 아니함. 예 그 살인 사건은 <u>미제</u>로 처리되었다.
115. 미혹(迷惑)	迷 미혹할 **미**, 惑 미혹할 **혹** ① 무엇에 홀려 정신을 차리지 못함. 예 <u>미혹</u>에서 깨어나다. ② 정신이 헷갈리어 갈팡질팡 헤맴. 예 괴로운 방황과 <u>미혹</u>이 나를 괴롭혔다.

1. (   )에 들어갈 말을 〈보기〉에서 찾아 문맥에 맞게 넣으시오.

㉠ 묵과   ㉡ 묵언   ㉢ 미제   ㉣ 미궁

❶ (   )의 시간 동안, 그녀는 자신의 생각을 정리하며 깊은 집중을 했다.

❷ 회의 중 누군가의 실수를 (   )한 것은 나중에 더 큰 문제를 일으킬 수 있다.

❸ 연구 결과가 예상과 다르게 나오면서 논문은 (   )에 빠지게 되었다.

❹ 그의 복잡한 감정은 마치 (   )처럼 풀리지 않는 문제였다.

❺ 범인이 밝혀지지 않은 채 (   ) 사건으로 남아 있는 사건들이 여전히 많다.

2. (   )에 들어갈 말을 〈보기〉에서 찾아 문맥에 맞게 넣으시오.

㉠ 미시적   ㉡ 묵인   ㉢ 미혹

❶ 부당한 처우를 (   )하는 것은 결국 자신의 신뢰를 잃는 결과를 초래할 수 있다.

❷ (   ) 시각에서 보면, 개인의 작은 행동 변화가 큰 차이를 만들어낼 수 있다.

❸ 그의 달콤한 말에 (   )되어 중요한 결정을 신중히 고려하지 않았다.

❹ 문제의 심각성을 (   )한 결과, 상황이 점점 악화되었다.

❺ (   )된 마음을 정리하고 냉철하게 상황을 분석하는 것이 필요하다.

정답 및 해설 p. 303

[1~2] 다음 글을 읽고 물음에 답하시오.

물리학자 킵손에 따르면 제약적이나마 웜홀을 통해 과거로의 시간 여행이 가능하다. 그런데 인류가 그러한 제약 조건을 ⊙ 없애고 아주 먼 과거로의 시간 여행이 가능해졌다고 가정하자. 이때 시간 여행자가 과거에 어떤 영향을 미쳤을 때 그로 인한 영향이 현재에도 미치게 될까? 이것과 관련된 논의를 '타임 패러독스'라고 한다.

가장 대표적인 타임 패러독스는 할아버지의 역설이다. 시간 여행자가 자신의 부모가 태어나기도 전의 과거로 여행해서 자신의 조부를 살해하면 어떻게 되는가? 이와 같은 역설을 피하기 위한 설명으로 '평행우주 이론'이 있다. 이에 따르면 시간 여행자가 자신의 조부를 죽이기 위해 과거로 돌아간 시점에서 새로운 우주가 탄생한다. 이로써 세계는 조부가 사망하여 후대에 시간 여행자가 탄생할 수 없는 세계와 기존의 시간 여행자가 탄생한 세계로 ⓛ 나뉜다는 것이다.

이는 공상 과학 영화에서나 나올 법한 이야기지만, 사실 양자 역학에서의 다세계 해석과 맞닿아 있는 개념이기도 하다. 휴 에버렛은 다세계 이론의 제안자로 그는 어떤 관측이 이루어질 때 ⓒ 개별적으로 분석하는 상태의 중첩은 붕괴하고 그러한 관측으로 결정된 하나의 우주만이 존재한다는 코펜하겐의 해석을 반박했다. 에버렛 해석에 따르면 우주는 서로 다른 관측 결과가 중첩된 세계로 ⓔ 객관적으로 실재하며, 그 중첩이 양자적 결어긋남에 의해 서로 다른 우주로 분리된다.

1. 윗글에 대한 추론으로 적절한 것은?
① '평행우주 이론'과 '다세계 해석'은 모두 하나의 우주만이 존재함을 전제로 한다.
② '평행우주 이론'과 '다세계 해석'은 모두 여러 개의 우주가 존재할 수 있음을 전제로 한다.
③ '평행우주 이론'은 '다세계 해석'과 달리 양자 역학의 양자적 결어긋남을 통해 타임 패러독스를 설명한다.
④ '다세계 해석'은 '평행우주 이론'과 달리 여러 개의 우주가 존재할 수 있음을 실제적으로 증명할 수 있다.

2. ⊙~ⓔ과 바꿔쓸 수 있는 유사한 표현으로 적절하지 않은 것은?
① ⊙: 해소하고
② ⓛ: 배분된다는
③ ⓒ: 미시적
④ ⓔ: 존재하며

정답 및 해설 p. 303

3. **문맥상 ㉠의 의미와 가장 가까운 것은?**

> 부모님은 놀랍게도 나의 허물을 ㉠ 덮어 주셨다.

① 그 장사의 힘을 덮을 자가 있을는지 모르지.

② 우울한 분위기가 방 안을 덮고 있다.

③ 그는 이불을 머리에 덮고서는 마구 울었다.

④ 그들은 지난 일을 덮어 두고 화해하며 관계를 회복하려고 노력했다.

☆☆☆ **0순위 최빈출 어휘** **116. 반증(反證)**	反 돌이킬 **반**, 證 증거 **증** ① 어떤 사실이나 주장이 옳지 아니함을 그에 반대되는 근 거를 들어 증명함. 또는 그런 증거. 예 그의 주장은 논리가 워낙 치밀해서 <u>반증</u>을 대기가 어렵다. ② 어떤 사실과 모순되는 것 같지만, 거꾸로 그 사실을 증명 하는 것. 예 그들이 이토록 조용한 것은 더 큰 음모들을 꾸미고 있다는 <u>반증</u>이 기 때문이다. ≪홍성원, 육이오≫
☆☆☆ **0순위 최빈출 어휘** **117. 방증(傍證)**	傍 곁 **방**, 證 증거 **증** 사실을 직접 증명할 수 있는 증거가 되지는 않지만, 주변의 상황을 밝힘으로써 간접적으로 증명에 도움을 줌. 또는 그 증거. 예 교재는 혜선 쌤이 최고라는 <u>방증</u>이다.
☆☆☆ **중간 빈출 어휘** **118. 반추(反芻)**	反 돌이킬 **반**, 芻 꼴 **추** ① 한번 삼킨 먹이를 다시 게워 내어 씹음. 예 소나 염소 따위는 먹이를 <u>반추</u>하는 동물이다. ② 어떤 일을 되풀이하여 음미하거나 생각함. 또는 그런 일. 예 푸념을 하는 것도 실은 그 시절의 영광의 헛된 <u>반추</u>에 지나지 않 을지도 모르겠다. ≪박완서, 엄마의 말뚝≫
119. 반향(反響)	反 돌이킬 **반**, 響 울릴 **향** 어떤 사건이나 발표 따위가 세상에 영향을 미치어 일어나는 반응. 예 혜선 쌤은 공시에 큰 <u>반향</u>을 일으켰다.
120. 발산(發散)	發 필 **발**, 散 흩을 **산** ① 감정 따위를 밖으로 드러내어 해소함. 또는 분위기 따위 를 한껏 드러냄. 예 감정의 <u>발산</u>. ② 냄새, 빛, 열 따위가 사방으로 퍼져 나감. 예 향기의 <u>발산</u>.
121. 발제(發題)	發 필 **발**, 題 제목 **제** 토론회나 연구회 따위에서 어떤 주제를 맡아 조사하고 발표함. 예 이번 토론회에는 다섯 명의 발표자가 <u>발제</u>를 맡았다.
122. 발흥(發興)	發 필 **발**, 興 일 **흥** 어떤 일이나 현상이 일어남. 예 현명하게도 부르주아의 <u>발흥</u>을 예견했다.

정답 및 해설 p. 304

1. (   )에 들어갈 말을 〈보기〉에서 찾아 문맥에 맞게 넣으시오.

㉠ 반증   ㉡ 방증   ㉢ 반추   ㉣ 반향

❶ 이 새로운 아이디어는 산업계에 강력한 (   )을/를 일으킬 것으로 기대된다.

❷ 그의 지문이 현장에 남아 있어 사건의 범인임을 (   )하는 중요한 증거가 되었다.

❸ 그의 주장을 (   )하는 자료를 발견하고, 연구 결과가 크게 수정되었다.

❹ 그의 행동 패턴이 사건의 발생 경위를 (   )하며 사건의 실체를 드러냈다.

❺ 그는 과거의 실수를 (   )하며 자신의 행동을 돌아보았다.

정답 및 해설 p. 304

2. (   )에 들어갈 말을 〈보기〉에서 찾아 문맥에 맞게 넣으시오.

㉠ 발산   ㉡ 발제   ㉢ 발흥

❶ 화학 반응이 일어나는 과정에서 열의 (   )이/가 상당히 커서 주의가 필요하다.

❷ 과학 기술의 (   )은/는 사회 전반에 긍정적인 영향을 미치며, 미래를 열어 준다.

❸ 회의에서는 여러 가지 주제 중에서 (   )을/를 통해 논의할 핵심 문제를 선정했다.

❹ 이번 세미나의 (   )자는 최신 기술 동향에 대해 자세히 설명할 예정이다.

❺ 축제에서 젊음의 (   )이/가 눈에 띄었고, 분위기가 활기차게 변했다.

정답 및 해설 p. 304~305

[1~2] 다음 글을 읽고 물음에 답하시오.

인체의 장기와 뼈, 근육 등에서 만들어진 열은 혈액을 통해 온몸으로 퍼진 뒤 몸의 표면에서 ㉠ 퍼진다. 이러한 작용을 통해 사람의 평균 체온은 37℃로 ㉡ 그대로 보존된다. 신체 기관의 활동을 보장해주는 효소작용은 37~37.5℃에서 일어나므로, 체온이 3~4℃ 이상 높거나 낮아지면 인간의 육체적, 정신적인 능력은 ㉢ 뚜렷이 떨어진다. 인체의 기관 중 온도의 변화에 가장 민감한 것은 뇌다. 만약 핵의 온도가 23℃까지 내려가는 저체온 현상이 일어난다면 대뇌피질의 세포가 죽는다. 이는 42~43℃까지 올라가는 고체온 현상이 생겨도 마찬가지다.

그런데 열이 ㉣ 생기는 부위로부터 상대적으로 먼 거리에 있는 손끝과 발끝, 코끝, 귓불 등은 30℃ 정도에 불과하다. 뜨거운 것을 만진 사람이 본능적으로 손가락을 귓불에 갖다 대는 것은 우리 몸에서 귓불의 체온이 가장 낮기 때문이다.

1. 윗글에서 추론할 수 있는 내용이 아닌 것은?
① 귓불은 효소작용이 활발하게 일어나지 않는 신체 부위일 것이다.
② 뇌는 고체온 현상보다 저체온 현상에 더 민감하게 반응할 것이다.
③ 장기나 뼈, 근육 주위의 피부는 다른 부위의 피부에 비해 온도가 높을 것이다.
④ 저체온 또는 고체온 현상을 겪는 동안에는 인체 내 효소작용이 일어나지 않을 것이다.

2. ㉠~㉣과 바꿔쓸 수 있는 유사한 표현으로 적절하지 않은 것은?
① ㉠: 발산된다　　　　　　② ㉡: 유보된다
③ ㉢: 현저하게　　　　　　④ ㉣: 생성되는

정답 및 해설 p. 305

3. 문맥상 ㉠의 의미와 가장 가까운 것은?

> 아저씨의 거칠던 성질이 요즈음은 많이 ㉠ 죽었다.

① 싸움에 진 수탉은 그때부터 기가 죽었다.
② 그날의 기억은 이미 죽은 지 오래되었다.
③ 라디오를 떨어뜨렸더니 죽어 버렸다.
④ 그 글은 이젠 죽은 글이 되었다.

	發 필 **발**, 意 뜻 **의**
✦✦ 중간 빈출 어휘 **123. 발의(發意)**	의견을 내놓음. 예 국회의원이 첫 **발의**를 하였다.
124. 방자(放恣)	放 놓을 **방**, 恣 마음대로 **자**
	어려워하거나 조심스러워하는 태도가 없이 무례하고 건방짐. 예 어른 앞에서 **방자**하게 굴지 마라.
125. 방책(方策)	方 모 **방**, 策 꾀 **책**
	방법과 꾀를 아울러 이르는 말. 예 **방책**을 취하다.
✦ 난이도 조절용 어휘 **126. 배임(背任)**	背 등 **배**, 任 맡길 **임**
	주어진 임무를 저버림. 주로 공무원 또는 회사원이 자기의 이익을 위하여 임무를 수행하지 않고 국가나 회사에 재산상의 손해를 주는 경우를 이른다. 예 그 공무원은 **배임** 및 횡령죄로 구속되었다.
127. 배회(徘徊)	徘 어정거릴 **배**, 徊 머뭇거릴 **회**
	아무 목적도 없이 어떤 곳을 중심으로 어슬렁거리며 이리저리 돌아다님. 예 그는 울적한 기분으로 나 사장 집 근처를 두어 바퀴 **배회**만 하고는 그 동네를 벗어났다. ≪박완서, 오만과 몽상≫
✦✦✦ 0순위 최빈출 어휘 **128. 백미(白眉)**	白 흴 **백**, 眉 눈썹 **미**
	[중국 촉한(蜀漢)의 마량(馬良)의 다섯 형제가 다 재주가 있었는데 그중에도 눈썹 속에 흰 털이 난 마량이 가장 뛰어났다는 고사에서] 여럿 중에 가장 뛰어난 사람이나 물건의 비유. 예 춘향전은 한국 고전 문학의 **백미**이다.

정답 및 해설 p. 305

1. (   )에 들어갈 말을 〈보기〉에서 찾아 문맥에 맞게 넣으시오.

㉠ 발의   ㉡ 방자   ㉢ 방책   ㉣ 배임

❶ 공식적인 자리에서 (   )한 태도로 행동하는 것은 예의에 어긋나는 것이다.

❷ 교통 혼잡 문제를 해결하기 위해 정부는 여러 가지 (   )을/를 검토하고 있다.

❸ 그는 회사 자금을 개인 용도로 사용하여 (   ) 혐의를 받았다.

❹ 사회적 규범을 무시한 (   )한 생활은 주변 사람들에게 부정적인 영향을 미쳤다.

❺ 새로운 법안을 (   )하기 위해 위원회에서 여러 차례 논의가 있었다.

정답 및 해설 p. 305

2. (   )에 들어갈 말을 〈보기〉에서 찾아 문맥에 맞게 넣으시오.

㉠ 배포   ㉡ 배회   ㉢ 백미

❶ 그 연극은 다양한 장면에서 감동을 주었고, 특히 마지막 장면이 (   )였다.

❷ 안내문은 현관에서 (   ) 중입니다.

❸ 밤이 되자 그는 목적지 없이 도시의 거리를 (   )하기 시작했다.

❹ 이번 연주회의 (   )은/는 단연 바이올린 독주였다.

❺ 수상한 사람이 집 근처를 (   )하는 것을 보고 경찰에 신고했다.

※ 배포(配布 : 配 짝 배 布 베 포) : 신문이나 책자 따위를 널리 나누어 줌.

★★★ **0순위 최빈출 어휘** **129. 범주(範疇)**	範 법 **범**, 疇 누구 **주** 동일한 성질을 가진 부류나 범위. 예 현대 사회에서 관찰할 수 있는 현상들은 대략 몇 가지 <u>범주</u>로 묶어 볼 수 있다.
130. 변절(變節)	變 변할 **변**, 節 마디 **절** 절개나 지조를 지키지 않고 바꿈. 예 철수가 결국 전향인지 <u>변절</u>인지를 하였다.
131. 병폐(病弊)	病 병 **병**, 弊 폐단 **폐** 병통(병으로 인한 아픔)과 폐단(어떤 일이나 행동에서 나타나는 옳지 못한 경향이나 해로운 현상)을 아울러 이르는 말. 예 이 사회가 안고 있는 모든 부조리와 <u>병폐</u>를 이 사회에 고발하고 널리 알려서…. ≪김주영, 칼과 뿌리≫
132. 보육(保育)	保 지킬 **보**, 育 기를 **육** 어린아이들을 돌보아 기름. 예 아이들 <u>보육</u>에 힘쓰다.
★★★ **0순위 최빈출 어휘** **133. 부유(浮遊)**	浮 뜰 **부**, 遊 놀 **유** ① 물 위나 물속, 또는 공기 중에 떠다님. 예 새어 들어온 햇빛 속에는 미세한 공기 입자들이 <u>부유</u>하고 있었다. ② 행선지를 정하지 아니하고 이리저리 떠돌아다님. 예 그는 집도 없이 <u>부유</u> 생활을 하고 있다.
★★ **중간 빈출 어휘** **134. 불식(拂拭)**	拂 떨칠 **불**, 拭 씻을 **식** 먼지를 떨고 훔친다는 뜻으로, 의심이나 부조리한 점 따위를 말끔히 떨어 없앰을 이르는 말. 예 의혹에 대한 <u>불식</u>.
★★ **중간 빈출 어휘** **135. 불하(拂下)**	拂 떨칠 **불**, 下 아래 **하** 국가 또는 공공 단체의 재산을 개인에게 팔아넘기는 일. 예 <u>불하</u>가 나다.

정답 및 해설 p. 305

1. (   )에 들어갈 말을 〈보기〉에서 찾아 문맥에 맞게 넣으시오.

㉠ 범주 ㉡ 변절 ㉢ 병폐 ㉣ 보육

❶ 환경 문제는 더 이상 특정 국가에 국한되지 않고 전 세계적인 (   )로/으로 확장되었다.

❷ 부정부패는 사회 전반에 걸쳐 심각한 (   )로/으로 작용하고 있다.

❸ (   ) 환경이 아이들의 사회적 발달에 미치는 영향에 대한 연구가 진행 중이다.

❹ 그는 과거의 신념을 버리고 (   )하여 많은 이들의 비난을 받았다.

❺ 경제 불황의 주요 원인 중 하나는 구조적인 (   ) 때문이다.

정답 및 해설 p. 305

2. (   )에 들어갈 말을 〈보기〉에서 찾아 문맥에 맞게 넣으시오.

㉠ 부유 ㉡ 불식 ㉢ 불하

❶ 정부는 공공 부지를 민간에 (   )하여 지역 경제를 활성화하려고 한다.

❷ 새로운 정책은 시민들의 불안을 (   )시키는 데 중점을 두고 있다.

❸ 남아 선호 사상의 (   )을/를 위해 남녀 차별 사회 관행에 대한 제도적 보완이 필요하다.

❹ 강물에 (   )하는 나뭇잎을 보며 그는 자연의 아름다움을 느꼈다.

❺ 그는 시유지 (   ) 과정에서의 비리 의혹으로 조사를 받고 있다.

DAY

04

136. 분발(奮發)	奮 떨칠 분, 發 필 발
	마음과 힘을 다하여 떨쳐 일어남.
	예 우리 팀은 노장 선수들의 분발로 우승을 차지했다.

☆☆☆ 0순위 최빈출 어휘 137. 분쟁(紛爭)	紛 어지러울 분, 爭 다툴 쟁
	말썽을 일으키어 시끄럽고 복잡하게 다툼.
	예 영토 분쟁.

138. 분절(分節)	分 나눌 분, 節 마디 절
	사물을 마디로 나눔. 또는 그렇게 나눈 마디.
	예 '해'를 자음과 모음으로 분절하면 'ㅎ'과 'ㅐ'로 나뉜다.

139. 불문(不問)	不 아닐 불, 問 물을 문
	① 묻지 아니함.
	예 그 죄를 불문에 부치겠다.
	② 가리지 아니함.
	예 남녀 불문.

140. 불손(不遜)	不 아닐 불, 遜 겸손할 손
	말이나 행동 따위가 버릇없거나 겸손하지 못함.
	예 마을 사람들은 그들 형제의 불손을 더 이상 보고만 있을 수 없었다.

141. 불후(不朽)	不 아닐 불, 朽 썩을 후
	썩지 아니함이라는 뜻으로, 영원토록 변하거나 없어지지 아니함을 비유적으로 이르는 말.
	예 불후의 업적을 이루다.

☆☆☆ 0순위 최빈출 어휘 142. 비견(比肩)	比 견줄 비, 肩 어깨 견
	서로 비슷한 위치에서 견줌. 또는 견주어짐.
	예 흔히 설악산과 금강산을 비견한다.

☆☆☆ 0순위 최빈출 어휘 143. 비방(誹謗)	誹 헐뜯을 비, 謗 헐뜯을 방
	남을 비웃고 헐뜯어서 말함.
	예 불만이 쌓이고 쌓인 나머지 그는 상사에 대한 비방을 서슴지 않고 했다.

정답 및 해설 p. 306

1. (   )에 들어갈 말을 〈보기〉에서 찾아 문맥에 맞게 넣으시오.

ㄱ 분발   ㄴ 분쟁   ㄷ 분절   ㄹ 불문

---

❶ 국제 사회는 그 국가 간의 무역 (   )을/를 해결하기 위해 중재를 시도하고 있다.

❷ 회사의 목표를 달성하기 위해 각 부서가 (   )하여 업무에 임해야 한다.

❸ 논문 제출 기한은 학력에 (   )하고 엄격하게 지켜야 한다.

❹ 복잡한 텍스트를 이해하기 쉽게 만들기 위해 문장을 명확히 (   )하여 설명했다.

❺ 과거의 잘못은 (   )에 부치고 새로운 출발을 하는 것이 중요하다.

정답 및 해설 p. 306

2. (   )에 들어갈 말을 〈보기〉에서 찾아 문맥에 맞게 넣으시오.

ㄱ 불손   ㄴ 불후   ㄷ 비견   ㄹ 비방

---

❶ 그는 동료의 명예를 훼손하기 위해 (   )을/를 퍼뜨려 큰 논란을 일으켰다.

❷ 그의 업적은 (   )의 업적이라 할 수 있으며, 후세에 큰 영향을 미쳤다.

❸ (   )한 자세는 다른 사람들에게 부정적인 인상을 줄 수 있다.

❹ 이 영화는 이전의 명작들과 (   )할 정도로 뛰어난 연출과 스토리를 갖추고 있다.

❺ 이 건물은 오래된 역사와 함께 (   )의 가치가 있는 유적지로 보호받고 있다.

정답및 해설 p. 306~307

[1~2] 다음 글을 읽고 물음에 답하시오.

> '천재'라는 말은 18세기에 갑자기 영예로운 칭호가 되었다. 천재는 예술의 창조자이며, 예술의 창조는 과학처럼 원리나 법칙에 ⓐ 따르지 않는다. ㉠ 과학은 인간의 이성과 감성 사이에 ⓑ 갈라짐을 가져왔다. ㉡ 예술에는 전래의 비밀리에 하는 방법이 있을 수 없으며 있다 하더라도 ⓒ 전해질 수 없다. ㉢ 예술가 스스로도 자신이 ⓓ 만든 작품의 진정한 비밀이 무엇인지 명확히 알지 못한다. ㉣ 마침내, 사람들은 천재라는 개념으로 예술 창조의 비밀을 표현하였다.

1. 윗글의 통일성을 고려할 때, ㉠~㉣ 중 삭제하는 것이 바람직한 문장은?

① ㉠   ② ㉡

③ ㉢   ④ ㉣

2. ⓐ~ⓓ과 바꿔쓸 수 있는 유사한 표현으로 적절하지 않은 것은?

① ⓐ: 의거하지   ② ⓑ: 분열

③ ⓒ: 전수될   ④ ⓓ: 조성한

정답 및 해설 p. 307

3. 문맥상 ㉠의 의미와 가장 가까운 것은?

> 비좁은 골목길에 큰 차가 ㉠ <u>거쳐</u> 더 이상 나아갈 수 없었다.

① 길을 걷다가 바닥에 떨어진 나뭇가지에 발이 <u>거쳐</u> 넘어질 뻔했다.
② 가장 어려운 문제를 해결했으니 이제 특별히 <u>거칠</u> 문제는 없다.
③ 학생들은 초등학교부터 중학교, 고등학교를 <u>거쳐</u> 대학에 입학하게 된다.
④ 일단 기숙사 학생들의 편지는 사감 선생님의 손을 <u>거쳐야</u> 했다.

✿ 난이도 조절용 어휘 **144. 비준(批准)**	批 비평할 **비**, 准 준할 **준** 조약을 헌법상의 조약 체결권자가 최종적으로 확인·동의하는 절차로 우리나라에서는 대통령이 국회의 동의를 얻어 행한다. 예 국회의 <u>비준</u>을 받지 못하면 이번 조약은 성립되지 않는다.
145. 비탄(悲嘆)	悲 슬플 **비**, 嘆 탄식할 **탄** 몹시 슬퍼하면서 탄식함. 또는 그 탄식. 예 <u>비탄</u>에 빠지다.
146. 박진감(迫進感)	迫 핍박할 **박**, 進 나아갈 **진**, 感 느낄 **감** ① 진실에 가까운 느낌. 예 그의 거짓말은 <u>박진감</u>이 넘쳐 사람들이 쉽게 속는다. ② 생동감 있고 활기차고 적극적이어서 현실적으로 느껴지는 느낌. 예 그 소설은 <u>박진감</u> 있는 구성과 탄탄한 주제 의식으로 생동감을 더해 준다.
✿✿✿ 0순위 최빈출 어휘 **147. 백안시(白眼視)**	白 흰 **백**, 眼 눈 **안**, 視 볼 **시** 남을 업신여기거나 무시하는 태도로 흘겨봄. 중국의 진나라 때 죽림칠현의 한 사람인 완적(阮籍)이 반갑지 않은 손님은 백안(白眼)으로 대하고, 반가운 손님은 청안(靑眼)으로 대한 데서 유래한다. 예 고향에 돌아와 사람들로부터 받은 <u>백안시</u>, 그리고 수모가 그녀의 가슴에 적개심으로 남아 있었다. ≪최일남, 거룩한 응답≫
✿✿✿ 0순위 최빈출 어휘 **148. 보편성(普遍性)**	普 넓을 **보**, 遍 두루 **편**, 性 성품 **성** 모든 것에 두루 미치거나 통하는 성질. 예 그의 이론은 <u>보편성</u>이 부족하여 일반적인 상황에 적용시키기에는 무리가 있다.
149. 부수적(附隨的)	附 붙을 **부**, 隨 따를 **수**, 的 과녁 **적** 주된 것이나 기본적인 것에 붙어서 따르는. 예 소비가 증가하면 <u>부수적</u>으로 쓰레기도 증가한다.
150. 부차적(副次的)	副 버금 **부**, 次 버금 **차**, 的 과녁 **적** 주된 것이 아니라 그것에 곁딸린. 예 우리에게 가장 중요한 것은 자아의 성장이며, 금전은 <u>부차적</u>인 가치 이상의 것은 아니다.

정답 및 해설 p. 307

1. ( )에 들어갈 말을 〈보기〉에서 찾아 문맥에 맞게 넣으시오.

㉠ 비준 ㉡ 부차적 ㉢ 박진감 ㉣ 백안시

❶ 이번 경기에서는 ( ) 넘치는 플레이가 연출되어 팬들의 응원을 받았다.

❷ 그는 동료들의 ( )에도 불구하고 자신의 의견을 굽히지 않았다.

❸ ( )인 요소는 주요 목표를 달성한 후에 다루는 것이 효율적이다.

❹ 협정이 체결된 후, 각국 정부는 이를 ( )하기 위한 절차를 밟고 있다.

❺ 기술적인 문제를 해결하고, ( )로/으로 발생하는 문제들을 차례로 정리해 나가야
한다.

정답 및 해설 p. 307

2. ( )에 들어갈 말을 〈보기〉에서 찾아 문맥에 맞게 넣으시오.

㉠ 보편성 ㉡ 부수적 ㉢ 비탄

❶ 이 이론은 다양한 분야에서 적용될 수 있어 ( )이/가 높다.

❷ 자연 재해로 인한 피해 상황을 보고, 주민들은 ( )에 잠겼다.

❸ 그의 제안은 주된 계획에 비해 ( )인 요소로 간주되었다.

❹ 이 프로젝트의 주된 목표는 실현되었지만, 몇 가지 ( )인 문제들도 발생했다.

❺ 이번 교통 사건에 대한 ( )와/과 슬픔이 온 사회를 휘감고 있다.

정답 및 해설 p. 307~308

[1~2] 다음 글을 읽고 물음에 답하시오.

귀납은 연역과 더불어 현대 논리학을 구성하는 대표적인 논증의 방식이다. 구체적인 사실로부터 ㉠ 일반적인 사실을 이끌어내는 귀납의 방식은 전제가 결론을 ㉡ 그럴 법하게 뒷받침하는 특성을 갖는다. 이는 전제가 참일지라도 결론이 반드시 참이 되지 않을 수 있다는 의미인데, 전제가 참일 때 결론이 참일 가능성을 '귀납의 강도'라고 한다. 귀납의 강도는 사례가 많을수록, 반례가 적을수록, 일반화가 ㉢ 쉬워질수록 강해진다.

흄은 과거의 경험을 근거로 미래를 ㉣ 어림잡는 귀납이 정당화되기 위해서는 '자연의 제일성'이 가정되어야 한다고 보았다. 자연의 제일성이란 우리가 아직 경험하지 않은 미래의 세계가 우리가 일찍이 경험해온 세계와 본질적으로 동일할 것이라는 성질이다. 귀납 논증이 정당화가 되기 위해서는 역사적으로 귀납 논증이 유효했던 논증 방식이었다는 논거가 필요하다. 이러한 논거가 유의미한 논거가 되기 위해서는 자연의 제일성이 작용하여 앞으로도 귀납이 유효할 것이라는 또 다른 논거가 필요하게 된다. 그런데 이때 또 다른 논거는 다시금 귀납에 의해 정당화되어야 하며, 결국 귀납의 정당화는 순환 논리에 빠져 버린다는 것이다.

1. **윗글에 대한 추론으로 적절하지 않은 것은?**
   ① 다수의 사례를 통해 뒷받침되며, 반론이 없으며 일반화가 용이한 귀납법은 항상 정당하다고 이야기할 수 있다.
   ② 귀납에 있어 전제가 결론을 개연적으로 뒷받침한다는 것은 전제가 참이더라도 결론이 거짓일 수 있다는 것을 의미한다.
   ③ 자연의 제일성이란 경험한 세계와 경험할 세계가 본질적으로 동일할 것이라는 생각을 의미한다.
   ④ 흄에 따르면 귀납은 자연의 제일성이 가정되어야 하는데, 이는 다시 귀납에 의해 정당화되므로 귀납은 순환 논리에 빠지게 된다.

2. **㉠~㉣과 바꿔쓸 수 있는 유사한 표현으로 적절하지 않은 것은?**
   ① ㉠: 보편적인   ② ㉡: 개연적으로
   ③ ㉢: 간편할수록   ④ ㉣: 예측하는

정답 및 해설 p. 308

3. **문맥상 ㉠의 의미와 가장 가까운 것은?**

> 마을 사람들은 착한 성품을 ㉠ <u>지닌</u> 그를 신뢰하고 의지했다.

① 그는 친구가 준 목걸이를 늘 몸에 <u>지니고</u> 다닌다.
② 돌아가신 어머니의 유언을 마음에 <u>지녔다</u>.
③ 사람은 저마다 자기중심적인 고정 관념을 <u>지니고</u> 살게 마련이다.
④ 그는 일을 성사시킬 책임을 <u>지니고</u> 해외로 출장을 떠났다.

151. 사료(思料)		思 생각 **사**, 料 헤아릴 **료(요)**
		깊이 생각하여 헤아림.
		예 지금으로서는 이 방법밖에 없다고 <u>사료</u>가 됩니다.
152. 사조(思潮)		思 생각 **사**, 潮 밀물 **조**
		한 시대의 일반적인 사상의 흐름.
		예 그는 새로운 <u>사조</u>나 독립운동의 방향 같은 것에 대하여 신중했으나 비판적이었다. ≪박경리, 토지≫
153. 사주(使嗾)	✩✩ 중간 빈출 어휘	使 하여금 **사**, 嗾 부추길 **주**
		남을 부추겨 좋지 않은 일을 시킴.
		예 <u>사주</u>를 받다.
154. 사직(社稷)		社 모일 **사**, 稷 피 **직**
		나라 또는 조정을 이르는 말.
		예 태자의 몸으로 마의를 걸치고 스스로 험산에 들어온 것은 천 년 <u>사직</u>을 망쳐버린 비통을 한 몸에 짊어지려는 고행이었으리라. ≪정비석, 비석과 금강산의 대화≫
155. 산발적(散發的)	✩✩ 중간 빈출 어휘	散 흩을 **산**, 發 필 **발**, 的 과녁 **적**
		때때로 여기저기 흩어져 발생하는.
		예 <u>산발적</u>인 게릴라전.
156. 삽시간(霎時間)		霎 가랑비 **삽**, 時 때 **시**, 間 사이 **간**
		매우 짧은 시간.
		예 둑이 터지자 들판은 <u>삽시간</u>에 물바다가 되고 말았다.
157. 상보적(相補的)	✩✩✩ 0순위 최빈출 어휘	相 서로 **상**, 補 기울 **보**, 的 과녁 **적**
		서로 모자란 부분을 보충하는 관계에 있는.
		예 <u>상보적</u> 관점.
158. 상투적(常套的)	✩✩ 중간 빈출 어휘	常 떳떳할 **상**, 套 씌울 **투**, 的 과녁 **적**
		늘 써서 버릇이 되다시피 한.
		예 큰 시비건 작은 시비건 간에 초장부터 험하게 몰아치는 것이 우 서방네 <u>상투적</u> 싸움의 수법이다.

정답 및 해설 p. 308

1. (   )에 들어갈 말을 〈보기〉에서 찾아 문맥에 맞게 넣으시오.

> ㉠ 사료   ㉡ 사조   ㉢ 사주   ㉣ 사직

❶ 그는 적의 (   )을/를 받아 내부의 기밀을 염탐했다.

❷ 그 작가는 자신의 작품에 현대 사회의 (   )을/를 반영하여 새로운 시각을 제시했다.

❸ 부적절한 행동을 유도하기 위해 (   )하는 것은 윤리적으로 잘못된 것이다.

❹ (   )의 정책 결정은 왕권 강화와 조정의 안정화를 목표로 하였다.

❺ 문제 해결을 위해 (   )한 결과, 더 효과적인 전략을 찾을 수 있었다.

정답 및 해설 p. 308

2. (   )에 들어갈 말을 〈보기〉에서 찾아 문맥에 맞게 넣으시오.

> ㉠ 산발적   ㉡ 삽시간   ㉢ 상보적   ㉣ 상투적

❶ 이 소설의 결말은 (   )이라 많은 독자들에게 예측 가능하다고 느껴졌다.

❷ 사고가 (   )로/으로 일어난 상황에서는 신속하고 체계적인 대응이 필요하다.

❸ (   )인 표현을 사용하는 대신, 좀 더 독창적인 방식으로 메시지를 전달해 보세요.

❹ (   )인 정보들은 서로의 부족한 부분을 보완해 주기 때문에 중요하다.

❺ 불이 (   )에 번지면서 건물 전체가 화염에 휩싸였다.

★★★★ 0순위 최빈출 어휘 **159. 상쇄(相殺)**	相 서로 **상**, 殺 빠를 **쇄** 상반되는 것이 서로 영향을 주어 효과가 없어지는 일. 예 위로가 나의 정신적 고통이 <u>상쇄</u>가 될 수는 없다.
160. 상정(想定)	想 생각 **상**, 定 정할 **정** 어떤 정황을 가정적으로 생각하여 단정함. 또는 그런 단정. 예 이 우스꽝스러운 <u>상정</u>을 남들이 일소에 부칠지라도 그때의 나로서는 꽤나 심각한 상정이었다. ≪윤후명, 별보다 멀리≫
161. 상접(相接)	相 서로 **상**, 接 이을 **접** 서로 한데 닿거나 붙음. 예 그 사람은 피골이 <u>상접</u>할 정도로 몸이 말랐다.
★★★★ 0순위 최빈출 어휘 **162. 상정(上程)**	上 윗 **상**, 程 한도 **정** 토의할 안건을 회의 석상에 내어놓음. 예 그 안건은 본회의에 <u>상정</u>되었다.
163. 색인(索引)	索 찾을 **색**, 引 끌 **인** ① 어떤 것을 뒤져서 찾아내거나 필요한 정보를 밝힘. 　예 인터넷의 발달로 <u>색인</u> 작업이 용이해졌다. ② 책 속의 내용 중에서 중요한 단어나 항목, 인명 따위를 쉽 　게 찾아볼 수 있도록 일정한 순서에 따라 별도로 배열하 　여 놓은 목록. 예 용어 <u>색인</u>.
164. 생동(生動)	生 날 **생**, 動 움직일 **동** ① 생기 있게 살아 움직임. 　예 그의 얼굴에는 <u>생동</u>의 빛이 감돌고 있다. ② 그림이나 글씨 따위가 살아 움직이는 듯이 힘이 있음. 　예 <u>생동</u>한 글씨체가 눈에 띄다.
★★ 난이도 조절용 어휘 **165. 생득적(生得的)**	生 날 **생**, 得 얻을 **득**, 的 과녁 **적** 태어날 때부터 가지고 난. 예 사람이 언어를 습득하는 능력이 <u>생득적</u>인 것이라고 주장하는 이론이 있다.
166. 서식(棲息)	棲 깃들일 **서**, 息 쉴 **식** 생물 따위가 일정한 곳에 자리를 잡고 삶. 예 수생 식물 <u>서식</u>.

빈/칸/문/제

정답 및 해설 p. 309

1. ( )에 들어갈 말을 〈보기〉에서 찾아 문맥에 맞게 넣으시오.

⊙ 상쇄   ⓒ 상정(想定)   ⓒ 상접   ⓔ 색인
---

❶ 이익의 감소는 비용 절감으로 (   )될 수 있을 것이다.

❷ 이 연구는 특정 경제 조건을 (   )하여 그에 따른 결과를 예측하고 있다.

❸ 문서의 내용이 많아질수록 정확한 (   )의 중요성이 커진다.

❹ 주식 시장의 변동성은 다양한 투자 전략을 통해 (   )할 수 있다.

❺ 그 지역은 주요 도로와 (   )하여 교통 편의성이 매우 좋다.

빈/칸/문/제

정답 및 해설 p. 309

2. ( )에 들어갈 말을 〈보기〉에서 찾아 문맥에 맞게 넣으시오.

⊙ 상정(上程)   ⓒ 생동   ⓒ 생득적   ⓔ 서식
---

❶ 자연의 (   )감 있는 모습을 그대로 담은 작품은 관객들에게 큰 감동을 주었다.

❷ 그의 음악적 재능은 단순한 노력의 결과가 아니라 (   ) 소질에 기인한다.

❸ 이 지역의 기후는 다양한 식물 (   )에 적합한 환경을 제공한다.

❹ 이 안건은 사전에 충분히 검토된 후 회의 석상에 (   )되었다.

❺ 사진 속 인물들의 (   )한 표정이 이 순간의 감정을 그대로 전달해 주었다.

정답 및 해설 p. 309

[1~2] 다음 글을 읽고 물음에 답하시오.

관성이란 물체가 운동의 상태를 ⓐ <u>이어가는</u> 경향이자 운동의 상태가 변할 때 물체의 저항력이다. 우리는 엘리베이터를 타고 오르내리면서 무거워지거나 가벼워진다는 느낌을 받는다. 이는 관성으로 인한 현상으로, 엘리베이터가 등속으로 하강하거나 상승하는 경우에는 관성이 작용하지 않는다. 그러나 엘리베이터가 가속하며 상승 운동하는 경우, 엘리베이터가 올라가는 쪽과 (㉠) 방향으로 관성이 작용한다. 따라서 가속으로 상승 운동하는 엘리베이터에서 체중계에 올라간다면, 중력과 관성력이 합쳐진 힘을 받으므로 체중이 늘어난다. 반대로 엘리베이터가 ⓑ <u>속도를 더하며</u> 하강 운동하는 경우에는 체중이 줄어든다.

그런데 엘리베이터의 줄이 끊어진다면 엘리베이터는 갑자기 중력 가속도로 자유낙하한다. 이때는 관성력이 가속 운동에 ⓒ <u>거슬러</u> 중력의 (㉡) 방향으로 발생하며, 그 크기는 중력 가속도가 당기는 힘과 같다. 그 결과 중력과 관성력이 ⓓ <u>서로 없어져</u> 체중계에 올라간 사람의 체중은 0kg이 된다.

1. 윗글의 빈칸 ㉠과 ㉡에 들어갈 말이 바르게 짝지어진 것은?

① ㉠: 같은, ㉡: 같은

② ㉠: 같은, ㉡: 반대

③ ㉠: 반대, ㉡: 반대

④ ㉠: 반대, ㉡: 같은

2. ⓐ~ⓓ과 바꿔쓸 수 있는 유사한 표현으로 적절하지 않은 것은?

① ⓐ: 유지하려는 ② ⓑ: 가속하며

③ ⓒ: 저항하여 ④ ⓓ: 소멸되어

정답 및 해설 p. 310

3. 문맥상 ⊙의 의미와 가장 가까운 것은?

> 그 회사는 매년 혁신적인 제품이 꾸준히 ⓛ <u>나오는</u> 것으로 잘 알려져 있다.

① 그는 방에서 무슨 일을 하는지 도무지 밖으로 <u>나오지</u>를 않는다.

② 우리 마을에서는 걸출한 인물이 많이 <u>나왔다</u>.

③ 학급 신문에 내 사진이 크게 <u>나왔다</u>.

④ 공부를 계속하기 위해 직장을 <u>나왔습니다</u>.

✦✦✦ **중간 빈출 어휘** **167. 선동**(煽動)	煽 부채질할 **선**, 動 움직일 **동** 남을 부추겨 어떤 일이나 행동에 나서도록 함. 예 과격한 <u>선동</u>.
168. 선정적(煽情的)	煽 부채질할 **선**, 情 뜻 **정**, 的 과녁 **적** 정욕을 자극하여 일으키는. 예 <u>선정적</u> 광고를 주변에서 흔히 볼 수 있다.
169. 선풍(旋風)	旋 돌 **선**, 風 바람 **풍** 돌발적으로 일어나 세상을 뒤흔드는 사건을 비유적으로 이르는 말. 예 검거 <u>선풍</u>이 불어닥치다.
170. 섬멸(殲滅)	殲 다 죽일 **섬**, 滅 멸할 **멸** 모조리 무찔러 멸망시킴. 예 아군은 적군을 급습하여 <u>섬멸</u>에 가까운 전과를 올렸다.
171. 섭리(攝理)	攝 다스릴 **섭**, 理 다스릴 **리(이)** ① 자연계를 지배하고 있는 원리와 법칙. 　　예 자연의 <u>섭리</u>. ② 세상과 우주 만물을 다스리는 하나님의 뜻. 　　예 신의 <u>섭리</u>를 따르다.
172. 성쇠(盛衰)	盛 성할 **성**, 衰 쇠할 **쇠** 성하고 쇠퇴함. 예 노사의 화합 여부에 따라 기업의 <u>성쇠</u>가 좌우된다.
173. 세사(世事)	世 인간 **세**, 事 일 **사** 세상에서 일어나는 온갖 일. 예 공부만 하는 사람이라서 <u>세사</u>에 어둡다.
✦ **난이도 조절용 어휘** **174. 소개**(疏開)	疏 소통할 **소**, 開 열 **개** 공습이나 화재 따위에 대비하여 한곳에 집중되어 있는 주민이나 시설물을 분산함. 예 본국 정부는 미국인 <u>소개</u>를 서두르고 있으나 특파원은 예외다. ≪박영한, 머나먼 송바강≫

정답 및 해설 p. 310

1. (　　　)에 들어갈 말을 〈보기〉에서 찾아 문맥에 맞게 넣으시오.

⊙ 선동　　　ⓛ 선정적　　　ⓒ 선풍　　　ⓔ 섬멸

❶ 전쟁 중에는 적군의 (　　　)을/를 위해 전략적 공격이 중요하다.

❷ 영화의 일부 장면이 (　　　)이라는 이유로 상영 연령 제한이 걸렸다.

❸ 그는 대중의 감정을 자극하여 불필요한 분열을 일으키는 (　　　)을/를 했다.

❹ (　　　)적인 행동은 종종 사회적 갈등을 유발하므로, 이에 대한 경각심이 필요하다.

❺ 이 신제품은 출시와 동시에 (　　　)을/를 일으키며 소비자들의 관심을 끌었다.

Day 04

정답 및 해설 p. 310

2. (　　　)에 들어갈 말을 〈보기〉에서 찾아 문맥에 맞게 넣으시오.

⊙ 섭리　　　ⓛ 성쇠　　　ⓒ 세사　　　ⓔ 소개

❶ 재난 발생 시 피해를 줄이기 위해 인구 밀집 지역의 (　　　) 작업이 필수적이다.

❷ 국가의 (　　　)은/는 정치적, 경제적 요인들이 복합적으로 작용한 결과이다.

❸ 공부만 하는 사람이라서 (　　　)에 어둡다.

❹ 그 회사는 최근 몇 년간의 (　　　)을/를 극복하기 위해 새로운 사업 전략을 채택했다.

❺ 종교에서는 신의 (　　　)이/가 인간의 운명을 결정짓는다고 믿는다.

☆☆☆ **중간 빈출 어휘** **175. 소거(掃去)**	掃 쓸 소, 去 갈 거 부정적인 것을 모조리 없앰. 예 학생 보호 구역에서 담배 피우는 사람들을 <u>소거</u>하다.
176. 소견(所見)	所 바 소, 見 볼 견 어떤 일이나 사물을 살펴보고 가지게 되는 생각이나 의견. 예 자신의 <u>소견</u>을 밝히다.
177. 소지(素地)	素 본디 소, 地 땅 지 ① 본래의 바탕. 예 그는 정치가가 될 <u>소지</u>가 다분하다. ② 문제가 되거나 부정적인 일 따위를 생기게 하는 원인. 또 는 그렇게 될 가능성. 예 이 법은 악용될 <u>소지</u>가 있다.
178. 소진(消盡)	消 사라질 소, 盡 다할 진 점점 줄어들어 다 없어짐. 또는 다 써서 없앰. 예 자식들로 하여금 부단히 그 울타리에 머리를 처박고 뛰쳐나가기를 시 도하게 하던 그 힘이 <u>소진</u>해 버렸다. ≪한수산, 유민≫
179. 소환(召喚)	召 부를 소, 喚 부를 환 법원이 피고인, 증인, 변호인, 대리인 따위의 소송 관계인에 게 소환장을 발부하여, 공판 기일이나 그 밖의 일정한 일시 에 법원 또는 법원이 지정한 장소에 나올 것을 명령하는 일. 예 검찰에 피의자 <u>소환</u>을 요구하다.

☆☆☆ **0순위 최빈출 어휘**
180. 쇄도(殺到)
	殺 빠를 쇄, 到 이를 도
	① 전화, 주문 따위가 한꺼번에 세차게 몰려듦.
	   예 방문객의 <u>쇄도</u>로 안내원은 정신이 없었다.
	② 어떤 곳을 향하여 세차게 달려듦.
	   예 놀이공원 많은 이용자의 <u>쇄도</u>로 연일 성황을 이루었다.

☆☆☆ **0순위 최빈출 어휘** **181. 쇄신(刷新)**	刷 인쇄할 쇄, 新 새 신 그릇된 것이나 묵은 것을 버리고 새롭게 함. 예 분위기 <u>쇄신</u>.
☆☆☆ **0순위 최빈출 어휘** **182. 쇠락(衰落)**	衰 쇠할 쇠, 落 떨어질 낙(락) 쇠약하여 말라서 떨어짐. 예 혁신하지 않는 기업은 <u>쇠락</u>의 길을 걷기 마련이다.

빈/칸/문/제

정답및해설 p. 310

1. (   )에 들어갈 말을 〈보기〉에서 찾아 문맥에 맞게 넣으시오.

㉠ 소거	㉡ 소견	㉢ 소지	㉣ 소진

❶ 검토 중인 논문에서 불필요한 부분을 (   )하여 내용이 더 간결해졌다.

❷ 회의에서 각 팀원의 (   )을/를 모아 최선의 해결책을 찾기로 했다.

❸ 상품이 빠르게 판매되어 재고가 (   )되기 전에 추가 발주를 해야 한다.

❹ 계획서의 오류를 (   )하는 과정에서 주의 깊게 내용을 확인해야 한다.

❺ 건물의 안전 점검을 소홀히 하면 위험의 (   )을/를 제공할 수 있다.

빈/칸/문/제

정답및해설 p. 310

2. (   )에 들어갈 말을 〈보기〉에서 찾아 문맥에 맞게 넣으시오.

㉠ 소환	㉡ 쇄도	㉢ 쇄신	㉣ 쇠락

❶ 경제 불황과 관리 소홀로 인해 기업의 성장이 (   )하고 있다.

❷ 신제품 출시와 함께 고객들의 주문이 (   )하여 생산 라인이 부족할 정도였다.

❸ 경찰은 사건의 중요 증인을 (   )하여 추가 진술을 받았다.

❹ 할인 행사 시작과 동시에 쇼핑몰에는 구매자들의 (   )이/가 이어졌다.

❺ 회사의 이미지를 (   )하기 위해 새로운 브랜드 캠페인을 시작했다.

정답 및 해설 p. 310~311

[1~2] 다음 글을 읽고 물음에 답하시오.

분쟁이 예견되거나 진행 중인 상황에서 후일 상대방이 사실을 ㉠ 거두어들이는 그런 내용을 ㉡ 알림 받지 못했다고 주장하는 것을 막기 위해 '내용증명'을 활용할 수 있다. 내용증명이란 누가, 언제, 누구에게, 어떤 내용의 문서를 보냈다는 사실을 우체국에서 공적으로 증명해 주는 특수한 우편 제도로, 이를 활용하면 향후 법적 분쟁이 생길 ㉢ 가능성을(를) 줄일 수 있다.

내용증명은 개인 간 채권·채무 관계나 권리·의무를 더욱 명확하게 할 필요가 있을 때 주로 이용된다. 예를 들어 방문 판매를 통해 충동적으로 구입한 화장품, 건강식품 등의 구매 계약을 철회 기간 내에 취소하고 싶을 때 사용할 수 있다. 특히 판매자와 연락이 되지 않는 등의 사유로 계약을 철회할 수 있는 기간 내에 철회가 불가능한 경우에도 사용한다.

내용증명은 다른 우편물과는 달리 우체국에 같은 내용의 문서 3부를 ㉣ 내야 한다. 이는 발신인, 수신인, 우체국 3자가 각각 동일한 내용의 문서를 소지하기 위함이다. 그 결과 발신인이 작성한 어떤 내용의 문서가 언제 누구에게 발송되었는지를 우체국장이 증명할 수 있게 되는 것이다. 그러나 이것이 문서의 내용이 맞다는 것까지 증명하는 것은 아니라는 점에 유의해야 한다. 내용증명 우편이 발송되었다는 사실은 입증하지만 문서 내용의 진위까지 입증하는 것은 아니므로 그 자체로 문제가 해결되는 것은 아니다.

1. 윗글의 내용에 대한 추론으로 적절한 것은?

① 내용증명은 계약을 철회할 수 있는 기간 내에 취소하고 싶을 때 사용할 수 있다.
② 내용증명은 분쟁의 가능성이 있는 상황에서 분쟁이 진행되기 전에 미리 활용해야 한다.
③ 내용증명은 발신인, 수신인, 우체국 제 3자가 각각 동일한 내용의 문서를 소지함으로써 문서 내용의 진위를 입증한다.
④ 내용증명은 주로 개인이 공공기관과의 법적 분쟁을 줄이기 위해 우체국의 증명을 이용하는 제도이다.

2. ㉠~㉣과 바꿔쓸 수 있는 유사한 표현으로 적절하지 않은 것은?

① ㉠: 번복하거나   ② ㉡: 고지
③ ㉢: 소지   ④ ㉣: 접수해야

정답 및 해설 p. 311

3. 문맥상 ㉠의 의미와 가장 가까운 것은?

> 급한 보고서 작성이 그에게 ㉠ 떨어져서 그는 밤새워 일해야 했다.

① 그 성이 적의 손에 떨어졌다는 전갈이 왔다.

② 우리 부서에 떨어진 과제는 너무 무리라는 생각이 든다.

③ 사람에게 한번 정이 떨어지면 다시 친해지기 어렵다.

④ 드디어 우리에게도 출동 명령이 떨어졌다.

DAY
05

☆☆☆ 중간 빈출 어휘 **183. 수렴(收斂)**	收 거둘 수, 斂 거둘 렴(염) ① 돈이나 물건 따위를 거두어들임. 예 모 군 군수 강 모는 <u>수렴</u>이 심하여 민심이 동요되옵고, 그대로 방치하였다가는 불상사가 생길 줄로 아뢰옵니다. 《김동인, 운현궁의 봄》 ② 의견이나 사상 따위가 여럿으로 나뉘어 있는 것을 하나로 모아 정리함. 예 의견 <u>수렴</u>에 들어가다.
184. 수령(受領)	受 받을 수, 領 거느릴 령(영) 돈이나 물품을 받아들임. 예 비서는 회사로 배달된 우편물 <u>수령</u>으로 업무를 시작한다.
185. 수뢰(受賂)	受 받을 수, 賂 뇌물 뢰(뇌) 뇌물을 받음. 예 검찰은 <u>수뢰</u> 혐의로 현직 국회의원을 고발했다.
☆☆☆ 0순위 최빈출 어휘 **186. 수반(隨伴)**	隨 따를 수, 伴 짝 반 어떤 일과 더불어 생김. 예 경제의 고도성장에 <u>수반</u>하는 물가 상승.
☆☆☆ 0순위 최빈출 어휘 **187. 수용(受容)**	受 받을 수, 容 얼굴 용 어떠한 것을 받아들임. 예 근대 문명 <u>수용</u>.
188. 수척(瘦瘠)	瘦 여윌 수, 瘠 여윌 척 몸이 몹시 야위고 마른 듯함. 예 너의 <u>수척</u>한 얼굴을 보니 마음이 아프다.
☆☆☆ 0순위 최빈출 어휘 **189. 수혜(受惠)**	受 받을 수, 惠 은혜 혜 은혜를 입음. 또는 혜택을 받음. 예 사회 보장 제도가 발달된 나라일수록 무료로 치료를 받을 수 있는 <u>수혜</u>의 폭이 넓다.
190. 숙의(熟議)	熟 익을 숙, 議 의논할 의 깊이 생각하여 충분히 의논함. 예 그들은 <u>숙의</u> 끝에 그 일을 하기로 결정했다.

빈/칸/문/제

정답 및 해설 p. 312

1. ( )에 들어갈 말을 〈보기〉에서 찾아 문맥에 맞게 넣으시오.

> ㉠ 수렴   ㉡ 수령   ㉢ 수뢰   ㉣ 수반

❶ 기업의 확장에는 인력 증가와 자금 조달 등의 다양한 요소를 ( )하게 된다.

❷ 문제 해결을 위해 전문가들의 자문을 ( )하고, 실질적인 해결책을 모색했다.

❸ 우편물의 ( ) 확인을 위해 서명을 해야 한다.

❹ 이 프로젝트의 성공은 추가 비용의 발생을 ( )할 수 있다.

❺ 그는 고위직에 있으면서 큰 금액의 ( )을/를 받아 부패 혐의로 기소되었다.

빈/칸/문/제

정답 및 해설 p. 312

2. ( )에 들어갈 말을 〈보기〉에서 찾아 문맥에 맞게 넣으시오.

> ㉠ 수용   ㉡ 수척   ㉢ 수혜   ㉣ 숙의

❶ 길고 힘든 여행 끝에 그들은 지치고 ( )해진 모습으로 귀국했다.

❷ 회의에서는 중요한 결정을 내리기 전에 충분한 ( )을/를 거쳤다.

❸ 정부의 복지 정책 덕분에 저소득 가구가 상당한 ( )을/를 받게 되었다.

❹ 그는 의견을 ( )하고, 팀원들과의 협력을 통해 문제를 해결하려고 노력했다.

❺ 문제 해결을 위해 팀원들은 심도 있는 ( )을/를 통해 다양한 의견을 모았다.

정답 및 해설 p. 312~313

[1~2] 다음 글을 읽고 물음에 답하시오.

> 기술 진보는 해당 산업에서 인간의 노동을 줄여주지만, 실업에 대한 불안 또한 ㉠ 생기게 한다. 이러한 불안함은 산업 혁명 시기에 일어났던 기계 파괴 운동과 같은 양상으로 ㉡ 나타나기도 한다. 그러나 장기적으로는 기술 진보가 실업률을 높인 것은 아니다. 산업 구조가 변화하면서 새로운 일자리들이 생겨났고, 기계는 인간의 노동을 완전히 ㉢ 바꾸는 것이 아니라 ㉣ 메우는 수준이었기 때문이다.
>
> 기술 진보는 소비자에게는 선택의 폭을 넓혀주었고, 노동자가 이전보다 더 빠르고 정확하게 일을 처리할 수 있게 해 주었다. 그 결과 소비자는 더 나은 품질의 제품을 더 낮은 가격에도 살 수 있게 되었고, 노동자들은 더 적은 시간을 일하면서도 더 높은 소득을 얻을 수 있게 되었다. 실제로, OECD 회원국들에서는 지난 반세기 동안 임금은 상승하고 노동 시간은 꾸준히 감소해 왔다. 투입된 노동 시간 대비 생산한 제품의 수량이나 가치를 평가해 생산성을 계산한다면, 생산성이 높은 국가일수록 연평균 노동 시간은 감소하는 경향이 있다.

1. 윗글을 추론한 내용으로 적절하지 않은 것은?

① 기술 진보는 소비자와 노동자 모두에게 긍정적인 결과를 낳았다.

② 기계는 인간의 노동을 완전히 대체하여 생산성이 높은 국가에서 노동자들의 노동 시간을 줄여주었다.

③ 기술 진보가 인간의 일자리를 빼앗을 것이라는 불안감은 특정 사건으로 표출되기도 하였다.

④ 기술 진보는 새로운 일자리를 창출하면서 인간 노동의 생산력을 높였다.

2. ㉠~㉣과 바꿔쓸 수 있는 유사한 표현으로 적절하지 않은 것은?

① ㉠: 수반한다   ② ㉡: 표출되기도

③ ㉢: 대체하는   ④ ㉣: 전이하는

정답 및 해설 p. 313

3. 문맥상 ㉠의 의미와 가장 가까운 것은?

> 부모가 된다는 것은 아이에 대한 큰 책임을 ㉠ 지는 일이다.

① 남부 지방에 가뭄이 지어 강물의 수위가 급격히 낮아졌다.
② 승진 문제로 갈등이 생겨 동료와 원수를 진 관계가 되었다는 소문이 퍼졌다.
③ 김 사장에게 300만 원의 빚을 지고 있다.
④ 신입사원이 여러 가지 업무를 지게 되어 처음에는 힘들어했다.

⭐⭐⭐ 중간 빈출 어휘 **191. 순차적**(順次的)	順 순할 **순**, 次 버금 **차**, 的 과녁 **적** 순서를 따라 차례대로 하는. 예 <u>순차적</u> 진행.
⭐⭐⭐ 중간 빈출 어휘 **192. 순화**(醇化)	醇 전국술 **순**, 化 될 **화** ① 정성 어린 가르침으로 감화함. 예 청소년 선도에는 처벌보다는 <u>순화</u>가 앞서야 한다. ② 잡스러운 것을 걸러서 순수하게 함. 예 언어 <u>순화</u>.
193. 승복(承服)	承 이을 **승**, 服 옷 **복** 납득하여 따름. 예 그녀는 <u>승복</u>을 잘하지 않는 고집스러운 사람이다.
⭐ 난이도 조절용 어휘 **194. 승화**(昇華)	昇 오를 **승**, 華 빛날 **화** ① 어떤 현상이 더 높은 상태로 발전하는 일. 예 이제 큰 깨달음을 얻어 진정한 황제로 <u>승화</u>하는 마당에서조차 그 같은 불경을 계속하여 저지를 수는 없는 노릇이다. ② 고체에 열을 가하면 액체가 되는 일이 없이 곧바로 기체로 변하는 현상. 예 상온에서 <u>승화</u> 현상을 볼 수 있다.
⭐⭐⭐ 중간 빈출 어휘 **195. 시비**(是非)	是 옳을 **시**, 非 아닐 **비** 옳음과 그름. 예 <u>시비</u>를 가리다.
⭐⭐⭐ 0순위 최빈출 어휘 **196. 시사**(示唆)	示 보일 **시**, 唆 부추길 **사** 어떤 것을 미리 간접적으로 표현. 예 낙관적인 <u>시사</u>를 던져 주다.
197. 신랄(辛辣)	辛 매울 **신**, 辣 매울 **랄(날)** 사물의 분석이나 비평 따위가 매우 날카롭고 예리함. 예 <u>신랄</u>하게 공격하다.

정답 및 해설 p. 313

1. (   )에 들어갈 말을 〈보기〉에서 찾아 문맥에 맞게 넣으시오.

㉠ 순차적   ㉡ 순탄   ㉢ 순화   ㉣ 승복

❶ 법원의 판결에 대해 그는 (   )하고 결과를 받아들였다.

❷ 그의 사업 경로는 (   )하게 흘러가며 계속해서 안정적인 성과를 내고 있다.

❸ 선생님의 (   )된 가르침 덕분에 학생들이 올바른 행동 규범을 이해하게 되었다.

❹ 작업 지시서는 (   )로/으로 이루어지는 절차를 상세히 설명하고 있다.

❺ 여행이 (   )하게 진행되어 예정보다 일찍 도착할 수 있었다.

※ 순탄(順坦 : 順 순할 순 坦 평탄할 탄) : 아무 탈 없이 순조롭다.

정답 및 해설 p. 313

2. (   )에 들어갈 말을 〈보기〉에서 찾아 문맥에 맞게 넣으시오.

㉠ 승화   ㉡ 시비   ㉢ 시사   ㉣ 신랄

❶ 이 소설은 현대 사회의 다양한 문제를 (   )하는 내용을 담고 있다.

❷ 초기 아이디어가 지속적인 노력과 실험을 통해 획기적인 제품으로 (   )되었다.

❸ 토론 중 상대방의 발언에 대해 (   )하게 반박하며 논쟁이 격해졌다.

❹ (   )을/를 피하기 위해 대화 중에는 가능한 한 상대방의 의견을 존중하려고 했다.

❺ 회의 중 의견 충돌로 (   )이/가 생기자, 중재자가 개입하여 상황을 진정시켰다.

정답 및 해설 p. 313~314

[1~2] 다음 글을 읽고 물음에 답하시오.

최근 공공언어에서 '외국어 남용' 문제가 ⓐ 나타나고 있다. 한 한글 단체가 조사한 결과, 지자체 보도자료 1건당 평균 1.8개의 외국어 및 외국 문자가 사용되고 있었다. 이러한 남용은 ㉠ 추상적으로 모호한 표현으로 이어지며, 국민들이 명확한 의미를 ⓑ 알기 어렵게 만든다. 또한, ㉡ 전문용어를 사용하여 국민들에게 뜻을 전달하기 어려운 경우도 있다. 이러한 상황에서는 국립국어원에서 ⓒ 보여주는 다듬은 말로 대체하는 것이 바람직하다. 하지만 ㉢ 널리 알려진 개념이라면 부서명으로 사용하는 경우도 있다. 공공언어 개선을 위해서는 먼저 '로마자 표기', '다의적이거나 모호한 표현'의 외래어 및 외국어 사용을 줄여나가야 한다. 공공언어는 국민들에게 정확한 정보를 전달하는 언어이므로, 추상적이고 모호한 표현보다는 정책 목표, 대상 등을 고려한 ㉣ 구체적이고 명확한 표현을 사용해야 한다. 이를 통해 국민과의 원활한 소통을 ⓓ 꾀할 수 있다.

1. 다음 중 ㉠~㉣을 강화하는 사례로 적절하지 않은 것은?

① ㉠: 여러 계층의 시민들을 대상으로 일자리를 지원하는 부서를 '뉴딜일자리팀'으로 명명하였다.

② ㉡: 전력망을 지능화, 고도화하기 위해 전기 및 정보통신 기술을 활용하는 부서를 '스마트그리드 사업부'라고 부른다.

③ ㉢: 인공지능 사업을 주관하는 부서를 'AI 부서'로 지칭한다.

④ ㉣: '돌봄'이라는 용어가 일반적으로 사용되고 있으므로 '서울형 돌봄'의 대안어로 '서울 케어'를 제시한다.

2. ⓐ~ⓓ와 바꿔 쓸 수 있는 유사한 표현으로 적절하지 않은 것은?

① ⓐ: 대두되고 ② ⓑ: 파악하기

③ ⓒ: 개재하는 ④ ⓓ: 도모할

정답 및 해설 p. 314

3. **문맥상 ㉠의 의미와 가장 가까운 것은?**

> 법원은 이번 사건의 진상을 파악하고 흑백을 ㉠ <u>가리기</u> 위해 철저한 조사를 시작했다.

① 그는 돈을 버는 일이라면 수단과 방법을 <u>가리지</u> 않았다.
② 병원에 입원한 환자가 대소변을 못 <u>가려</u> 간호사가 도움을 주고 있다.
③ 아이들은 아직 좋은 것과 나쁜 것을 <u>가릴</u> 줄 몰라서 부모의 지도가 필요하다.
④ 그는 자기 앞도 못 <u>가리는</u> 처지라 결혼은 꿈도 못 꾼다.

★★★ **0순위 최빈출 어휘** **198. 신빙성(信憑性)**	**信** 믿을 **신**, **憑** 기댈 **빙**, **性** 성품 **성** 믿어서 근거나 증거로 삼을 수 있는 정도나 성질. 예 그 남자의 증언은 <u>신빙성</u>이 전혀 없다.
★★★ **0순위 최빈출 어휘** **199. 실존(實存)**	**實** 열매 **실**, **存** 있을 **존** 실제로 존재함. 또는 그런 존재. 예 그 영화의 주인공은 <u>실존</u> 인물을 바탕으로 만들어졌다.
★★★ **0순위 최빈출 어휘** **200. 실증(實證)**	**實** 열매 **실**, **證** 증거 **증** 실제로 증명함. 또는 그런 사실. 예 부끄러움을 느낀다는 것은 인간이 한낱 동물이 아니고 깊고 높은 인격의 차원 속에서 살고 있다는 것을 <u>실증</u>하는 것이다. ≪안병욱, 사색인의 향연≫
201. 실추(失墜)	**失** 잃을 **실**, **墜** 떨어질 **추** 명예나 위신 따위를 떨어뜨리거나 잃음. 예 이미지 <u>실추</u>.
202. 심미적(審美的)	**審** 살필 **심**, **美** 아름다울 **미**, **的** 과녁 **적** 아름다움을 살펴 찾으려는. 예 <u>심미적</u>인 방법으로 비평을 전개하다.
203. 심연(深淵)	**深** 깊을 **심**, **淵** 못 **연** ① 깊은 못. 　예 새벽빛이 <u>심연</u>과도 같이 푸르고 짙다. ② 좀처럼 빠져나오기 힘든 구렁을 비유적으로 이르는 말. 　예 시험에 떨어진 그녀는 좌절의 <u>심연</u>에 빠져 버렸다. ③ 뛰어넘을 수 없는 깊은 간격을 비유적으로 이르는 말. 　예 사랑은 삶과 죽음의 <u>심연</u>조차 뛰어넘는 숭고한 것이다.
204. 심취(心醉)	**心** 마음 **심**, **醉** 취할 **취** 어떤 일이나 사람에 깊이 빠져 마음을 빼앗김. 예 문학에 <u>심취</u>하다.

정답및해설 p. 314

1. (   )에 들어갈 말을 〈보기〉에서 찾아 문맥에 맞게 넣으시오.

⊙ 신빙성   ⓒ 실존   ⓒ 실증   ② 실추

❶ (   )적인 증거 없이 이론을 주장하는 것은 설득력이 부족하다.

❷ 신의 (   )에 대해 많은 논란이 있다.

❸ 잘못된 정보가 퍼지면서 그의 명예가 (   )되었다.

❹ 그 논문의 결론은 (   ) 있는 자료에 의해 뒷받침되고 있다.

❺ 스포츠팀의 연패는 감독의 위신 (   )을/를 불러일으켰다.

정답및해설 p. 314

2. (   )에 들어갈 말을 〈보기〉에서 찾아 문맥에 맞게 넣으시오.

⊙ 심미적   ⓒ 심연   ⓒ 심취

❶ 그는 예술에 (   )하여 매일 그림을 그리고 있다.

❷ 정원은 (   ) 아름다움을 고려하여 설계되었다.

❸ 그와 나 사이에는 알 수 없는 (   )이/가 가로놓여 있었다.

❹ 바닷속의 (   )은/는 아직 인간에게 미지의 영역으로 남아 있다.

❺ 여행에 (   )한 그녀는 다양한 나라를 방문하며 새로운 문화를 탐험한다.

205. 아성(牙城)	牙 어금니 **아**, 城 성 **성** ① 아기를 세운 성이라는 뜻으로, 주장이 거처하는 성을 이르던 말. ② 아주 중요한 근거지를 비유적으로 이르는 말. 예 수십 년 쌓아 온 그의 <u>아성</u>을 무너뜨릴 수는 없었다.
206. 아집(我執)	我 나 **아**, 執 잡을 **집** 자기중심의 좁은 생각에 집착하여 다른 사람의 의견이나 입장을 고려하지 아니하고 자기만을 내세우는 것. 예 <u>아집</u>에 빠지다.
☆☆☆ 0순위 최빈출 어휘 **207. 애상적(哀傷的)**	哀 슬플 **애**, 傷 다칠 **상**, 的 과녁 **적** 슬퍼하거나 가슴 아파하는. 예 완숙한 장년으로서의 그는 <u>애상적</u> 기분이란 것을 잊어버린 억센 사람이었다. ≪김동인, 대수양≫
☆☆☆ 0순위 최빈출 어휘 **208. 애환(哀歡)**	哀 슬플 **애**, 歡 기쁠 **환** 슬픔과 기쁨을 아울러 이르는 말. 예 이산가족의 <u>애환</u>과 염원.
☆ 난이도 조절용 어휘 **209. 약관(弱冠)**	弱 약할 **약**, 冠 갓 **관** ① 스무 살을 달리 이르는 말. 예 조성하의 나이는 올해 열여덟 살 아직 <u>약관</u>도 되지 못한 소년이건만…. ≪박종화, 전야≫ ② 젊은 나이. 예 그는 20대의 <u>약관</u>임에도 불구하고 앞으로의 사업 활동에 대해 확고한 계획을 가지고 있었다.
210. 어눌(語訥)	語 말씀 **어**, 訥 말 더듬거릴 **눌** 말을 유창하게 하지 못하고 떠듬떠듬하는 면이 있음. 예 종상이는 뭔가 헷갈리는 얼굴로 <u>어눌</u>하게 물었다. ≪박완서, 미망≫
☆ 난이도 조절용 어휘 **211. 어용(御用)**	御 거느릴 **어**, 用 쓸 **용** 자신의 이익을 위하여 권력자나 권력 기관에 영합하여 줏대 없이 행동하는 것을 낮잡아 이르는 말. 예 그들은 <u>어용</u> 문인들을 내세워 새로운 정치 세력의 당위성을 대대적으로 선전했다.

정답 및 해설 p. 315

1. (   )에 들어갈 말을 〈보기〉에서 찾아 문맥에 맞게 넣으시오.

㉠ 아성 ㉡ 아집 ㉢ 애상적 ㉣ 약관

❶ (   )을/를 부리면서 의견을 듣지 않으면 협업이 힘들어진다.

❷ (   )인 말투로 그녀는 그리운 사람에 대한 마음을 표현했다.

❸ 그 CEO는 자신의 (   ) 때문에 중요한 기회를 놓쳤다.

❹ 신기술의 등장으로 기존 기업들의 (   )이/가 무너질 위기에 처했다.

❺ 그는 (   )의 나이에 접어들면서 인생에 대한 새로운 시각을 갖게 되었다.

정답 및 해설 p. 315

2. (   )에 들어갈 말을 〈보기〉에서 찾아 문맥에 맞게 넣으시오.

㉠ 애환 ㉡ 어눌 ㉢ 어용

❶ 그는 발표 중 (   )한 말투로 긴장된 모습을 보였다.

❷ 친구와의 대화에서 삶의 (   )을/를 나누며 서로의 고통을 이해하게 되었다.

❸ 이산가족의 (   )과 염원은 국경을 넘어서도 변하지 않는 깊은 감정이다.

❹ 그 활동가는 자신의 조직이 (   )로/으로 몰리면서 진정성을 상실했다고 느꼈다.

❺ 어린 시절에는 (   )하게 말하던 그가 이제는 유창하게 연설을 한다.

212. 여한(餘恨)

餘 남을 **여**, 恨 한 **한**

풀지 못하고 남은 원한.

예 막내가 결혼하는 것까지 보았으니 이제 죽어도 <u>여한</u>이 없다.

☆☆☆ **중간 빈출 어휘**

213. 역린(逆鱗)

逆 거스를 **역**, 鱗 비늘 **린(인)**

임금의 노여움을 이르는 말. 용의 턱 아래에 거꾸로 난 비늘을 건드리면 용이 크게 노하여 건드린 사람을 죽인다고 한다.

예 그들이 이번의 사건을 왕비께 아뢸 때에 왕비의 <u>역린</u>은 컸다. 당장에 이활민파 및 그의 제자 전부를 잡아서 찢어 죽이라 하였다.
≪김동인, 젊은 그들≫

☆☆☆ **0순위 최빈출 어휘**

214. 역설(力說)

力 힘 **력(역)**, 說 말씀 **설**

자기의 뜻을 힘주어 말함. 또는 그런 말.

예 선생님의 <u>역설</u>에 귀를 기울이다.

215. 역점(力點)

力 힘 **력(역)**, 點 점 **점**

심혈을 기울이거나 쏟는 점.

예 <u>역점</u>을 기울이다.

☆☆☆ **0순위 최빈출 어휘**

216. 열악(劣惡)

劣 못할 **렬(열)**, 惡 악할 **악**

품질이나 능력, 시설 따위가 매우 떨어지고 나쁨.

예 아이들은 <u>열악</u>한 교육 환경 속에서도 열심히 공부했다.

217. 영달(榮達)

榮 영화 **영**, 達 통달할 **달**

지위가 높고 귀하게 됨.

예 일신의 <u>영달</u>에만 급급하다.

218. 영세(零細)

零 떨어질 **령(영)**, 細 가늘 **세**

살림이 보잘것없고 몹시 가난함.

예 <u>영세</u> 중소 업체의 인력난.

☆☆☆ **0순위 최빈출 어휘**

219. 영속(永續)

永 길 **영**, 續 이을 **속**

영원히 계속함.

예 독재는 <u>영속</u>할 수 없다.

정답 및 해설 p. 315

1. (   )에 들어갈 말을 〈보기〉에서 찾아 문맥에 맞게 넣으시오.

㉠ 여한   ㉡ 역린   ㉢ 역설   ㉣ 역점

❶ 그는 자신의 주장을 (   )하며 논리적 근거를 제시했다.

❷ 발표에서 그는 (   )적으로 자신의 경험을 강조하며 중요한 포인트를 전달했다.

❸ 올해는 목표를 완전히 달성하지 못해 약간의 (   )이/가 남아 있다.

❹ 그의 (   )을/를 건드리면 큰일난다는 것을 모두가 알고 있었다.

❺ 그 화백은 배경 묘사에 (   )을/를 두는 편이다.

정답 및 해설 p. 315

2. (   )에 들어갈 말을 〈보기〉에서 찾아 문맥에 맞게 넣으시오.

㉠ 열악   ㉡ 영달   ㉢ 영세   ㉣ 영속

❶ 이 도시의 역사적 건물들은 (   )적인 문화유산으로 남아 있다.

❷ 재난 구호 지역의 (   )한 위생 상황이 감염병 확산의 위험을 높이고 있다.

❸ 그는 기업에서의 성공과 사회적 지위 덕분에 부귀와 (   )을/를 누리고 있다.

❹ (   ) 사업자들은 자금 부족과 시장 경쟁으로 어려움을 겪고 있다.

❺ (   )한 근무 조건 때문에 많은 직원들이 불만을 제기하고 있다.

정답및해설 p. 315~316

[1~2] 다음 글을 읽고 물음에 답하시오.

헤겔은 노동을 사적 소유권의 근거를 넘어 주체와 객체가 통일되는 과정이며, 자기의식과 자기 정체성을 통일하는 과정이자 확보하는 계기라고 주장했다. 헤겔은 주체와 객체는 서로 분리·⑦ 떨어져 있다가 노동을 통해 노동 산물 속에서 통일되어 가며, 주체는 그 속에 실현된 자기 대상화의 정도만큼 자기의식을 확보한다는 것이다. 그런데 헤겔은 노동 산물이 주체의 소유지만, 여전히 주체와 분리되어 있고, 주체를 완전히 표현하지도 못하기에 노동을 통한 주객 통일에 한계가 있다고 지적했다.

이에 비해 마르크스는 헤겔의 노동관을 수용하면서도 노동 자체가 한계를 지닌다는 주장에는 동의하지 않았다. 인간은 노동을 통해 만들어낸 노동 산물에서 자신의 능력을 확인하고 자기의식과 정체성을 확보하게 된다고 보았다. 더 나아가 자신의 능력을 더욱 ⑥ 늘려 자연의 구속으로부터 벗어나 자유를 ⑥ 얻으면서 자아를 실현하게 되는 것이다. 이러한 관점에서 그는 노동이 가장 현실적인 주객 통일의 방법이자 인간의 자아실현 과정이라 주장한 것이다. 다만 그는 노동을 통한 주객 통일의 한계가 사회적 구조의 한계에서 비롯된다고 분석하며, 노동을 통한 인간의 자아실현을 완성하기 위해서 사회 구조를 변혁해야 한다고 ⑥ 말했다.

1. 윗글의 내용에 대한 추론으로 적절하지 않는 것은?

① 헤겔은 노동을 통한 주객 통일은 사회 구조로 인해 한계에 부딪힌다고 하였다.
② 헤겔은 자기의식과 자기 정체성의 통일을 확보하는 계기가 노동이라고 하였다.
③ 마르크스는 노동을 통한 자아실현은 사회 구조를 변혁하는 것을 통해 이룰 수 있다고 하였다.
④ 마르크스는 노동 자체가 한계를 지닌다고 생각하지 않았다.

2. ⑦~⑥과 바꿔쓸 수 있는 유사한 표현으로 적절하지 않은 것은?

① ⑦: 고립되어   ② ⑥: 개발하여
③ ⑥: 획득하면서   ④ ⑥: 논박했다

정답 및 해설 p. 316

3. 문맥상 ㉠의 의미와 가장 가까운 것은?

> 이 약은 근육의 경직된 힘을 ㉠ 줄이는 데 효과가 있다.

① 경찰은 범죄 조직의 세력을 줄이기 위해 특별 단속을 실시했다.

② 최신 기술을 사용하여 제작 기간을 줄일 수 있었다.

③ 그는 매달 지출을 분석하여 불필요한 과소비를 줄이기로 결심했다.

④ 하고 싶은 말은 많지만 다음으로 미루고 오늘은 이만 줄인다.

	靈 신령 **령(영)**, **惡** 악할 **악**
220. 영악(靈惡)	이해가 밝으며 약음. 예 <u>영악</u>한 현대인은 지구를 계속 오염시켰다.

	迎 맞을 **영**, **合** 합할 **합**
221. 영합(迎合)	사사로운 이익을 위하여 아첨하며 좋음. 예 자기 배를 채우기 위한 권력자와의 <u>영합</u>은 결국 큰 실패를 가져온다.

	豫 미리 **예**, **斷** 끊을 **단**
☆☆☆ **0순위 최빈출 어휘** **222. 예단(豫斷)**	미리 판단함. 또는 그 판단. 예 첫인상만으로 사람을 <u>예단</u>하는 것은 신중하지 못한 처사이다.

	叡 밝을 **예**, **智** 지혜 **지**
223. 예지(叡智)	사물의 이치를 꿰뚫어 보는 지혜롭고 밝은 마음. 예 생활인다운 착실한 <u>예지</u>를 번득이면서 그는 현실과 경건하게 맞선다. ≪김진섭, 인생 예찬≫

	嗚 슬플 **오**, **咽** 목멜 **열**
224. 오열(嗚咽)	목메어 욺. 또는 그런 울음. 예 <u>오열</u>을 토하다.

	誤 그르칠 **오**, **判** 판단할 **판**
225. 오판(誤判)	잘못 보거나 잘못 판단함. 또는 잘못된 판단. 예 비행기 조종사의 <u>오판</u>으로 대형 참사가 일어났다.

	溫 따뜻할 **온**, **柔** 부드러울 **유**
☆☆☆ **0순위 최빈출 어휘** **226. 온유(溫柔)**	성격, 태도 따위가 온화하고 부드러움. 예 그녀는 겸손과 <u>온유</u>로 사람을 대한다.

	渦 소용돌이 **와**, **中** 가운데 **중**
☆☆☆ **0순위 최빈출 어휘** **227. 와중(渦中)**	일이나 사건 따위가 시끄럽고 복잡하게 벌어지는 가운데. 예 그 승려의 얼굴엔 치열한 경쟁의 <u>와중</u>을 뚫고 직장을 잡은 자 특유의 자부가 흐르고 있었다. ≪김성동, 만다라≫

정답 및 해설 p. 316

1. (　　　)에 들어갈 말을 〈보기〉에서 찾아 문맥에 맞게 넣으시오.

㉠ 영악　　㉡ 영합　　㉢ 예단　　㉣ 오열

❶ 영화의 슬픈 장면을 보고 관객들 중 일부는 (　　　)하는 모습을 보였다.

❷ (　　　)하는 태도로 권력을 가진 사람에게 아첨하며 자신의 이익을 챙기려 했다.

❸ 그의 (　　　)에 따라 회사의 재정 상황이 곧 개선될 것이라고 믿었다.

❹ 미래의 결과를 (　　　)하기보다는 현재의 상황을 정확히 분석하는 것이 중요하다.

❺ (　　　)하게 행동하는 그는 항상 상대방의 약점을 이용하려고 한다.

정답 및 해설 p. 316

2. (　　　)에 들어갈 말을 〈보기〉에서 찾아 문맥에 맞게 넣으시오.

㉠ 오판　　㉡ 예지　　㉢ 온유　　㉣ 와중

❶ 주식 시장에서의 (　　　)은/는 막대한 금전적 손해를 초래할 수 있다.

❷ 그는 (　　　)한 태도로 모든 갈등을 부드럽게 해결해 나갔다.

❸ 재난 상황의 (　　　)에서도 자원봉사자들은 끝까지 최선을 다했다.

❹ 그의 (　　　)력 덕분에 회사는 경제적 위기를 미리 대비할 수 있었다.

❺ 정책 결정 과정에서의 (　　　)은/는 결국 국민들에게 부정적인 영향을 미쳤다.

DAY
06

228. 완강(頑强)	頑 완고할 **완**, 强 강할 **강**
	① 태도가 모질고 의지가 굳셈.
	예 <u>완강</u>하게 자기 생각을 고집하다.
	② 체격 따위가 씩씩하고 다부짐.
	예 <u>완강</u>하고 곧은 뼈대는 백전을 겪은 장수의 풍모를 방불케 했다.
	≪박경리, 토지≫
★★★ 0순위 최빈출 어휘 **229. 완곡**(婉曲)	婉 순할 **완**, 曲 굽을 **곡**
	말하는 투가 듣는 사람의 감정이 상하지 않도록 모나지 않고 부드러움.
	예 <u>완곡</u>한 표현.
230. 완급(緩急)	緩 느릴 **완**, 急 급할 **급**
	① 느림과 빠름.
	예 속도의 <u>완급</u>을 조절하다.
	② 일의 급함과 급하지 않음.
	예 일의 <u>완급</u>을 조절하면서 처리해야 효율성이 높다.
231. 완연(宛然)	宛 완연할 **완**, 然 그럴 **연**
	① 눈에 보이는 것처럼 아주 뚜렷함.
	예 병색이 <u>완연</u>하다.
	② 모양이 서로 비슷함.
	예 쌍둥이가 옷까지 <u>완연</u>히 걸치고 있어서 둘을 구별하기가 썩 쉽지 않다.
232. 요량(料量)	料 헤아릴 **료(요)**, 量 헤아릴 **량(양)**
	앞일을 잘 헤아려 생각함. 또는 그런 생각.
	예 <u>요량</u>껏 하라고 조언을 받았다.
233. 요망(要望)	要 요긴할 **요**, 望 바랄 **망**
	어떤 희망이나 기대가 꼭 이루어지기를 간절히 바람.
	예 전 국민적 <u>요망</u>.
234. 요체(要諦)	要 요긴할 **요**, 諦 살필 **체**
	중요한 점.
	예 국가 발전의 <u>요체</u>.

정답 및 해설 p. 317

1. (   )에 들어갈 말을 〈보기〉에서 찾아 문맥에 맞게 넣으시오.

㉠ 완강   ㉡ 완곡   ㉢ 완급   ㉣ 완연

❶ (   )한 태도로 불리한 상황에서도 절대로 포기하지 않는 모습이 인상적이었다.

❷ 그는 민감한 주제를 (   )하게 언급하며 상대방의 감정을 배려했다.

❸ 회사의 성장이 (   )하게 눈에 보이면서, 직원들의 사기도 함께 높아졌다.

❹ 상황이 불리하더라도 그는 (   )하게 자신의 신념을 지키려 했다.

❺ 프로젝트 진행 상황에 따라 (   )을/를 조절하여 원활한 진행을 도모했다.

정답 및 해설 p. 317

2. (   )에 들어갈 말을 〈보기〉에서 찾아 문맥에 맞게 넣으시오.

㉠ 요량   ㉡ 요망   ㉢ 요체

❶ 문제 해결을 위한 추가 자료 제출이 빠른 시일 내에 (   )된다.

❷ 아무 (   ) 없이 직장을 그만두면 어떻게 하나?

❸ 내 말의 (   )을/를 제대로 파악한 사람은 없을 것이다.

❹ 보고서의 (   )을/를 요약하여 상사에게 신속히 전달하였다.

❺ 문서에 기재된 사항에 대해 추가 정보가 필요하니, 전화 (   )드립니다.

235. 용렬(庸劣)	庸 떳떳할 **용**, 劣 못할 **렬(열)**
	사람이 변변하지 못하고 졸렬함.
	예 그는 매사에 하는 행동이 <u>용렬</u>하기 짝이 없다.
236. 용이(容易)	容 얼굴 **용**, 易 쉬울 **이**
	어렵지 아니하고 매우 쉬움.
	예 이 선풍기는 조립이 <u>용이</u>한 것이 장점이다.
237. 운치(韻致)	韻 운 **운**, 致 이를 **치**
	고상하고 우아한 멋.
	예 <u>운치</u>가 있는 풍경.
✦✦✦ 0순위 최빈출 어휘 **238. 원동력(原動力)**	原 언덕 **원**, 動 움직일 **동**, 力 힘 **력(역)**
	어떤 움직임의 근본이 되는 힘.
	예 발전의 <u>원동력</u>으로 삼다.
✦✦✦ 0순위 최빈출 어휘 **239. 원초적(原初的)**	原 언덕 **원**, 初 처음 **초**, 的 과녁 **적**
	일이나 현상이 비롯하는 맨 처음이 되는.
	예 <u>원초적</u> 욕구.
✦✦✦ 0순위 최빈출 어휘 **240. 원형(原形)**	原 근원 **원**, 形 모양 **형**
	① 본디의 꼴.
	예 <u>원형</u>을 복원하다.
	② 복잡하고 다양한 모습으로 바뀌기 이전의 단순한 모습.
	예 대통령제의 <u>원형</u>은 원래 삼권 분립론에 근거한 것이었다.
241. 위배(違背)	違 어긋날 **위**, 背 등 **배**
	법률, 명령, 약속 따위를 지키지 않고 어김. = 위반(違反: 違 어긋날 위 反 돌이킬 반).
	예 교육 기회의 제한은 평등권에 <u>위배</u>된다.
✦✦✦ 0순위 최빈출 어휘 **242. 위상(位相)**	位 자리 **위**, 相 서로 **상**
	어떤 사물이 다른 사물과의 관계 속에서 가지는 위치나 상태.
	예 국제 사회에서 우리나라의 <u>위상</u>을 강화해야 한다.

정답 및 해설 p. 317

1. (   )에 들어갈 말을 〈보기〉에서 찾아 문맥에 맞게 넣으시오.

㉠ 용렬   ㉡ 용이   ㉢ 운치   ㉣ 원동력

❶ 이 앱은 사용법이 (   )하여 누구나 쉽게 배울 수 있다.

❷ 팀원들의 협력과 신뢰가 프로젝트 성공의 (   )이/가 되었다.

❸ 이 선풍기는 조립이 (   )한 것이 장점이다.

❹ (   )한 태도로 인해 그는 많은 기회를 놓치고 관계를 악화시켰다.

❺ 오래된 찻집에서 느껴지는 고즈넉한 (   )은/는 많은 사람들을 끌어들인다.

정답 및 해설 p. 317

2. (   )에 들어갈 말을 〈보기〉에서 찾아 문맥에 맞게 넣으시오.

㉠ 원초적   ㉡ 원형   ㉢ 위배   ㉣ 위상

❶ 그의 행동은 회사의 윤리 규정을 (   )하여 경고를 받았다.

❷ 유물의 (   )이/가 잘 보존되어 있어 고대 문명에 대한 귀중한 정보를 제공한다.

❸ 회사의 재무 상태가 개선되면서 조직의 (   )이/가 상승하고 있다.

❹ 법률을 (   )한 결과로, 그는 법정에서 벌금을 부과받게 되었다.

❺ 인간의 (   ) 본능은 생존과 안전을 가장 중요하게 여긴다.

박혜선 국어

정답 및 해설 p. 317~318

[1~2] 다음 글을 읽고 물음에 답하시오.

SNS가 등장하면서 온라인 공간은 문학장 구성원들에게 있어 24시간 정보 교환과 토론이 이루어지는 '정서적 산책'의 장이 되었다. 문예지에 ㉠ 나타나 작가로서의 지위를 공고히 할 수 있었던 과거와는 달리 SNS는 비등단 문인들이 출간할 수 있는 새로운 경로를 열어주었다. 이는 경계가 유동적인 작고도 커다란 문학마을을 형성했다. 우리는 문학인들의 삶을 아주 가까이에서 들여다볼 수 있게 되었다. 그들이 마감 때문에 얼마나 골머리를 앓고 있는지, 그가 키우는 반려동물이 어떤 일을 하고 있는지까지도 실시간으로 알 수 있다. 1910년대부터 1930년대까지의 동인지 문단 시대를 살펴보면 이러한 변화가 얼마나 엄청난 것인지 이해할 수 있다. 한국 초기 현대 문단 형성은 전적으로 동인지에 의거하여 이루어졌으며 현대문학의 출발 시기도 동인지 출간 전후로 잡는다. 이 시대에는 전문 작가들로만 이루어진 문단이 ㉡ 이루어졌으며 작가 집단은 상당한 사회적 ㉢ 위치와 상태를 가지고 여론을 ㉣ 이끌기도 하였다.

1. 윗글의 밑줄 친 부분의 의미를 추론한 것으로 적절한 것은?
① 문학장은 등단한 작가들만 이야기할 수 있는 공간이기 때문이다.
② 1900년대 초반과 마찬가지로 자유롭게 작가 집단 진입이 가능했기 때문이다.
③ 비등단 작가라도 문학을 이야기할 수 있는 가상의 공간이 조성되었기 때문이다.
④ 작가들의 사생활이 더욱 비밀스러워졌기 때문이다.

2. ㉠~㉣과 바꿔쓸 수 있는 유사한 표현으로 적절하지 않은 것은?
① ㉠: 등단하여   ② ㉡: 구성되었으며
③ ㉢: 위상   ④ ㉣: 선동하기도

정답 및 해설 p. 318

3. 문맥상 ㉠의 의미와 가장 가까운 것은?

> 밤이 깊어지자 경찰은 강력한 진압 작전을 ㉠ 펼쳐 인질범을 체포하였다.

① 더운 날씨에 그녀는 시원한 바람을 쐬기 위해 부채를 펼쳤다.

② 운동회에서는 학생들이 뜨거운 열기 속에서 육상 경기를 펼쳤다.

③ 우리 회사에서는 주말마다 환경 보호 운동을 펼쳐 왔다.

④ 신생 기업은 혁신적인 기술을 바탕으로 글로벌 시장 진출 계획을 펼치고 있다.

✡✡✡ **0순위 최빈출 어휘** **243. 위선(僞善)**	僞 거짓 **위**, 善 착할 **선** 겉으로만 착한 체함. 또는 그런 짓이나 일. 예 양반들의 <u>위선</u>을 풍자한 소설.
244. 위화감(違和感)	違 어긋날 **위**, 和 화할 **화**, 感 느낄 **감** 조화되지 아니하는 어설픈 느낌. 예 <u>위화감</u>이 들다.
✡✡✡ **0순위 최빈출 어휘** **245. 유기(遺棄)**	遺 버릴 **유**, 棄 버릴 **기** 내다 버림. 예 그는 범행 후 강가에다 사체를 <u>유기</u>했다.
✡✡✡ **0순위 최빈출 어휘** **246. 유보(留保)**	留 머무를 **류(유)**, 保 지킬 **보** ① 어떤 일을 당장 처리하지 아니하고 나중으로 미루어 둠. 예 일시적 <u>유보</u>. ② 일정한 권리나 의무 따위를 뒷날로 미루어 두거나 보존 하는 일. 예 금융 실명제는 <u>유보</u>가 필요하다. ③ 국제법에서, 자기 나라에 대한 조약의 적용을 일정한 범 위로 제한하기 위한 의사 표시. 조약을 체결할 때 조약의 당사국이 되기 위한 승낙의 한 조건이다. 예 <u>유보</u> 조항을 꼼꼼히 따져보다.
247. 유실(流失)	流 흐를 **류(유)**, 失 잃을 **실** 떠내려가서 없어짐. 또는 그렇게 잃음. 예 홍수로 이 지방은 엄청난 가옥의 <u>유실</u>이 있었다.
248. 유연(柔軟)	柔 부드러울 **유**, 軟 연할 **연** 부드럽고 연함. 예 새가 나뭇가지에 <u>유연</u>하게 내려앉았다.
✡✡✡ **0순위 최빈출 어휘** **249. 유인(誘因)**	誘 꾈 **유**, 因 인할 **인** 어떤 일 또는 현상을 일으키는 원인. 예 병의 <u>유인</u>을 찾아내다.

정답 및 해설 p. 318

1. (   )에 들어갈 말을 〈보기〉에서 찾아 문맥에 맞게 넣으시오.

㉠ 위선	㉡ 위화감	㉢ 유기	㉣ 유보

❶ 회의에서 논의된 제안에 대한 승인은 다음 회의까지 (   )되었다.

❷ 그녀의 (   )적인 태도는 진정성을 중시하는 동료들 사이에서 논란이 되었다.

❸ 회의 중 불필요한 간섭으로 인해 (   )이/가 형성되어 원활한 진행이 어려워졌다.

❹ 그는 오래된 차량을 (   )하고 새로운 차를 구입하기로 했다.

❺ 회사의 인사 결정은 추가 평가를 위해 일시적으로 (   )된 상태이다.

정답 및 해설 p. 318

2. (   )에 들어갈 말을 〈보기〉에서 찾아 문맥에 맞게 넣으시오.

㉠ 유실	㉡ 유연	㉢ 유인(誘因)

❶ 조직 내의 갈등이 심화된 (   )은/는 불확실한 미래와 낮은 직원 만족도에 있었다.

❷ 기차에서 중요한 서류를 (   )하여 급히 찾으러 가야 했다.

❸ 운동 후에는 몸이 (   )해져서 다양한 동작을 더 쉽게 할 수 있다.

❹ 홍수로 인해 저수지의 물이 넘쳐나면서 농작물이 (   )되는 피해를 입었다.

❺ 환경 파괴의 주요 (   )은/는 무분별한 개발과 자원 남용이었다.

250. 유인(誘引)	誘 꾈 유, 引 끌 인 주의나 흥미를 일으켜 꾀어냄. 예 집 나간 딸이 혹시 어떤 몹쓸 놈에게 <u>유인</u>이나 되지 않았는지 걱정이 됩니다.
251. 유장(悠長)	悠 멀 유, 長 길 장 ① 길고 오램. 예 <u>유장</u>한 세월. ② 급하지 않고 느릿함. 예 그는 타고난 <u>유장</u>한 성품으로 차분하게 일을 처리한다.
✿ 난이도 조절용 어휘 **252. 유지(遺志)**	遺 남길 유, 志 뜻 지 죽은 사람이 살아 있을 때에 가졌던 생각. 예 아버지의 <u>유지</u>를 받들다.
✿✿✿✿ 0순위 최빈출 어휘 **253. 유한(有限)**	有 있을 유, 限 한할 한 수(數), 양(量), 공간, 시간 따위에 일정한 한도나 한계가 있음. 예 그의 음악은 <u>유한</u>의 세계를 초월하여 영원히 울려 퍼질 것이다.
254. 유화적(宥和的)	宥 너그러울 유, 和 화할 화, 的 과녁 적 상대를 용서하고 사이좋게 지내는. 예 <u>유화적</u> 자세.
255. 윤색(潤色)	潤 윤택할 윤, 色 빛 색 사실을 과장하거나 미화함을 비유적으로 이르는 말. 예 번역극을 다루다 보면 우리 실정에 맞는 내용의 <u>윤색</u>도 필요하다.
✿✿✿✿ 0순위 최빈출 어휘 **256. 융합(融合)**	融 녹을 융, 合 합할 합 다른 종류의 것이 녹아서 서로 구별이 없게 하나로 합하여지거나 그렇게 만듦. 또는 그런 일. 예 모든 종교는 그 나라의 고유 신앙에 조금씩은 <u>융합</u>하기 마련이다.
257. 은둔(隱遁)	隱 숨을 은, 遁 숨을 둔 세상일을 피하여 숨음. 예 노 교수는 모든 명예를 버리고 <u>은둔</u>의 생활을 택했다.

정답 및 해설 p. 319

1. (   )에 들어갈 말을 〈보기〉에서 찾아 문맥에 맞게 넣으시오.

㉠ 유인(誘引)   ㉡ 유장   ㉢ 유지   ㉣ 유한

❶ 이 도시는 (   )한 역사 덕분에 많은 문화재와 유적지를 보유하고 있다.

❷ 유족들은 고인의 (   )에 따라 그의 업적을 기리기 위한 기념비를 세웠다.

❸ 우리의 시간은 (   )하므로 중요한 일에 집중하는 것이 필요하다.

❹ 미래를 위해 (   )한 자원을 효율적으로 사용하는 방법을 연구하는 것이 중요하다.

❺ 그의 매력적인 연설은 청중의 관심을 (   )하여 많은 박수를 받았다.

정답 및 해설 p. 319

2. (   )에 들어갈 말을 〈보기〉에서 찾아 문맥에 맞게 넣으시오.

㉠ 유화적   ㉡ 윤색   ㉢ 융합   ㉣ 은둔

❶ 역사적 사건을 (   )하여 영웅적인 모습으로 그려내는 것이 종종 발견된다.

❷ 그는 (   ) 생활을 하며 세상과의 모든 연락을 끊었다.

❸ 그의 (   ) 접근 방식 덕분에 팀 내 갈등이 원만하게 해결되었다.

❹ (   )자처럼 혼자만의 시간을 즐기는 사람도 많다.

❺ 전통 예술과 현대 디자인의 (   )이/가 새로운 패션 트렌드를 만들어내고 있다.

258. 음해(陰害)	**陰** 그늘 **음**, **害** 해할 **해** 몸을 드러내지 아니한 채 음흉한 방법으로 남에게 해를 가함. 📖 그는 숙부를 제거하기 위해 숙부의 회사를 비밀리에 조사하고 음해 공작을 폈다.
259. 응분(應分)	**應** 응할 **응**, **分** 나눌 **분** 어떠한 분수나 정도에 알맞음. 📖 응분의 기여를 하다.
✮✮✮ ◀ 0순위 최빈출 어휘 **260. 응축(凝縮)**	**凝** 엉길 **응**, **縮** 줄일 **축** ① 한데 엉겨 굳어서 줄어듦. 　📖 별이 점점 응축해 핵융합으로 탄소나 산소 등 다른 원소들을 만들었다. ② 내용의 핵심이 어느 한곳에 집중되어 쌓여 있음. 　📖 그들은 응축되고 단련된 의지력으로 원초적인 죽음의 공포까지 치열하게 극복하고 있는 것이다. ≪홍성원, 육이오≫ ③ 기체가 액체로 변함. 또는 그런 현상. 　📖 진공 펌프로 수증기를 냉각 응축한다.
✮✮✮ ◀ 0순위 최빈출 어휘 **261. 의구심(疑懼心)**	**疑** 의심할 **의**, **懼** 두려워할 **구**, **心** 마음 **심** 믿지 못하고 두려워하는 마음. 📖 나는 그에 대해 터무니없는 의구심을 품었다.
262. 의연(毅然)	**毅** 굳셀 **의**, **然** 그럴 **연** 의지가 군세어서 끄떡없음. 📖 그들은 의연한 태도로 당당하게 행동했다.
✮✮✮ ◀ 0순위 최빈출 어휘 **263. 의탁(依託)**	**依** 의지할 **의**, **託** 부탁할 **탁** 어떤 것에 몸이나 마음을 의지하여 맡김. 📖 이모님은 요즘 종교에 의탁을 하고 지내신다.
264. 의향(意向)	**意** 뜻 **의**, **向** 향할 **향** 마음이 향하는 바. 또는 무엇을 하려는 생각. 📖 의향을 묻다.
✮✮✮ ◀ 0순위 최빈출 어휘 **265. 이견(異見)**	**異** 다를 **이**, **見** 볼 **견** 어떠한 의견에 대한 다른 의견. 또는 서로 다른 의견. 📖 이견을 가지다.

정답 및 해설 p. 319

1. (   )에 들어갈 말을 〈보기〉에서 찾아 문맥에 맞게 넣으시오.

> ㉠ 음해   ㉡ 응분   ㉢ 응축   ㉣ 의구심

❶ 노력한 만큼 (   )의 대가를 받는 것은 당연한 일이다.

❷ 정치인들은 서로를 (   )하는 행위를 멈추고 국민을 위한 정책에 집중해야 한다.

❸ 그는 경쟁자를 (   )하기 위해 거짓 소문을 퍼뜨렸다.

❹ 구름은 대기 중의 수증기가 (   )되어 형성된다.

❺ 처음 만난 사람에게는 자연스럽게 (   )이/가 생기기 마련이다.

정답 및 해설 p. 319

2. (   )에 들어갈 말을 〈보기〉에서 찾아 문맥에 맞게 넣으시오.

> ㉠ 의연   ㉡ 의탁   ㉢ 의향   ㉣ 이견

❶ 그는 위기 상황에서도 (   )하게 대처하여 팀의 사기를 높였다.

❷ 노부부는 자녀들에게 (   )하지 않고 독립적으로 생활하고 싶어 했다.

❸ 비록 실패했지만, 그는 다시 일어설 수 있다는 (   )한 마음을 가졌다.

❹ 두 회사는 계약 조건에 대해 (   )을/를 좁히지 못해 협상이 결렬되었다.

❺ 그녀는 해외에서 일할 (   )이/가 있지만, 가족과의 상의가 필요하다.

정답 및 해설 p. 319

1. **위의 토의에 대한 설명으로 적절하지 않은 것은?** 2021 국가직 9급

> 사 회 자 : 오늘의 토의 주제는 '통일 시대의 남북한 언어가 나아갈 길'입니다. 먼저
> 최○○ 교수님께서 '남북한 언어 차이와 의사소통'이라는 제목으로 발표
> 해 주시겠습니다.
>
> 최 교수 : 남한과 북한의 말은 비슷하지만 다른 점이 있습니다. 남한과 북한의 어
> 휘 차이가 대표적입니다. 남한과 북한의 어휘 차이를 분석한 결과, …
> (중략) … 앞으로도 남북한 언어 차이에 대한 연구가 지속되어야 합니다.
>
> 사 회 자 : 이로써 최 교수님의 발표를 마치겠습니다. 다음은 정○○ 박사님의 '남
> 북한 언어의 동질성 회복 방안'에 대한 발표가 있겠습니다.
>
> 정 박사 : 앞으로 통일을 대비해 남북한 언어의 다른 점을 줄여 나가는 노력이 필
> 요합니다. 실제로도 남한과 북한의 학자들로 구성된 '겨레말큰사전 편찬
> 위원회'에서는 남북한 공통의 사전인 『겨레말큰사전』을 만들며 서로의
> 차이를 이해하고 받아들이기 위한 노력을 하고 있습니다. … (중략) …
>
> 사 회 자 : 그러면 질의응답이 있겠습니다. 시간상 간략하게 질문해 주시기 바랍니다.
>
> 청중 A : 두 분의 말씀 잘 들었습니다. 남북한 언어의 차이와 이를 극복하는 방안
> 을 말씀하셨는데요. 그렇다면 통일 시대에 대비한 언어 정책에는 무엇이
> 있을까요?

① 학술적인 주제에 대해 발표 형식으로 진행되고 있다.

② 사회자는 발표자 간의 이견을 조정하여 의사결정을 유도하고 있다.

③ 발표자는 주제에 대한 자신의 견해를 밝혀 청중에게 정보를 제공하고 있다.

④ 청중 A는 발표자의 발표 내용을 확인하고 주제와 관련된 질문을 하고 있다.

정답 및 해설 p. 320

2. **문맥상 ㉠의 의미와 가장 가까운 것은?**

> 각국의 지도자들이 회담을 위해 한 도시에 ㉠ 모여 중요한 논의를 시작했다.

① 어느 정도 귀중한 골동품들이 모이면 전시회를 열 작정이다.

② 잡다한 일들이 너무 많이 모여서 이제는 처리하기 힘든 실정이다.

③ 팬들의 관심은 온통 그 선수의 은퇴 여부에 모여 있었다.

④ 이번 방학 특강에는 수강생이 세 명밖에 모이지 않았다.

☆☆☆ **0순위 최빈출 어휘** **266. 이념(理念)**	理 다스릴 **리(이)**, 念 생각 **념(염)** 이상적인 것으로 여겨지는 생각이나 견해. 예 민주주의의 근본 <u>이념</u>은 자유이다.
☆☆☆ **0순위 최빈출 어휘** **267. 이론(異論)**	異 다를 **이(리)**, 論 논할 **론(논)** 달리 논함. 또는 다른 이론이나 의견. 예 그에게 <u>이론</u>을 제기할 사람은 아무도 없었다.
268. 이재민(罹災民)	罹 걸릴 **리(이)**, 災 재앙 **재**, 民 백성 **민** 재해를 입은 사람. 예 <u>이재민</u>에게 구호 금품을 보내다.
269. 인멸(湮滅)	湮 묻힐 **인**, 滅 멸할 **멸** 자취도 없이 모두 없어짐. 또는 그렇게 없앰. 예 범인들은 범죄 흔적 <u>인멸</u>을 위해 자신들의 지문을 철저히 지웠다.
☆☆☆ **0순위 최빈출 어휘** **270. 인식(認識)**	認 알 **인**, 識 알 **식** 사물을 분별하고 판단하여 앎. 예 <u>인식</u>이 부족하다.
☆☆☆ **0순위 최빈출 어휘** **271. 인용(引用)**	引 끌 **인**, 用 쓸 **용** 남의 말이나 글을 자신의 말이나 글 속에 끌어 씀. 예 대부분이 <u>인용</u>으로 이루어진 글.
☆☆☆ **0순위 최빈출 어휘** **272. 인지(認知)**	認 알 **인**, 知 알 **지** 어떤 사실을 인정하여 앎. 예 그림책을 읽어 주는 것은 아동의 <u>인지</u>를 발달시키는 데 도움을 준다.
273 임상(臨床)	臨 임할 **림(임)**, 床 평상 **상** 환자를 진료하거나 의학을 연구하기 위하여 병상에 임하는 일. 예 탁월한 <u>임상</u> 효과를 보였다.
274. 입안(立案)	立 설 **립(입)**, 案 책상 **안** 어떤 안(案)을 세움. 또는 그 안건. 예 국회에서는 특별법의 <u>입안</u>을 담당할 소위원회를 새로이 구성했다.

정답 및 해설 p. 320

1. (   )에 들어갈 말을 〈보기〉에서 찾아 문맥에 맞게 넣으시오.

| ㉠ 이념 | ㉡ 이론 | ㉢ 이재민 | ㉣ 인멸 | ㉤ 인식 |

❶ 범죄자는 경찰의 수사망을 피해 사건의 모든 흔적을 (   )하려 했다.

❷ 회사의 경영 (   )은/는 고객 만족과 지속 가능한 발전을 추구하는 것이다.

❸ 그는 자신의 부족한 부분을 (   )하고 개선하기 위해 끊임없이 노력하고 있다.

❹ 지진 발생 후 정부는 (   )들을 위한 구호 물자를 신속히 배포했다.

❺ 법적 문서에 명시된 조항은 해석의 여지가 없어서 (   )의 여지가 없다.

정답 및 해설 p. 320

2. (   )에 들어갈 말을 〈보기〉에서 찾아 문맥에 맞게 넣으시오.

| ㉠ 인용 | ㉡ 인지 | ㉢ 임상 | ㉣ 입안 |

❶ 새로운 약물의 효과를 검증하기 위해 (   ) 실험이 진행되고 있다.

❷ 이 문제의 중요성을 (   )한 팀원들은 해결책을 모색하기 시작했다.

❸ (   )된 법안은 국회에서 심의를 거쳐야 최종적으로 통과될 수 있다.

❹ 책의 일부를 (   )할 때는 원 저자와 출처를 명확히 밝혀야 한다.

❺ 논의 중에 중요한 관점을 설명하기 위해 유명한 연구 결과를 (   )했다.

정답 및 해설 p. 320~321

[1~2] 다음 글을 읽고 물음에 답하시오.

17세기 철학자 데카르트는 근대 철학의 창시자로 불린다. 그는 인간은 ⊙ 태어날 때부터 있는 이성을 통해 사유할 수 있으며, 이 사유하는 자아가 모든 진리의 기반이라고 보았다. 그에 따르면 모든 주체는 이성을 통한 정신 활동만으로 자신과 외부 대상의 실체를 깨닫는다. 즉, 외부 대상이 감각을 통한 지각 여부와 상관없이 ⓒ 어떤 것에 매이지 않고 존재한다는 것이다.

하지만 현실에서 인간은 대상을 감각으로 지각할 수 있을 뿐이다. 인간의 제한된 감각 경험으로부터 ⓒ 이루어진 관념 중 어떤 것이 대상의 실재와 일치하는지 파악하는 것은 불가능하므로, 데카르트가 말하는 대상의 실재는 영원히 파악할 수 없다. 이에 버클리는 우리가 인식할 수 있는 것은 감각 경험을 통해 지각된 관념의 범위에 ② 한정되며, 지각되지 않는 것은 곧 존재하지 않는 것이라고 하였다. 또, 어떠한 대상과 관련된 감각 경험들은 큰 변화 없이 반복되며, 시각이나 청각 등 다양한 감각을 통해 그 대상에 대한 일관된 관념을 만들 수 있다고 하였다. 그러므로 인간은 반복적이고 다양한 감각 경험 간의 관계를 통해 외부 대상을 인식할 수 있다는 것이다.

(가) 어둠 속에서 코끼리의 코만 만지는 것으로는 코끼리의 전체 모습을 상상할 수 없다.

1. 윗글에서 추론한 내용으로 적절한 것은?

① 코끼리의 코를 만져볼 수 있다고 해서 코가 코끼리의 실재는 아니며, 이성을 통한 사유로 코끼리의 존재를 인식할 수 있다고 하는 주장은 데카르트의 주장을 약화한다.

② 어둠 속일지라도 코끼리의 몸을 전체적으로 만져볼 수 있다면 이를 통해 코끼리의 실재를 인식할 수 있다고 하는 주장은 데카르트의 주장을 강화한다.

③ 인간이 어둠 속에서 코끼리의 코를 만질 때마다 큰 변화 없이 반복되는 감각을 느낄 것이라고 할 것이라는 주장은 버클리의 주장을 강화한다.

④ 밝은 곳에서 코끼리를 보고 울음소리를 듣는 등 다른 감각 경험이 필요하다고 하는 주장은 버클리의 주장을 약화한다.

2. ⊙~②과 바꿔쓸 수 있는 유사한 표현으로 적절하지 않은 것은?

① ⊙: 본능적인   ② ⓒ: 독립적으로

③ ⓒ: 형성된   ④ ②: 국한되며

정답 및 해설 p. 321

3. 문맥상 ㉠의 의미와 가장 가까운 것은?

> 정치 개혁에 대한 문제는 여론에 ㉠ 따르는 것이 좋겠다.

① 그는 아버지의 뜻을 따라서 법대에 진학했다.
② 후배들은 선배의 업적을 본받아 그 수준에 따르기 위해 노력했다.
③ 우리 집 개는 아버지를 유난히 따른다.
④ 의원들이 모두 의장을 따라 자리에서 일어섰다.

천기누설 혜선쌤
세트형 독해+어휘

★★★★ **0순위 최빈출 어휘** **275. 자괴**(自愧)	自 스스로 **자**, 愧 부끄러울 **괴** 스스로 부끄러워함. 예 치킨 3마리 먹은 혜선 쌤은 <u>자괴</u>감을 느꼈다.
★★★★ **0순위 최빈출 어휘** **276. 자문**(諮問)	諮 물을 **자**, 問 물을 **문** 어떤 일을 좀 더 효율적이고 바르게 처리하려고 그 방면의 전문가나, 전문가들로 이루어진 기구에 의견을 물음. 예 <u>자문</u>에 응하다.
277. 자생적(自生的)	自 스스로 **자**, 生 날 **생**, 的 과녁 **적** 저절로 나거나 생기는. 예 학생회 활동이 자율화되면서 여러 가지 모임이 <u>자생적</u>으로 생겨났다.
★★ **중간 빈출 어휘** **278. 자성**(自省)	自 스스로 **자**, 省 살필 **성** 자기 자신의 태도나 행동을 스스로 반성함. 예 부유층에서 과소비에 대한 <u>자성</u>의 목소리가 높아지고 있다.
279. 자양분(滋養分)	滋 불을 **자**, 養 기를 **양**, 分 나눌 **분** ① 몸의 영양을 좋게 하는 성분. 　예 뱀은 겨울잠을 자기 위해 몸에 <u>자양분</u>을 저장한다. ② 정신의 성장이나 발전에 도움을 주는 정보, 지식, 사상 따위를 비유적으로 이르는 말. 　예 독서는 정신의 <u>자양분</u>을 공급한다.
280. 자정(自淨)	自 스스로 **자**, 淨 깨끗할 **정** ① 오염된 물이나 땅 따위가 물리학적·화학적·생물학적 작용으로 저절로 깨끗해짐. 　예 생태계의 <u>자정</u> 능력은 놀라지 않을 수 없다. ② 비리 따위로 부패된 조직이 어떤 조치를 함으로써 스스로를 정화함을 비유적으로 이르는 말. 　예 비리에 연루된 단체가 <u>자정</u>하는 모습을 보이지 않을 경우 국민에 의해 강제적인 제재를 받을 것이다.
281. 자조(自嘲)	自 스스로 **자**, 嘲 비웃을 **조** 자기를 비웃음.　예 <u>자조</u>의 웃음을 짓다.

정답및해설 p. 322

1. ( )에 들어갈 말을 〈보기〉에서 찾아 문맥에 맞게 넣으시오.

㉠ 자괴	㉡ 자문	㉢ 자생적	㉣ 자성

❶ 법률 문제에 대해 정확한 답변을 얻기 위해 변호사에게 ( )을/를 받았다.

❷ ( ) 성장은 인위적인 개입 없이 자연스럽게 이루어진다.

❸ 그는 자신의 연구에 대해 학계의 ( )을/를 받아 추가적인 의견을 반영했다.

❹ 자신의 실수로 인해 ( )감을 느끼며 깊이 반성했다.

❺ 과거에 대한 ( )이/가 없이는 미래의 발전을 기대하기 어렵다.

정답및해설 p. 322

2. ( )에 들어갈 말을 〈보기〉에서 찾아 문맥에 맞게 넣으시오.

㉠ 자양분	㉡ 자정	㉢ 자조

❶ 균형 잡힌 식사는 우리 몸에 필요한 ( )을/를 충분히 공급해 준다.

❷ 언론계의 ( ) 노력이 이루어져야 공정하고 신뢰할 수 있는 보도가 가능하다.

❸ 그는 자신의 실수에 대해 ( )적인 농담을 하며 분위기를 풀었다.

❹ 자연의 생태계는 스스로 ( )을/를 통해 균형을 유지하고 있다.

☆☆☆ 0순위 최빈출 어휘 **282. 작위적(作爲的)**	作 지을 작, 爲 할 위, 的 과녁 적 꾸며서 하는 것이 두드러지게 눈에 띄는. 예 <u>작위적</u>인 미소.
283. 작태(作態)	作 지을 작, 態 모습 태 ① 의도적으로 어떠한 태도나 표정을 지음. 또는 그 태도나 표정. 　예 가게 주인은 손님에게 친절한 <u>작태</u>를 해 보였다. ② 하는 짓거리.　예 비열한 <u>작태</u>를 되풀이하다.
284. 잔학(殘虐)	殘 잔인할 잔, 虐 모질 학 잔인하고 포학함. 예 유태인들은 나치의 비인도적 <u>잔학</u>을 영원히 잊지 못할 것이다.
285. 잠정적(暫定的)	暫 잠깐 잠, 定 정할 정, 的 과녁 적 임시로 정하는.　예 <u>잠정적</u>인 활동 중단.
286. 장황(張皇)	張 베풀 장, 皇 임금 황 매우 길고 번거로움. 예 네 말이 너무 <u>장황</u>하니 사람들이 모두 지겨워하는 것이다.
☆☆☆ 0순위 최빈출 어휘 **287. 재고(再考)**	再 두 재, 考 생각할 고 어떤 일이나 문제 따위에 대하여 다시 생각함. 예 그 일의 결과는 너무나 뻔하므로 <u>재고</u>의 여지도 없다.
288. 재야(在野)	在 있을 재, 野 들 야 ① 초야에 파묻혀 있다는 뜻으로, 공직에 나아가지 아니하고 　민간에 있음을 이르는 말. 　예 연암은 출세를 포기하고 <u>재야</u>의 선비로 살아갈 것을 결심하였다. ② 일정한 정치 세력이 제도적 정치 조직에 들어가지 못하 　는 처지에 있음. 　예 이번 개각에서는 <u>재야</u>의 인물들을 기용하고자 하였다.
289. 쟁점(爭點)	爭 다툴 쟁, 點 점 점 서로 다투는 중심이 되는 점.　예 주요 <u>쟁점</u>으로 떠오르다.

정답 및 해설 p. 322

1. (   )에 들어갈 말을 〈보기〉에서 찾아 문맥에 맞게 넣으시오.

㉠ 작위적   ㉡ 쟁점   ㉢ 잔학   ㉣ 잠정적

❶ 법정에서는 두 측의 의견 차이가 주요 (   )로/으로 다루어졌다.

❷ 팀원들은 (   )로/으로 회의 일정을 다음주로 잡아두었으나, 변경될 수 있다.

❸ 이 결정은 (   )인 것으로, 최종 승인을 받기 전까지는 확정되지 않는다.

❹ (   )한 행동은 사회적으로 용납될 수 없으며, 강력한 법적 제재가 필요하다.

❺ 그의 행동은 너무나 (   )이어서 자연스럽지 않다는 인상을 주었다.

정답 및 해설 p. 322

2. (   )에 들어갈 말을 〈보기〉에서 찾아 문맥에 맞게 넣으시오.

㉠ 장황   ㉡ 재고   ㉢ 재야   ㉣ 작태

❶ 예산 초과 문제를 해결하기 위해, 기존의 계획을 (   )하고 수정안을 마련했다.

❷ 그는 자신의 의견을 (   )하게 설명하며 회의 시간을 낭비했다.

❸ 기업의 부정한 (   )이/가 드러나면서, 사회적 비난이 커지고 있다.

❹ (   )한 문장을 줄이고 핵심을 간결하게 전달하는 것이 중요한 문서 작성 원칙이다.

❺ 많은 (   )의 인사들이 공직에 나서지 않고, 민간에서 해결책을 모색하고 있다.

정답 및 해설 p. 322

1. ㉠, ㉡의 공통점을 분석한 내용으로 적절한 것은?

> 기업 대표 : 공장이 A시로 확장 이전하면 50명의 인원이 추가로 필요합니다. 이
> 인원들은 A시 시민들로만 충원하도록 하겠습니다.
> 의회 대표 : 하수 처리 시설에 대한 논의 없이 더 이상 회의를 진행할 수 없습니다.
> 기업 대표 : 의회 측 말대로 하수 처리 시설은 최신 설비로 설치하도록 하겠습니다.
> 의회 대표 : 그리고 추가 채용 인원 수가 너무 적습니다. 3배로 해 주시기 바랍니
> 다. 또 ㉠ 원료는 A시에서 구매하게 해 주십시오. 가격도 싸고 운송비
> 도 적게 드니 회사에도 이득일 겁니다.
> 기업 대표 : 저희도 원료는 A시에서 조달할 생각이었습니다. 대신 인원 채용은
> 재고해 주십시오. 당장 그렇게 많은 인원이 필요하지 않습니다. 공장
> 성장을 고려해 ㉡ 3년간 50명씩 채용하는 것은 어떨까요?
> 의회 대표 : 네. 좋습니다.

① 제안 측에 손실이 발생하는 대신 상대에게 이득이 된다.
② 제안 측이 양보하지 않음으로 상대에게 손실이 된다.
③ 제안 측의 손실이 발생하지 않으면서 상대도 이득이 된다.
④ 제안 측 손실을 막기 위해 상대에 대한 양보를 요구한다.

정답 및 해설 p. 323

2. **문맥상 ㉠의 의미와 가장 가까운 것은?**

> 그의 목소리에는 자신감이 ㉠ 넘쳐 듣는 사람들에게 깊은 인상을 남겼다.

① 냇물이 넘치지 않게 둑을 높이 쌓아야 한다.
② 요즘에는 어디를 가나 사람이 넘친다.
③ 분에 넘치는 호화스러운 예물은 필요 없다.
④ 양 팀의 치열한 경쟁으로 박진감 넘치는 순간들로 가득했다.

290. 저의(底意)	底 밑 **저**, 意 뜻 **의**
	겉으로 드러나지 아니한, 속에 품은 생각.
	예 그가 왜 갑자기 내게 잘해 주는지 그 <u>저의</u>를 모르겠다.
✿✿✿✿ `0순위 최빈출 어휘` **291. 저촉(抵觸)**	抵 막을 **저**, 觸 닿을 **촉**
	법률이나 규칙 따위에 위반되거나 거슬림.
	예 선거법 <u>저촉</u> 여부를 검토하다.
292. 저해(沮害)	沮 막을 **저**, 害 해할 **해**
	막아서 못하도록 해침.
	예 우리 사회에 뿌리 깊게 남아 있는 성차별 의식은 사회 발전에 커다란 <u>저해</u> 요소로 작용한다.
293. 적격(適格)	適 맞을 **적**, 格 격식 **격**
	어떤 일에 자격이 알맞음.
	예 투이호아는 전투 상황이 가장 많은 곳이라 나 같은 놈이 <u>적격</u>인데, 네가 가게 됐구나. ≪이원규, 훈장과 굴레≫
294. 전락(轉落)	轉 구를 **전**, 落 떨어질 **낙(락)**
	① 아래로 굴러떨어짐.
	② 나쁜 상태나 타락한 상태에 빠짐.
	예 부모가 죽자 덕이는 하루아침에 천덕꾸러기로 <u>전락</u>을 했다.
295. 전리품(戰利品)	戰 싸움 **전**, 利 이로울 **리(이)**, 品 물건 **품**
	전쟁 때에 적에게서 빼앗은 물품.
	예 고대에는 전쟁에서 얻는 가장 값진 <u>전리품</u>이 사로잡은 포로였다고 한다.
296. 전유물(專有物)	專 오로지 **전**, 有 있을 **유**, 物 물건 **물**
	한 사람이나 특정한 부류만 소유하거나 누리는 물건.
	예 특권층의 <u>전유물</u>.
✿✿✿ `중간 빈출 어휘` **297. 전이(轉移)**	轉 구를 **전**, 移 옮길 **이**
	① 사물이 시간이 지남에 따라 변하고 바뀜.
	예 식생활은 많은 변화와 <u>전이</u>를 보이고 있다.
	② 병원체나 종양 세포가 혈류나 림프류를 타고 흘러서 다른 장소로 이행·정착하여 원발 병터와 같은 변화를 일으킴. 또는 그런 일.
	예 암이 몸으로 점점 <u>전이</u>하여 상태가 나빠졌다.

빈/칸/문/제

정답 및 해설 p. 323

1. (   )에 들어갈 말을 〈보기〉에서 찾아 문맥에 맞게 넣으시오.

㉠ 저의   ㉡ 저촉   ㉢ 저해   ㉣ 적격

❶ 환경 오염은 생태계를 (   )하며, 장기적으로는 인류의 건강에도 악영향을 미친다.

❷ 새로운 법안이 기존의 규제와 (   )되기 때문에 법적 검토가 필요하다.

❸ 두 회사의 상표가 (   )되어 상표권 분쟁이 발생할 수 있다.

❹ 신입 사원을 채용하기 전에 (   ) 여부를 철저히 검토해야 한다.

❺ 그의 발언에는 표면적으로 보이는 것 이상의 (   )이/가 숨어 있었다.

빈/칸/문/제

정답 및 해설 p. 323

2. (   )에 들어갈 말을 〈보기〉에서 찾아 문맥에 맞게 넣으시오.

㉠ 전락   ㉡ 전리품   ㉢ 전유물   ㉣ 전이

❶ 이 기술은 과거에는 소수의 (   )이었지만, 이제는 대중화되고 있다.

❷ 전염병의 (   ) 경로를 파악하여 확산을 막기 위한 방안을 마련해야 한다.

❸ 문화적 가치가 저하되면서 예술계의 위상이 (   )하고 있다는 우려가 있다.

❹ 전쟁에서 승리한 군인들은 적의 성에서 발견한 (   )을/를 가지고 돌아왔다.

❺ 사회적 부패와 비리가 만연하면서 공직 사회가 (   )하는 지경에 이르렀다.

298. 전수(傳授)	傳 전할 **전**, 授 줄 **수**
	기술이나 지식 따위를 전하여 줌.
	예 묘책이라도 있으면 내게 좀 <u>전수</u>를 하시오. ≪김동인, 운현궁의 봄≫
☆☆☆ 0순위 최빈출 어휘 **299. 전제(前提)**	前 앞 **전**, 提 끌 **제**
	① 어떠한 사물이나 현상을 이루기 위하여 먼저 내세우는 것.
	예 그들은 결혼을 <u>전제</u>로 교제하고 있습니다.
	② 추리를 할 때, 결론의 기초가 되는 판단.
	예 삼단 논법에 있어서 대<u>전제</u>와 소<u>전제</u>를 이른다.
300. 절감(節減)	節 마디 **절**, 減 덜 **감**
	아끼어 줄임.
	예 경비 <u>절감</u>.
301. 절실(切實)	切 끊을 **절**, 實 열매 **실**
	① 느낌이나 생각이 뼈저리게 강렬한 상태에 있음.
	예 그의 말 한 마디 한 마디가 <u>절실</u>하게 와닿았다.
	② 매우 시급하고도 긴요한 상태에 있음.
	예 대책 마련이 <u>절실</u>하다.
	③ 적절하여 실제에 꼭 들어맞음.
	예 <u>절실</u>한 표현.
302. 절의(節義)	節 마디 **절**, 義 옳을 **의**
	절개와 의리를 아울러 이르는 말.
	예 <u>절의</u>를 숭상하다.
☆☆☆ 0순위 최빈출 어휘 **303. 절충(折衝)**	折 꺾을 **절**, 衝 찌를 **충**
	적의 전차(戰車)를 후퇴시킨다는 뜻으로, 이해관계가 서로 다른 상대와 교섭하거나 담판함을 이르는 말.
	예 막판 <u>절충</u>을 벌이다.
304. 절취(竊取)	竊 훔칠 **절**, 取 가질 **취**
	남의 물건을 몰래 훔치어 가짐.
	예 최근 들어 금품 <u>절취</u> 사건이 많이 생기고 있다.

정답 및 해설 p. 323

1. (   )에 들어갈 말을 〈보기〉에서 찾아 문맥에 맞게 넣으시오.

㉠ 전수　　　㉡ 전제　　　㉢ 절감　　　㉣ 절실

❶ 에너지 (　　　)을/를 위해 집안의 전등을 LED로 교체했다.

❷ 이 지역의 전통 무용을 배우기 위해, 외부 전문가가 직접 (　　　)을/를 진행했다.

❸ 우리는 이 계획이 실행되기 전에 몇 가지 (　　　)을/를 달고 검토할 필요가 있다.

❹ 이 프로젝트는 예산 (　　　)을/를 목표로 하여 효율적인 자원 관리를 강조하고 있다.

❺ 학생들은 좋은 성적을 위해 (　　　)히 공부하며 시험을 준비하고 있다.

정답 및 해설 p. 323

2. (   )에 들어갈 말을 〈보기〉에서 찾아 문맥에 맞게 넣으시오.

㉠ 절의　　　㉡ 절충　　　㉢ 절취

❶ (　　　)을/를 지키는 것은 전통적인 예절을 존중하는 중요한 부분이다.

❷ 최근 몇 가지 (　　　) 사건이 발생하여 지역 사회의 안전에 대한 우려가 커지고 있다.

❸ 전시회에서 (　　　)된 작품은 그 값어치를 고려해 보상을 요청할 예정이다.

❹ 갈등을 해결하기 위해 서로의 입장을 (　　　)하여 공동의 목표를 설정했다.

❺ (　　　)안을 마련하기 위해서는 양측의 의견을 신중하게 검토해야 한다.

정답 및 해설 p. 323~324

[1~2] 다음 글을 읽고 물음에 답하시오.

자멘호프는 유대계 폴란드인 안과 의사로 뛰어난 언어적 재능을 가져 여러 언어에 ㉠ <u>훤한</u> 본인 스스로 러시아 문인이 되고 싶다고 술회할 정도였다. 자멘호프는 한때 유대인 우월주의인 시오니즘에 빠지기도 했으나 그 안에 담긴 선민사상에 반감을 느끼게 되었다. 이후 그는 반시오니즘적인 자세로 ㉡ <u>돌아서서</u> 인류 통합을 주장하며 모두가 쓸 수 있는 공용어인 에스페란토어를 제작하여 ㉢ <u>주었다.</u> 그는 1인 2개 국어를 주장하며 자국민과의 대화에서는 모국어를, 외국인과의 대화에서는 가치 중립적인 에스페란토어를 사용할 것을 주장하였다. 전제주의 광풍에 혼란을 겪던 유럽의 지식인들은 이에 열광하여 에스페란토어를 열정적으로 ㉣ <u>퍼뜨렸다.</u>

하지만 현재 에스페란토어 보급에 대한 회의론을 펼치는 이들도 있는데 이들은 에스페란토어가 공용어가 된다면 언어적 패권의 지위가 에스페란토어로 옮겨 갈 뿐, 국가나 인류 통합에 기여하지 못한다고 주장한다.

1. 윗글의 설명 방식으로 적절하지 않은 것은?
① 인물의 특정 사상에 대한 태도 변화를 통해 중심화제의 등장 배경을 제시한다.
② 에스페란토어 보급과 관련된 시대 상황을 제시하여 독자의 이해를 돕는다.
③ 통시적 내용 전개 방식을 통해 중심화제에 대한 상반된 인식과 전망을 절충하고 있다.
④ 자멘호프의 주장을 구체적으로 서술하여 에스페란토어 보급 목적을 명시적으로 전달한다.

2. ㉠~㉣과 바꿔쓸 수 있는 유사한 표현으로 적절하지 않은 것은?
① ㉠: 능통한
② ㉡: 회개하여
③ ㉢: 배포하였다
④ ㉣: 보급했다

정답 및 해설 p. 324

3. 문맥상 ㉠의 의미와 가장 가까운 것은?

> 기술자들은 대개 공구를 자신의 분신처럼 ㉠ 다루는 경향이 있다.

① 장인은 자신이 맡은 일을 능숙하게 다룬다.

② 국회는 국민 생활과 관련된 법률안 제정, 개정 등의 일을 다룬다.

③ 이 상점은 주로 전자 제품만을 다룬다.

④ 어렸을 때부터 피아노를 배워 온 그녀는 악기를 다루는 것에 익숙하다.

占 점령할 **점**, 有 있을 **유**

중간 빈출 어휘

305. 점유(占有)

물건이나 영역, 지위 따위를 차지함.
예 우리 음료수 시장이 수입 음료수에 상당 부분 점유되었다.

點 점 **점**, 綴 꿰맬 **철**

306. 점철(點綴)

① 흐트러진 여러 점이 서로 이어짐. 또는 그것들을 서로 이음.
② 관련이 있는 상황이나 사실 따위가 서로 이어짐. 또는 그
것들을 서로 이음.
예 모욕과 영광으로 점철된 생애가 있었다.

鼎 솥 **정**, 立 설 **립(입)**

난이도 조절용 어휘

307. 정립(鼎立)

세 사람 또는 세 세력이 솥발과 같이 벌여 섬.
예 우리 역사의 후삼국 시대를 가리켜 정립이라고 말할 수 있겠다.

正 바를 **정**, 色 빛 **색**

308. 정색(正色)

얼굴에 엄정한 빛을 나타냄. 또는 그런 얼굴빛.
예 무례한 질문을 받은 그는 정색하는 표정을 지었다.

定 정할 **정**, 說 말씀 **설**

309. 정설(定說)

일정한 결론에 도달하여 이미 확정하거나 인정한 설.
예 정설을 뒤집다.

精 정할 **정**, 髓 뼛골 **수**

310. 정수(精髓)

사물의 중심이 되는 골자 또는 요점.
예 정수를 모아 놓다.

정답 및 해설 p. 325

1. (   )에 들어갈 말을 〈보기〉에서 찾아 문맥에 맞게 넣으시오.

> ㉠ 점거   ㉡ 점유   ㉢ 점철   ㉣ 정곡

❶ 역사적인 사건들은 고난과 역경으로 (   )되어 있다.

❷ 군사 작전 중 적의 기지를 (   )하여 전투의 주도권을 잡았다.

❸ 작가의 작품은 사회적 문제의 (   )을/를 꿰뚫어 보는 통찰력을 보여준다.

❹ 회의 중 그는 문제의 (   )을/를 짚어내며 논의의 방향을 명확히 했다.

❺ 법적 분쟁 중에 부동산 (   )을/를 두고 갈등이 발생했다.

※ 점거(占據: 占 점령할 점 據 근거 거): 차지하여 자리를 잡음.
　정곡(正鵠: 正 바를 정 鵠 고니 곡): 과녁의 한복판이 되는 점. 목표나 핵심의 비유.

정답 및 해설 p. 325

2. (   )에 들어갈 말을 〈보기〉에서 찾아 문맥에 맞게 넣으시오.

> ㉠ 정립   ㉡ 정색   ㉢ 정설   ㉣ 정수

❶ (   )의 형성으로 인해 삼각 관계가 복잡해지고, 각 세력 간의 갈등이 심화되었다.

❷ (   )에 따르면, 지구는 약 45억 년 전에 형성되었다고 한다.

❸ 회의 중에 그는 갑자기 (   )을/를 하며 심각한 문제를 제기했다.

❹ 그녀는 아이가 잘못된 행동을 했을 때 (   )을/를 하고 단호하게 훈계를 했다.

❺ 한국의 전통 음악과 춤은 민족 문화의 (   )을/를 담고 있는 중요한 유산이다.

311. 정의(情誼)	情 뜻 **정**, 誼 정 **의** 서로 사귀어 친하여진 정. 📖 나는 성우 씨와의 유년부터의 <u>정의</u>를 소중한 것으로 여기고 있습니다. ≪이원규, 훈장과 굴레≫
312. 정진(精進)	精 정할 **정**, 進 나아갈 **진** 힘써 나아감. 📖 그는 조용한 절간에 머물며 공부에 <u>정진</u>을 하였다.
313. 정취(情趣)	情 뜻 **정**, 趣 뜻 **취** 깊은 정서를 자아내는 흥취. 📖 <u>정취</u>를 자아내다.
314. 정한(情恨)	情 뜻 **정**, 恨 한 **한** 정과 한을 아울러 이르는 말. 📖 저렇게 깊은 인상을 가진 여인은 가슴속에 어떤 <u>정한</u>을 담고 있을까?
315. 정회(情懷)	情 뜻 **정**, 懷 품을 **회** 생각하는 마음. 또는 정과 회포를 아울러 이르는 말. 📖 그럼 밤도 저물고 하니 우리 그동안 막혔던 <u>정회</u>나 풀어 볼까? ≪박경리, 토지≫
316. 정황(情況)	情 뜻 **정**, 況 상황 **황** 일의 사정과 상황. 📖 여러 가지 <u>정황</u>으로 미루어 볼 때 그렇게 하는 것이 최선이다.
✦✦✦ 〔중간 빈출 어휘〕 **317. 조감(鳥瞰)**	鳥 새 **조**, 瞰 굽어볼 **감** 새가 높은 하늘에서 아래를 내려다보는 것처럼 전체를 한눈으로 관찰함. 📖 개국 이후의 왕조사 전체를 넓게 <u>조감</u>해 보십시오.
✦✦✦ 〔중간 빈출 어휘〕 **318. 조소(嘲笑)**	嘲 비웃을 **조**, 笑 웃음 **소** 흉을 보듯이 빈정거리거나 업신여기는 일. 또는 그렇게 웃는 웃음. = 비웃음. 📖 입가에 <u>조소</u>를 머금다.
319. 조언(助言)	助 도울 **조**, 言 말씀 **언** 말로 거들거나 깨우쳐 주어서 도움. 또는 그 말. 📖 전문가의 <u>조언</u>을 구하다.

빈/칸/문/제

정답 및 해설 p. 325

1. (   )에 들어갈 말을 〈보기〉에서 찾아 문맥에 맞게 넣으시오.

㉠ 정의　　㉡ 정진　　㉢ 정취　　㉣ 정한　　㉤ 정회

❶ 그는 자신의 목표를 달성하기 위해 끊임없이 (   )하고 있다.

❷ 오랜 갈등을 겪던 두 친구는 서로의 감정을 이해하며 쌓인 (   )을/를 풀었다.

❸ 오랜 만남과 대화를 통해 두 사람 사이에 깊은 (   )이/가 싹텄다.

❹ 이 고풍스러운 카페는 옛날 서울의 (   )을/를 잘 담고 있다.

❺ (   )의 표현은 그 사람의 감정이 복잡하게 얽혀 있음을 보여준다.

빈/칸/문/제

정답 및 해설 p. 325

2. (   )에 들어갈 말을 〈보기〉에서 찾아 문맥에 맞게 넣으시오.

㉠ 정황　　㉡ 조감　　㉢ 조소　　㉣ 조언

❶ 그녀는 자신의 의견을 비웃는 (   )에 상처를 받았다.

❷ 경험이 풍부한 선배가 후배에게 진심으로 (   )을/를 해주었다.

❸ (   )을/를 통해 도시의 전체적인 계획을 쉽게 파악할 수 있다.

❹ 사건의 (   )을/를 면밀히 조사하여 사건의 진실을 파악하려고 노력하고 있다.

❺ (   )을/를 고려했을 때, 그 결정이 최선의 선택이었음을 알 수 있다.

DAY
08

320. 조우(遭遇)	遭 만날 조, 遇 만날 우
	우연히 서로 만남.
	예 길을 가다가 옛 친구를 <u>조우</u>했다.
321. 조율(調律)	調 고를 조, 律 법칙 률(율)
	① 악기의 음을 표준음에 맞추어 고름.
	예 <u>조율</u>이 잘된 피아노를 연주했다.
	② 문제를 어떤 대상에 알맞거나 마땅하도록 조절함을 비유적으로 이르는 말.
	예 두 집안의 갈등에 <u>조율</u>이 필요하다.
✩✩✩ 0순위 최빈출 어휘 **322. 조장(助長)**	助 도울 조, 長 길 장
	바람직하지 않은 일을 더 심해지도록 부추김.
	예 과소비 <u>조장</u>.
323. 족쇄(足鎖)	足 발 족, 鎖 쇠사슬 쇄
	① 죄인의 발목에 채우던 쇠사슬.
	예 <u>족쇄</u>를 차다.
	② 자유를 구속하는 대상을 비유적으로 이르는 말.
	예 과거에 저질렀던 잘못된 행동들은 인생의 <u>족쇄</u>가 될 수 있다.
✩✩✩ 0순위 최빈출 어휘 **324. 족적(足跡)**	足 발 족, 跡 발자취 적
	① 발로 밟고 지나갈 때 남는 흔적. 또는 그때 나는 소리. = 발자취.
	예 <u>족적</u>을 남기다.
	② 지나온 과거의 역정을 비유적으로 이르는 말.
	예 그는 현대사에 큰 <u>족적</u>을 남겼다.
325. 졸렬(拙劣)	拙 옹졸할 졸, 劣 못할 렬(열)
	옹졸하고 천하여 서투름.
	예 <u>졸렬</u>한 마음.
326. 졸속(拙速)	拙 옹졸할 졸, 速 빠를 속
	어설프고 빠름. 또는 그런 태도.
	예 어떤 경우에나 <u>졸속</u>이라도 좋으니 늘 공세를 취하라는 손자의 말도 있다.

빈/칸/문/제

정답및해설 p. 326

1. ( )에 들어갈 말을 〈보기〉에서 찾아 문맥에 맞게 넣으시오.

> ㉠ 조우   ㉡ 조율   ㉢ 조장   ㉣ 족쇄

❶ 악기가 (   )이/가 잘된 상태에서 연주하니 공연의 음향이 훨씬 더 뛰어났다.

❷ 새로운 정책 도입에 앞서 관련 부서와 (   )을/를 통해 세부 계획을 확정했다.

❸ 자유로운 발언을 막는 것은 개인의 창의성에 (   )을/를 채우는 것이다.

❹ 부정적인 정보의 유포는 불필요한 불안을 (   )할 수 있다.

❺ 그들은 우연히 거리에서 (   )하여 오래된 친구처럼 반가운 인사를 나눴다.

빈/칸/문/제

정답및해설 p. 326

2. ( )에 들어갈 말을 〈보기〉에서 찾아 문맥에 맞게 넣으시오.

> ㉠ 족적   ㉡ 졸렬   ㉢ 졸속

❶ (   )한 마음으로 사람들의 의견을 무시하는 것은 좋은 결과를 가져오지 않는다.

❷ (   )적인 계획으로 인해 행사 준비가 부족하고 혼잡한 상황이 발생했다.

❸ 경찰은 범죄의 (   )을/를 따라가다 용의자의 행적을 추적하고 있다.

❹ 그의 인생에서 쌓인 (   )은/는 많은 도전과 성취를 보여준다.

❺ 회의에서 결정된 방안이 (   )로/으로 처리되어 나중에 많은 문제가 발생했다.

Day **08**

정답 및 해설 p. 326

[1~2] 다음 글을 읽고 물음에 답하시오.

민주주의 사회에서는 표현의 자유를 지향하고 수호한다. 다양한 목소리를 인정하고 건전한 비판이 오가는 속에서 사회가 발전하기 때문이다. 그러나 자유는 타인의 자유를 침해하지 않는 한에서 보장되어야 한다. 혐오 표현이 법으로 규제되어야 하는 이유가 여기에 있다.

혐오 표현 규제에 반대하는 사람들은 불쾌함이 주관적인 감정이므로 규제의 근거가 되기 힘들다고 말한다. 그러나 악플로 생을 마감하는 유명 연예인들과 일반인들이 늘고 있는 것은 불쾌함을 단순히 주관적 감정으로 ㉠ 여기기 어렵다는 것을 보여준다. 혐오 표현이 유발하는 불쾌함은 사회 구성원들이 공감할 수 있는 보편적 감정이며, 그 정도가 과하다면 규제되어야 한다.

권력을 갖지 않는 대상을 향한 혐오 표현은 사회적 차별 또한 ㉡ 부추길 수 있다. 권력의 ㉢ 억누름의 수단으로서 표현의 자유는 순기능을 수행하지만, 인종이나 성별 등을 향한 혐오 표현에는 특정 집단에 대한 차별이 ㉣ 담겨 있다. 따라서 사회적 합의를 통해 혐오 표현의 기준을 마련하고, 특정 집단이 혐오 표현의 표적이 되지 않도록 규제해야 한다.

표현의 자유는 건전한 사회를 위해 보장되어야 한다. 그러나 개인의 자유는 동등한 타인의 자유를 침해하지 않아야 한다. 다양한 의견이 오갈 수 있는 건전한 소통의 장을 마련하기 위해서는 혐오 표현을 법으로 규제해야 한다.

1. 윗글에 나타난 필자의 견해로 볼 수 없는 것은?

① 불쾌함은 주관적인 감정이므로 법적 규제의 근거가 되기 힘들다.
② 타인의 자유를 침해하는 혐오 표현은 법으로 규제해야 한다.
③ 표현의 자유는 타인의 자유를 침해하지 않는 선에서 보장되어야 한다.
④ 권력을 가진 대상을 향한 비판은 순기능을 수행한다.

2. ㉠~㉣과 바꿔쓸 수 있는 유사한 표현으로 적절하지 않은 것은?

① ㉠: 치부하기
② ㉡: 장려할
③ ㉢: 견제
④ ㉣: 내재해

정답및해설 p. 327

3. **문맥상 ⊙의 의미와 가장 가까운 것은?**

> 경기가 홈팀에게 유리하게 ⊙ 흐르자 관중석의 열기도 점점 뜨거워졌다.

① 방 안에는 무거운 공기가 흐르고 있었다.
② 철수와 영희가 결혼한 후 오랜 시간이 흘렀다.
③ 꽃이 만발한 화원에는 봄기운이 완연히 흐르고 있었다.
④ 이야기가 예상치 못한 방향으로 흐르며 참석자들은 당황하기 시작했다.

327. 종언(終焉)	終 마칠 종, 焉 어찌 언
	없어지거나 죽어서 존재가 사라짐. 예 인생에 종언을 고하다.
328. 종용(慫慂)	慫 권할 종, 慂 권할 용
	잘 설득하고 달래어 권함.
	예 철수는 모임에 참석해 달라는 종용했다.
329. 종횡(縱橫)	縱 세로 종, 橫 가로 횡
	① 세로와 가로를 아울러 이르는 말.
	② 거침없이 마구 오가거나 이리저리 다님.
	예 결국 이번 전쟁은 남과 북, 있는 자와 없는 자, 양반과 상인 등 모든 계층의 사람들을 종횡으로 교류시키고 있다. ≪홍성원, 육이오≫
330. 좌초(坐礁)	坐 앉을 좌, 礁 암초 초
	① 배가 암초에 얹힘. 예 이 구역은 좌초의 위험이 있다.
	② 곤경에 빠짐을 비유적으로 이르는 말.
	예 대통령의 개혁 정책이 좌초의 위기에 처했다.
331. 조망(眺望)	眺 바라볼 조, 望 바랄 망
	먼 곳을 바라봄. 또는 그런 경치.
	예 산 정상에 오르니 조망이 탁 트이다.
332. 주선(周旋)	周 두루 주, 旋 돌 선
	일이 잘되도록 여러 가지 방법으로 힘씀.
	예 그녀는 친척 어른의 주선으로 선을 보았다.
☆☆☆ 0순위 최빈출 어휘 333. 주의(主義)	主 주인 주, 義 옳을 의
	① 굳게 지키는 주장이나 방침.
	예 모든 일에 성실해야 한다는 것이 아버님의 주의이다.
	② 체계화된 이론이나 학설.
	예 그는 총을 쥔 적군만을 상대할 뿐 머릿속에야 무슨 주의가 들었건 그런 것에는 전혀 흥미가 없는 위인이었다. ≪홍성원, 육이오≫
334. 주재(主宰)	主 임금 주, 宰 재상 재
	어떤 일을 중심이 되어 맡아 처리함.
	예 국무총리 주재로 가뭄 대책 회의를 열었다.

정답 및 해설 p. 327

1. (　　)에 들어갈 말을 〈보기〉에서 찾아 문맥에 맞게 넣으시오.

㉠ 종언　　　㉡ 종용　　　㉢ 종횡　　　㉣ 좌초

❶ 이 계약의 (　　　)을/를 맞이하고 새로운 협약을 체결하기로 했다.

❷ 부모는 자녀에게 무리하게 강요하지 않고, (　　　)하여 스스로 선택하도록 했다.

❸ 회사는 자금 부족으로 인해 사업 계획이 (　　　)되었다.

❹ 그는 친구에게 조용히 (　　　)하여 결정을 다시 한 번 고려해보라고 했다.

❺ 연구자는 여러 분야를 (　　　)하며 지식을 넓혀가고 있다.

정답 및 해설 p. 327

2. (　　)에 들어갈 말을 〈보기〉에서 찾아 문맥에 맞게 넣으시오.

㉠ 조망　　　㉡ 주선　　　㉢ 주의　　　㉣ 주재

❶ 그녀는 자신의 의견이 항상 옳다고 믿는 (　　　) 주장이 강한 사람이다.

❷ 그는 중요한 비즈니스 미팅을 (　　　)하여 회사의 거래를 성사시켰다.

❸ 그가 취업에 성공한 것은 모두 친구들의 (　　　) 덕분이었다.

❹ 이 프로젝트는 총괄 매니저가 직접 (　　　)하여 모든 진행 상황을 점검하고 있다.

❺ 전망대에서 도시의 전경을 (　　　)하며 아름다운 경치를 감상했다.

✦✦✦ 중간 빈출 어휘 **335. 주조(主潮)**	主 주인 **주**, 潮 밀물 **조** 주된 조류나 경향. 예 올해 유행하는 옷 색깔은 파스텔 톤이 <u>주조</u>를 이룬다.
✦✦✦ 중간 빈출 어휘 **336. 주지(周知)**	周 두루 **주**, 知 알 **지** 여러 사람이 두루 앎.　예 다음의 사실을 <u>주지</u>해 주시기 바랍니다.
337. 주창(主唱)	主 주인 **주**, 唱 부를 **창** ① 주의나 사상을 앞장서서 주장함. 　　예 그의 <u>주창</u>은 주변의 아무런 동조자도 얻지 못했다. ② 노래나 시 따위를 앞장서서 부름. 　　예 선생님의 <u>주창</u>에 따라 학생들은 노래를 불렀다.
338. 중용(中庸)	中 가운데 **중**, 庸 떳떳할 **용** 지나치거나 모자라지 아니하고 한쪽으로 치우치지도 아니한, 떳떳하며 변함이 없는 상태나 정도.　예 <u>중용</u>을 지키다.
✦✦✦ 중간 빈출 어휘 **339. 중재(仲裁)**	仲 버금 **중**, 裁 마를 **재** 분쟁에 끼어들어 쌍방을 화해시킴.　예 <u>중재</u>를 맡다.
340. 증정(贈呈)	贈 줄 **증**, 呈 드릴 **정** 어떤 물건 따위를 성의 표시나 축하 인사로 줌. 예 화환 <u>증정</u>.
341. 증진(增進)	增 더할 **증**, 進 나아갈 **진** 기운이나 세력 따위가 점점 더 늘어가고 나아감. 예 식욕 <u>증진</u>.
342. 증후(證候)	證 증거 **증**, 候 살필 **후** 증거가 될 만한 기미.　예 <u>증후</u>가 보이다.
✦✦✦✦ 0순위 최빈출 어휘 **343. 중첩(重疊)**	重 무거울 **중**, 疊 겹쳐질 **첩** 거듭 겹치거나 포개어짐.　예 고난이 <u>중첩</u>되자 힘이 들었다.

정답 및 해설 p. 327

1. (   )에 들어갈 말을 〈보기〉에서 찾아 문맥에 맞게 넣으시오.

㉠ 주조	㉡ 주지	㉢ 주창	㉣ 중용	㉤ 중재

❶ 전통 문화를 보존하기 위한 노력을 (   )하는 학자들이 많아지고 있다.

❷ 회사는 새로운 정책이 시행된다는 사실을 직원들에게 미리 (   )했다.

❸ 절제된 표현이 이 작품의 (   )을/를 이루고 있다.

❹ 두 친구 사이의 오해를 (   )하기 위해 우리가 나서서 대화를 시도했다.

❺ 그의 의견은 항상 (   )을/를 지키며 합리적인 결정을 내리는 데 도움이 된다.

정답 및 해설 p. 327

2. (   )에 들어갈 말을 〈보기〉에서 찾아 문맥에 맞게 넣으시오.

㉠ 증정	㉡ 증진	㉢ 증후	㉣ 중첩

❶ 여러 문제의 원인이 서로 (   )되어 있어서 해결책을 찾기가 어렵다.

❷ 협력과 소통을 통해 팀워크를 (   )시키는 것이 프로젝트 성공의 열쇠다.

❸ 결혼식에 참석한 하객들에게 작은 선물을 (   )하며 감사의 마음을 전했다.

❹ 발열과 기침은 감기의 대표적인 (   ) 중 하나이다.

Day 08

정답 및 해설 p. 327~328

[1~2] 다음 글을 읽고 물음에 답하시오.

팰럼시스트(palimpsest)란 원래 양피지 위에 글자가 여러 겹 겹쳐서 보이는 것을 일컫는다. 종이가 ㉠ 만들어지기 전에는 양피지에 글을 썼는데 양피지는 귀했기 때문에 이를 재활용하기 위해 이미 쓰여 있는 글자를 지우고 그 위에 다시 글자를 쓰는 일이 빈번했다. 이로 인해 이전에 쓴 글자 위로 새로 쓴 글자가 ㉡ 겹쳐져 보이는 현상이 벌어졌다. 건축에서는 이러한 팰럼시스트를 오래된 역사적 흔적이 현재의 공간에 영향을 미칠 때 그것을 은유적으로 설명하기 위해 ㉢ 끌어 있다.

가장 손쉬운 예로 서울 강북의 복잡한 도로망을 들 수 있다. 조선 시대 한양에는 상하수도 시설이 ㉣ 없었다. 하지만 물은 인간 생활에 가장 필요한 기본 요건인바, 물을 효율적으로 사용하기 위해 이 당시 주거들은 한강의 지류 하천을 따라서 형성될 수밖에 없었다. 실개천 주변으로 주거들이 들어서게 되고 그 옆으로 사람과 말들이 지나다니면서 자연 발생적으로 도로가 만들어지게 되었다. 수변(水邊) 공간에서 일상생활을 영위하고 하천을 상하수도 시설처럼 사용하는 커뮤니티가 자연스럽게 형성되었다고 볼 수 있다.

그러나 이후 인구 밀도가 높아지면서 위생 문제가 심각해지고, 동시에 자동차가 급증하여 자동차 도로를 확보하는 것이 도시 형성의 필수 조건으로 부각되면서 하천 주변은 상당 부분 자동차 도로로 바뀌었다. 강북의 도로망 가운데 많은 부분이 구불구불한 자연 하천과도 같은 모습을 갖게 된 것은 이러한 연유에서이다. 산업화 이후 대형 간선도로의 등장이 본격화되면서 하천을 중심으로 형성되었던 기존 커뮤니티는 간선도로에 의해 나눠지게 된 것이다.

1. 윗글에서 알 수 없는 것은? 2019 국가직 7급

① 팰럼시스트는 종이가 발명되기 이전, 양피지를 재활용하면서 빚어진 현상을 말한다.

② 하천이 커뮤니티의 중심이었던 과거와 달리 지금은 간선도로가 커뮤니티를 나누고 있다.

③ 도시 주거의 기본 요건 중 하나가 상하수도 시설이기 때문에 하천 주변이 자동차 도로가 된 것은 필연적이다.

④ 강북의 복잡한 도로망은 상하수도 시설이 없었던 시절의 흔적이 현재의 공간에 영향을 미친 팰럼시스트의 예이다.

2. ㉠~㉣과 바꿔쓸 수 있는 유사한 표현으로 적절하지 않은 것은?

① ㉠: 발명되기   ② ㉡: 중첩되어

③ ㉢: 도용하고   ④ ㉣: 부재하였다

정답 및 해설 p. 328

3. 문맥상 ㉠의 의미와 가장 가까운 것은?

> 이익금을 모두에게 공정하게 ㉠ <u>나누어야</u> 불만이 생기지 않는다.

① 나는 이 물건들을 불량품과 정품으로 <u>나누는</u> 작업을 한다.

② 나는 언제나 아내와 모든 어려움을 <u>나누고</u> 살리라고 다짐하였다.

③ 그녀는 매출 총액을 12개월로 <u>나누어</u> 월평균 매출을 계산했다.

④ 각 부서에 작업량을 <u>나눌</u> 때는 인부들의 숙련도를 고려해야 한다.

☆☆☆☆ 0순위 최빈출 어휘 **344. 중추**(中樞)	中 가운데 **중**, 樞 지도리 **추** 사물의 중심이 되는 중요한 부분. 예 <u>중추</u> 역할.
345. 지명도(知名度)	知 알 **지**, 名 이름 **명**, 度 법도 **도** 세상에 이름이 널리 알려진 정도. 예 그 연예인은 <u>지명도</u>가 높다.
346. 지분(持分)	持 가질 **지**, 分 나눌 **분** 공유물이나 공유 재산 따위에서, 공유자 각자가 소유하는 몫. 또는 그런 비율. 예 대주주의 <u>지분</u>을 정리하다.
☆☆☆☆ 0순위 최빈출 어휘 **347. 지양**(止揚)	止 그칠 **지**, 揚 날릴 **양** 더 높은 단계로 오르기 위하여 어떠한 것을 하지 아니함. 예 남북 사이의 이질화를 <u>지양</u>하다.
☆☆☆☆ 0순위 최빈출 어휘 **348. 지엽적**(枝葉的)	枝 가지 **지**, 葉 잎 **엽**, 的 과녁 **적** 본질적이거나 중요하지 아니하고 부차적인. 예 <u>지엽적</u> 사건.
349. 지조(志操)	志 뜻 **지**, 操 잡을 **조** 원칙과 신념을 굽히지 아니하고 끝까지 지켜 나가는 꿋꿋한 의지. 또는 그런 기개. 예 <u>지조</u> 없는 인간.
350. 지표(指標)	指 가리킬 **지**, 標 표할 **표** 방향이나 목적, 기준 따위를 나타내는 표지. 예 <u>지표</u>를 제시하다.
351. 지체(遲滯)	遲 더딜 **지**, 滯 막힐 **체** 때를 늦추거나 질질 끎. 예 잠시도 <u>지체</u> 말고 바로 집으로 돌아가시오.
☆☆☆☆ 0순위 최빈출 어휘 **352. 지향**(指向)	指 가리킬 **지**, 向 향할 **향** 작정하거나 지정한 방향으로 나아감. 또는 그 방향. 예 밤이 이슥하도록 까닭을 잊어버린 채 이 거리 저 거리로 <u>지향</u> 없이 헤 매었다. ≪이상, 날개≫

정답 및 해설 p. 329

1. ( )에 들어갈 말을 〈보기〉에서 찾아 문맥에 맞게 넣으시오.

㉠ 중추	㉡ 지명도	㉢ 지분	㉣ 지양	㉤ 지엽적

❶ 사회적 갈등을 유발할 수 있는 언행을 ( )하며 평화로운 대화를 추구해야 한다.

❷ 이 협회의 ( ) 역할을 맡고 있는 사람들은 중요한 결정에 큰 영향을 미친다.

❸ 논문에서 ( )인 세부 사항은 나중에 다루기로 하고, 우선 주요 주제에 집중했다.

❹ 그는 회사의 30% ( )을/를 보유하고 있어 주요 의사 결정에 큰 영향을 미친다.

❺ 새로운 관광지는 최근 ( )이/가 높아져 많은 관광객들이 방문하고 있다.

정답 및 해설 p. 329

2. ( )에 들어갈 말을 〈보기〉에서 찾아 문맥에 맞게 넣으시오.

㉠ 지조	㉡ 지표	㉢ 지체	㉣ 지향(指向)

❶ 학생들의 학업 성취도를 평가하기 위해 성적과 참여도를 ( )로/으로 활용하고 있다.

❷ 중요한 서류 제출이 ( )되면서 계약이 연기될 위험이 있었다.

❸ 여행 중 예기치 못한 상황에 직면한 그는 길을 잃고 ( ) 없이 헤맸다.

❹ 그는 어려운 상황에서도 자신의 원칙을 지키며 ( )을/를 잃지 않았다.

❺ 교통사고로 인해 회의 시작 시간이 ( )되어 참석자들이 불편을 겪었다.

정답 및 해설 p. 329

1. **(가)~(라)의 고쳐 쓰기 방안으로 적절하지 않은 것은?** 2021 지방직 9급

> (가) 현재 우리 구청 조직도에는 기획실, 홍보실, 감사실, 행정국, 복지국, 안전국, 보건소가 있었다.
> (나) 오늘은 우리 시청이 지양하는 '누구나 행복한 ○○시'를 실현하기 위한 추진 방안을 논의합니다.
> (다) 지난달 수해로 인한 준비 기간이 짧았기 때문에 지역 축제는 예년보다 규모가 줄어들었다.
> (라) 공과금을 기한 내에 지정 금융 기관에 납부하지 않으면 연체료를 내야 한다.

① (가): '있었다'는 문맥상 시제 표현이 적절하지 않으므로 '있다'로 고쳐 쓴다.
② (나): '지양'은 어떤 목표로 뜻이 쏠리어 향한다는 의미인 '지향'으로 고쳐 쓴다.
③ (다): '지난달 수해로 인한'은 '준비 기간'을 수식하는 절이 아니므로 '지난달 수해로 인하여'로 고쳐 쓴다.
④ (라): '납부'는 맥락상 금융 기관이 돈이나 물품 따위를 받아 거두어들인다는 '수납'으로 고쳐 쓴다.

정답 및 해설 p. 329

2. **문맥상 ㉠의 의미와 가장 가까운 것은?**

> 기차역이 시외로 옮겨지면서 역 주변에 새로운 상가가 ㉠ 생겼다.

① 밥을 먹다가 옷에 얼룩이 <u>생겼다</u>.

② 나에게 공짜로 집이 <u>생겼다</u>.

③ 결국 나의 계획에 지장이 <u>생겼다</u>.

④ 그녀는 아주 이국적으로 <u>생겼다</u>.

☆☆☆ **0순위 최빈출 어휘** **353. 지향**(志向)	**志** 뜻 **지**, **向** 향할 **향** 어떤 목표로 뜻이 쏠리어 향함. 또는 그 방향이나 그쪽으로 쏠리는 의지. **예** 평화 통일 <u>지향</u>.
☆☆☆ **0순위 최빈출 어휘** **354. 직시**(直視)	**直** 곧을 **직**, **視** 볼 **시** ① 정신을 집중하여 어떤 대상을 똑바로 봄. 　**예** 그동안 한 번도 서로의 표정을 <u>직시</u>하지 못했다. ② 사물의 진실을 바로 봄. 　**예** 지금 우리에게는 현실의 <u>직시</u>가 필요하다.
355. 진가(眞假)	**眞** 참 **진**, **假** 거짓 **가** 진짜와 가짜를 아울러 이르는 말. **예** <u>진가</u>를 분간하다.
356. 진면목(眞面目)	**眞** 참 **진**, **面** 낯 **면**, **目** 눈 **목** 본디부터 지니고 있는 그대로의 상태. **예** 이번 국악 공연에서는 판소리의 <u>진면목</u>을 볼 수 있다.
☆☆☆ **0순위 최빈출 어휘** **357. 진부**(陳腐)	**陳** 베풀 **진**, **腐** 썩을 **부** 사상, 표현, 행동 따위가 낡아서 새롭지 못함. **예** <u>진부</u>한 이야기.
358. 진상(眞相)	**眞** 참 **진**, **相** 서로 **상** 사물이나 현상의 거짓 없는 모습이나 내용. **예** <u>진상</u>을 파악하다.
359. 진위(眞僞)	**眞** 참 **진**, **僞** 거짓 **위** 참과 거짓 또는 진짜와 가짜를 통틀어 이르는 말. **예** <u>진위</u>를 판단하다.
360. 진작(振作)	**振** 떨칠 **진**, **作** 지을 **작** 떨쳐 일어남. 또는 떨쳐 일으킴. **예** 사기 <u>진작</u>을 위해 노력하다.
361. 진척(進陟)	**進** 나아갈 **진**, **陟** 오를 **척** 일이 목적한 방향대로 진행되어 감. **예** 빠른 <u>진척</u>을 보이다.

정답및해설 p. 330

1. (　)에 들어갈 말을 〈보기〉에서 찾아 문맥에 맞게 넣으시오.

㉠ 지향(志向)	㉡ 직시	㉢ 진가	㉣ 진면목	㉤ 진부

❶ 사회적 이슈를 (　　)하지 않으면 해결책을 찾기 어려울 것이다.

❷ 팀워크의 (　　)은/는 어려운 상황에서 서로의 지원과 협력을 통해 나타난다.

❸ 혁신적인 기술 개발을 (　　)하며 모든 자원을 새로운 연구에 투자하고 있다.

❹ 새로운 기술의 (　　)을/를 알아내다면 기업의 경쟁력이 크게 향상될 수 있다.

❺ 이 광고 캠페인은 (　　)한 아이디어로 인해 소비자들의 관심을 끌지 못했다.

정답및해설 p. 330

2. (　)에 들어갈 말을 〈보기〉에서 찾아 문맥에 맞게 넣으시오.

㉠ 진상	㉡ 진위	㉢ 진작	㉣ 진척

❶ 사건의 (　　)을/를 파악하지 않고 조급하게 결론을 내리는 것은 바람직하지 않다.

❷ 상사가 직원들의 사기 (　　)을/를 위해 연말에 성과 보너스를 지급하기로 결정했다.

❸ 사업 계획의 (　　)이/가 예상보다 더디게 진행되어 추가적인 자원이 필요할 수 있다.

❹ 그 문서의 (　　)을/를 확인하기 위해 전문가의 감정이 필요하다.

❺ 계약서의 (　　)이/가 의심되자, 법률 상담을 통해 그 진실성을 확인하기로 했다.

362. 질타(叱咤)	叱 꾸짖을 질, 咤 꾸짖을 타
	큰 소리로 꾸짖음.
	예 그는 주위의 반대와 <u>질타</u>를 감수하며 이혼을 했다.

363. 집약(集約)	集 모을 집, 約 맺을 약
	한데 모아서 요약함.
	예 국력을 최우선 과제에 <u>집약</u>하다.

364. 집요(執拗)	執 잡을 집, 拗 우길 요
	몹시 고집스럽고 끈질김.
	예 경찰이 범인을 <u>집요</u>하게 추적하다.

365. 징발(徵發)	徵 부를 징, 發 필 발
	① 남에게 물품을 강제적으로 모아 거둠.
	예 전쟁이 시작되고 나서 백성들의 물자의 <u>징발</u>을 시작했다.
	② 국가에서 특별한 일에 필요한 사람이나 물자를 강제로 모으거나 거둠.
	예 전쟁이 나자 개인의 물품까지도 <u>징발</u>되었다.

366. 징수(徵收)	徵 부를 징, 收 거둘 수
	① 나라, 공공 단체, 지주 등이 돈, 곡식, 물품 따위를 거두어들임.
	예 공물 <u>징수</u>.
	② 행정 기관이 법에 따라서 조세, 수수료, 벌금 따위를 국민에게서 거두어들이는 일.
	예 정부는 세금을 공정하게 <u>징수</u>하여야 한다.

✿✿✿ 중간 빈출 어휘 **367. 징표**(徵標)	徵 부를 징, 標 표할 표
	어떤 것과 다른 것을 드러내 보이는 뚜렷한 점.
	예 시대가 달라지고 있다는 <u>징표</u>를 도처에서 잘 볼 수 있다.

빈/칸/문/제

정답 및 해설 p. 330

1. ( )에 들어갈 말을 〈보기〉에서 찾아 문맥에 맞게 넣으시오.

㉠ 질색 ㉡ 질의 ㉢ 질타 ㉣ 징발

❶ 이번 프로젝트의 실패에 대해 관리자들은 팀원들에게 강한 ( )을/를 보냈다.

❷ 공공기관의 정책 변경에 대해 시민들이 ( )을/를 많이 제기하고 있다.

❸ 직원들이 업무를 소홀히 한 것에 대해 고객들로부터 ( )을/를 받았다.

❹ 그 음식의 냄새에 ( )을/를 해서 도저히 먹을 수가 없었다.

❺ 군대는 필요한 물자를 확보하기 위해 지역 주민들에게 물품을 ( )했다.

※ **질색**(窒塞 : 窒 막힐 질 塞 변방 새) : 몹시 싫거나 놀라서 기막힐 지경에 이름.
 질의(質疑 : 質 바탕 질 疑 의심할 의) : 의심나거나 모르는 점을 물어 밝힘.

빈/칸/문/제

정답 및 해설 p. 330

2. ( )에 들어갈 말을 〈보기〉에서 찾아 문맥에 맞게 넣으시오.

㉠ 집요 ㉡ 집약 ㉢ 징수 ㉣ 징표

❶ 그는 목표를 달성하기 위해 ( )하게 노력하며 포기하지 않았다.

❷ 이 식물의 붉은 꽃은 다른 식물들과 구별되는 중요한 ( )이다.

❸ 세금 ( ) 과정에서 발생하는 문제를 해결하기 위해 새로운 시스템을 도입할 계획이다.

❹ 이 보고서는 지난 몇 년간의 데이터를 ( )하여 작성된 것이다.

❺ 사건의 진상을 밝혀내기 위해 기자는 끝까지 ( )한 취재를 계속했다.

천기누설 혜선팍
세트형 독해+어휘

DAY 09

368. 차질(蹉跌)	蹉 미끄러질 **차**, 跌 거꾸러질 **질** 하던 일이 계획이나 의도에서 벗어나 틀어지는 일. 📕 계획에 <u>차질</u>이 생기다.
369. 착란(錯亂)	錯 어긋날 **착**, 亂 어지러울 **란(난)** 어지럽고 어수선함. 📕 잠을 못 잔 그는 <u>착란</u>을 일으키다.
✩✩✩✩ **0순위 최빈출 어휘** **370. 착안(着眼)**	着 붙을 **착**, 眼 눈 **안** 어떤 일을 주의하여 봄. 또는 어떤 문제를 해결하기 위한 실마리를 잡음. 📕 이 얼마나 기상천외의 <u>착안</u>을 끝내 해낸 것입니까. ≪장용학, 요한 시집≫
✩✩✩✩ **0순위 최빈출 어휘** **371. 착오(錯誤)**	錯 어긋날 **착**, 誤 그르칠 **오** 착각을 하여 잘못함. 또는 그런 잘못. 📕 담당자의 <u>착오</u>로 문제가 발생하였다.
✩✩✩✩ **0순위 최빈출 어휘** **372. 찬동(贊同)**	贊 도울 **찬**, 同 한가지 **동** 어떤 행동이나 견해 따위가 옳거나 좋다고 판단하여 그에 뜻을 같이함. 📕 조직원들은 내 계획에 <u>찬동</u>의 뜻을 표시했다.
373. 참상(慘狀)	慘 참혹할 **참**, 狀 형상 **상** 비참하고 끔찍한 상태나 상황. 📕 전쟁의 <u>참상</u>.
374. 참작(參酌)	參 참여할 **참**, 酌 참작할 **작** 이리저리 비추어 보아서 알맞게 고려함. 📕 인륜을 저버린 패륜아에겐 <u>참작</u>이 있을 수 없다.
✩✩✩✩ **0순위 최빈출 어휘** **375. 참회(懺悔)**	懺 뉘우칠 **참**, 悔 뉘우칠 **회** ① 자기의 잘못에 대하여 깨닫고 깊이 뉘우침. 　📕 <u>참회</u>의 눈물 ② 신이나 부처 앞에서 자기의 죄를 회개하고 용서를 빎. 　📕 그는 교회에 가사 <u>참회</u>의 시간을 가졌다.

정답 및 해설 p. 331

1. (   )에 들어갈 말을 〈보기〉에서 찾아 문맥에 맞게 넣으시오.

㉠ 차질	㉡ 착란	㉢ 착안	㉣ 착오

❶ 이 사업 계획은 최근의 소비 트렌드에 (   )하여 설계되었다.

❷ 비행기 운항에 (   )이/가 생기면서 많은 승객들이 공항에서 대기하고 있다.

❸ 갑작스러운 인력 부족으로 인해 생산 일정에 (   )이/가 빚어졌다.

❹ 연락처를 잘못 입력하여 중요한 정보를 전달하지 못한 것은 명백한 (   )이다.

❺ 감정적인 (   )로/으로 인해 중요한 결정을 내리는 데 어려움을 겪고 있다.

정답 및 해설 p. 331

2. (   )에 들어갈 말을 〈보기〉에서 찾아 문맥에 맞게 넣으시오.

㉠ 찬동	㉡ 참상	㉢ 참작	㉣ 참회

❶ 그의 의견에 (   )하며 팀원들은 추가적인 연구를 진행하기로 했다.

❷ 전쟁의 (   )을/를 생생하게 담은 사진들은 많은 사람들에게 큰 충격을 주었다.

❸ 과거의 실수에 대한 (   )로/으로 인해 그는 매일 자원봉사에 참여하고 있다.

❹ 회사의 정책을 위반한 후, 그는 (   )의 의미로 직원들에게 공개적으로 사과했다.

❺ 법원은 피고의 개인적 사정을 (   )하여 형량을 감경했다.

정답 및 해설 p. 331

[1~2] 다음 글을 읽고 물음에 답하시오.

알파파와 베타파는 인체에 해를 입히는 방사선으로 알파파는 핵자, 베타파는 전자로 ㉠ 이루어져 있다. 방사선을 인체에 쏘이면 알파파와 베타파가 인체 구성 원자의 핵자, 전자와 충돌하여 파괴하므로 사망에 이른다. 방사선을 내뿜는 물질을 방사능 물질이라 하며 핵발전은 방사능 물질 분열 과정에서 열과 방사선을 내뿜는 것에 ㉡ 주의하여 보아 이를 원료로 에너지를 생산하는 것이다.

반감기는 어떤 물질의 구성 성분이 반이 되는데 걸리는 시간이다. 핵발전의 주요 원료이자 치명적 방사선을 내뿜는 플루토늄의 반감기는 2만4천 년에 달한다. 이런 이유로 세계 각국은 핵발전 이후 ㉢ 생겨난 방사능물질인 핵폐기물 처리 문제로 고심하고 있다. 일부에서 핵폐기물을 유리로 굳힌 후 영구 매립방안을 검토했으나 매립지 주변 환경 오염 우려로 실행하지 못했다. 현재 핵폐기물의 처리는 방사능 물질의 분열을 억제하는 붕소를 투입해 핵발전소 내에 ㉣ 그대로 둔 수준으로 이루어지고 있다.

1. 윗글의 내용을 추론한 것으로 적절한 것은?
① 방사선은 인체 구성 원자를 고열로 파괴한다.
② 플루토늄은 방사능 물질은 아니나 방사선을 방출한다.
③ 핵폐기물은 인체 구성 원자의 핵자를 파괴하지 못한다.
④ 붕소의 투입은 알파파와 베타파의 방출을 억제한다.

2. ㉠~㉣과 바꿔쓸 수 있는 유사한 표현으로 적절하지 않은 것은?
① ㉠: 구성되어
② ㉡: 착안해
③ ㉢: 생성된
④ ㉣: 방관한

정답 및 해설 p. 332

3. 문맥상 ㉠의 의미와 가장 가까운 것은?

> 지하철에 두고 내렸던 가방을 분실물 보관소에서 ㉠ <u>찾았다</u>.

① 감기로 병원을 <u>찾는</u> 환자가 부쩍 늘었다.

② 시민 단체들은 민족의 뿌리를 <u>찾는</u> 운동을 전개하고 있다.

③ 이 회사에 대한 자세한 정보는 컴퓨터에서 관련 사이트를 <u>찾으면</u> 된다.

④ 우리 민족은 해방이 되자 비로소 일제에게 빼앗겼던 주권을 <u>찾을</u> 수 있었다.

376. 창달(暢達)	暢 펼 창, 達 통달할 달 ① 의견, 주장, 견해 따위를 거리낌이나 막힘이 없이 자유롭게 표현하고 전달함. 예 민의를 <u>창달</u>하는 데는 언론의 역할이 중요하다. ② 거침없이 쑥쑥 뻗어 나감. 또는 그렇게 되게 함. 예 지역 문화를 <u>창달</u>하다.
377. 창안(創案)	創 비롯할 창, 案 책상 안 어떤 방안, 물건 따위를 처음으로 생각하여 냄. 또는 그런 생각이나 방안. 예 <u>창안</u>에 몰두하다.
378. 창출(創出)	創 비롯할 창, 出 날 출 전에 없던 것을 처음으로 생각하여 지어내거나 만들어 냄. 예 새로운 국가 지도력의 <u>창출</u>.
✕ 난이도 조절용 어휘 **379. 채산(採算)**	採 캘 채, 算 셈 산 ① 수입과 지출을 맞추어 계산함. 또는 그 계산 내용. 예 한국 고전 총서 기획은 <u>채산</u>에는 맞지 않는 일이다. ② 원가에 비용, 이윤 따위를 더하여 파는 값을 정함. 또는 그렇게 이익이 있도록 맞춘 계산 내용. 예 <u>채산</u>이 나빠지다.
✕✕✕ 0순위 최빈출 어휘 **380. 책정(策定)**	策 꾀 책, 定 정할 정 계획이나 방책을 세워 결정함. 예 사원들의 휴가비는 미리 <u>책정</u>을 해 두었다.
✕✕✕ 0순위 최빈출 어휘 **381. 척결(剔抉)**	剔 바를 척, 抉 도려낼 결 나쁜 부분이나 요소들을 깨끗이 없애 버림. 예 비리의 <u>척결</u>.
382. 척박(瘠薄)	瘠 여윌 척, 薄 엷을 박 땅이 기름지지 못하고 몹시 메마름. 예 토양이 <u>척박</u>하다.
✕✕ 중간 빈출 어휘 **383. 첨언(添言)**	添 더할 첨, 言 말씀 언 덧붙여 말함. 예 내 주변으로 떼를 지어 몰려오던 저 우매한 대중 따위들을 매도하고 있다는 사실도 미리 <u>첨언</u>해 두어야겠다. ≪김원우, 짐승의 시간≫

정답 및 해설 p. 332

1. (   )에 들어갈 말을 〈보기〉에서 찾아 문맥에 맞게 넣으시오.

㉠ 창달　　　㉡ 창안　　　㉢ 척박　　　㉣ 채산

❶ 회사는 최근에 출시한 제품의 (　　　)을/를 면밀히 검토하여 가격 조정을 고려하고 있다.

❷ 효율적인 업무 관리를 위해 회사는 (　　　)한 새로운 소프트웨어를 도입했다.

❸ 지역 사회는 민족 문화의 (　　　)을/를 위한 축제와 행사들을 개최하여 전통을 기리고 있다.

❹ (　　　)한 땅에서는 농작물이 자라기 어려워 농사에 큰 어려움을 겪고 있다.

❺ 이 지역은 (　　　)한 환경으로 인해 농업 개발이 어려워 농부들이 고생하고 있다.

빈/칸/문/제

정답 및 해설 p. 332

2. (   )에 들어갈 말을 〈보기〉에서 찾아 문맥에 맞게 넣으시오.

㉠ 책정　　　㉡ 척결　　　㉢ 창출　　　㉣ 첨언

❶ 정부는 일자리 (　　　)을/를 위해 다양한 지원 정책과 프로그램을 도입하고 있다.

❷ 이번 프로젝트의 예산을 (　　　)할 때는 모든 예상 비용을 꼼꼼히 검토해야 한다.

❸ 회의 중 논의된 사항에 대해 (　　　)하면서 추가적인 의견을 덧붙였다.

❹ 이번 여름 휴가를 맞이하여 사원들의 휴가비는 미리 (　　　)을/를 해 두었다.

❺ 회사는 내부 비리를 (　　　)하기 위해 투명한 감사 시스템을 도입했다.

정답 및 해설 p. 332~333

[1~2] 다음 글을 읽고 물음에 답하시오.

프로테스탄트 종교 개혁은 중세 교회와 교황의 권위를 부정하고 성서와 신앙의 우위를 ㉠ <u>세우는</u> 운동이었다. 종교개혁가 루터는 '오직 믿음', '오직 은총', '오직 성서'를 종교 개혁의 정신으로 삼았다. 그는 교회의 권위와 예배 의식보다 개인의 신앙이 중요하다고 주장하며, 성서만이 최고의 권위임을 강조했다. 루터는 모든 신앙인이 곧 성직자이자 사제라는 만인 사제주의를 주장했다. 그의 사상은 개인의 권리를 ㉡ <u>두둔하고</u> 양심의 자유를 확립하며 근대 자유주의의 발전에 ㉢ <u>이바지했다</u>. 반면, 칼뱅은 인간의 구원이 신의 의지에 의해 예정되어 있으며, 사제나 교황이 신의 예정된 구원을 바꿀 수 없다고 주장했다. 그는 구원에 대한 확신을 가지고 근면 성실한 생활을 함으로써 신의 소명인 직업에서 성공하는 것이 구원의 현세적 징표라고 보았다. 칼뱅의 사상은 근대 자본주의 정신의 ㉣ <u>이룩</u>에 영향을 주었다. 루터와 칼뱅은 모두 종교 개혁의 주축을 이루며 중세 교회의 권위에 도전하고 새로운 신앙의 방향을 제시했다. 그러나 루터는 개인의 신앙과 성서의 권위를 강조한 반면, 칼뱅은 예정설과 직업 소명설을 통해 근대 사회의 윤리와 경제적 발전에 큰 영향을 미쳤다.

1. 다음 글에 대해 평가한 내용으로 적절하지 않은 것은?

① 성서 연구를 통해 교회의 전통보다 성서가 최고의 권위임이 확정된다면, 이는 루터의 주장을 강화한다.

② 사제나 교황이 인간의 구원을 바꿀 수 없다는 연구 결과가 나온다면, 이는 칼뱅의 주장을 강화한다.

③ 양심의 자유가 개인의 신앙을 해치고 교회의 권위를 강화하는 사례가 축적된다면, 이는 칼뱅의 주장을 약화한다.

④ 개인의 신앙보다 교회의 집단적 의식이 더욱 중요함이 입증된다면, 이는 루터의 주장을 약화한다.

2. ㉠~㉣과 바꿔쓸 수 있는 유사한 표현으로 적절하지 않은 것은?

① ㉠: 확정하려는   ② ㉡: 옹호하고

③ ㉢: 기여했다   ④ ㉣: 형성

정답 및 해설 p. 333

3. 문맥상 ㉠의 의미와 가장 가까운 것은?

> 심사 위원들은 이번에 응시한 수험생들에 대해 대체로 높은 평가를 ㉠ 내렸다.

① 선반 위에서 상자를 내려 어깨에 걸치고 천천히 밖으로 나갔다.

② 선행을 한 사람에게 훈장을 내렸다.

③ 형사는 그 남자의 친구가 물건을 훔쳤을 것이라고 단정을 내렸다.

④ 전국에 단발령이 내리자 선비들이 들고일어났다.

	尖 뾰족할 **첨**, 銳 날카로울 **예**
✦✦✦ 중간 빈출 어휘 **384. 첨예**(尖銳)	① 날카롭고 뾰족함. 　**예** 송곳같은 <u>첨예</u>한 도구에 손을 찔렸다. ② 상황이나 사태 따위가 날카롭고 격함. 　**예** 이 소설은 인간 사회의 구조적 모순을 <u>첨예</u>하게 보여 주고 있다.
	天 하늘 **천**, 賦 부세 **부**, 的 과녁 **적**
✦✦✦✦ 0순위 최빈출 어휘 **385. 천부적**(天賦的)	태어날 때부터 지닌. **예** 그 사람은 남을 웃기고 즐겁게 하는 데에 <u>천부적</u>인 재능을 지녔다.
	致 이를 **치**, 命 목숨 **명**, 的 과녁 **적**
386. 치명적(致命的)	① 생명을 위협하는. 　**예** 출혈이 너무 심했고 상처가 너무 <u>치명적</u>이었습니다. 　　　　　　　　　　　　　　　　　《홍성원, 육이오》 ② 일의 흥망, 성패에 결정적으로 영향을 주는. 　**예** 공장의 화재는 그에게 <u>치명적</u>인 손실을 입혔다.
	淸 맑을 **청**, 算 셈 **산**
✦✦✦ 중간 빈출 어휘 **387. 청산**(淸算)	① 서로 간에 채무·채권 관계를 셈하여 깨끗이 해결함. 　**예** 빚 <u>청산</u>을 마쳤다. ② 과거의 부정적 요소를 깨끗이 씻어 버림. 　**예** 봉건 잔재의 <u>청산</u>. ③ 회사, 조합 따위의 법인이 파산이나 해산에 의하여 활동을 　정지하고 재산 관계를 정리하는 일.
	體 몸 **체**, 感 느낄 **감**
388. 체감(體感)	몸으로 어떤 감각을 느낌. **예** 밖을 나와보니 온도 변화를 <u>체감</u>할 수 있었다.
	體 몸 **체**, 得 얻을 **득**
✦✦✦ 0순위 최빈출 어휘 **389. 체득**(體得)	① 몸소 체험하여 알게 됨. 　**예** 실제 경험을 통한 <u>체득</u>이 중요하다. ② 뜻을 깊이 이해하여 실천으로써 본뜸. 　**예** 오직 마음으로부터 <u>체득</u>이 가능한 것이라고 말했다.

빈/칸/문/제

정답및해설 p. 333

1. (   )에 들어갈 말을 〈보기〉에서 찾아 문맥에 맞게 넣으시오.

㉠ 첨예	㉡ 천부적	㉢ 치명적

❶ (   )인 기억력 덕분에 그는 학습이 빠르고, 중요한 정보를 쉽게 암기할 수 있다.

❷ 정치적 갈등이 (   )해지면서 정부와 야당 간의 대립이 격화되었다.

❸ 사고에서 다친 부위가 (   )이라면 즉시 응급 처치가 필요하다.

❹ 그 질병은 조기에 치료하지 않으면 (   )일 수 있어 신속한 진단과 치료가 중요하다.

❺ 기업의 전략을 놓고 내부 팀 간의 의견 차이가 (   )하게 갈라져 조정이 필요하다.

빈/칸/문/제

정답및해설 p. 333

2. (   )에 들어갈 말을 〈보기〉에서 찾아 문맥에 맞게 넣으시오.

㉠ 청산	㉡ 체감	㉢ 체득

❶ 그는 오랜 시간의 훈련과 경험을 통해 그 기술을 (   )하게 되었다.

❷ 회사는 부채 문제를 해결하기 위해 (   ) 절차를 시작했다.

❸ 개인은 신용카드 부채를 (   )하기 위해 장기 상환 계획을 세우고 있다.

❹ 이 지역의 물가 상승률을 (   )하며 생활비가 크게 늘어났다는 것을 실감했다.

❺ 이론적인 지식만으로는 부족하므로, 실제 사례를 통해 (   )하는 것이 중요하다.

390. 체화(體化)	體 몸 체, 化 될 화 생각, 사상, 이론 따위가 몸에 배어서 자기 것이 됨. 예 무엇보다도 전문 기술의 <u>체화</u>가 가장 시급하게 해결되어야 한다.
★★★ `0순위 최빈출 어휘` **391. 초래(招來)**	招 부를 초, 來 올 래(내) 어떤 결과를 가져오게 함. 예 조직이 거대해지면 비능률을 <u>초래</u>하게 된다.
★★ `중간 빈출 어휘` **392. 초미(焦眉)**	焦 탈 초, 眉 눈썹 미 눈썹에 불이 붙었다는 뜻으로, 매우 급함을 이르는 말. 예 노사 양측의 견해차를 어떻게 좁히느냐가 <u>초미</u>의 관심사이다.
393. 초빙(招聘)	招 부를 초, 聘 부를 빙 예를 갖추어 불러 맞아들임. 예 외부 인사 <u>초빙</u>.
304. 초연(超然)	超 뛰어넘을 초, 然 그럴 연 어떤 현실 속에서 벗어나 그 현실에 아랑곳하지 않고 의젓함. 예 어느 누가 죽음 앞에 <u>초연</u>할 수 있을까?
395. 초췌(憔悴)	憔 파리할 초, 悴 파리할 췌 병, 근심, 고생 따위로 얼굴이나 몸이 여위고 파리함. 예 병자의 <u>초췌</u>한 얼굴.
★★★ `0순위 최빈출 어휘` **396. 초탈(超脫)**	超 뛰어넘을 초, 脫 벗을 탈 세속적인 것이나 일반적인 한계를 벗어남. 예 체념과 <u>초탈</u>의 경지에 이르다.
★★★ `0순위 최빈출 어휘` **397. 촉발(觸發)**	觸 닿을 촉, 發 필 발 ① 어떤 일을 당하여 감정, 충동 따위가 일어남. 또는 그렇게 되게 함. 예 그의 말은 오해를 <u>촉발</u>할 소지가 있었다. ② 닿거나 부딪쳐 폭발함. 또는 그렇게 폭발시킴. 예 <u>촉발</u> 장치를 이용하였다.

정답 및 해설 p. 334

1. ( )에 들어갈 말을 〈보기〉에서 찾아 문맥에 맞게 넣으시오.

㉠ 체화	㉡ 초래	㉢ 초미	㉣ 초빙

❶ 불법적인 행위는 법적 문제를 ( )할 수 있으므로 신중해야 한다.

❷ 환경 보호는 현재 사회에서 ( )의 관심사로 떠오르고 있다.

❸ 대학에서는 유명한 학자를 ( )하여 특별 강의를 진행하였다.

❹ 이론을 ( )하기 위해서 학습한 내용을 실제 업무에 적용해 보는 것이 중요하다.

❺ 과도한 스트레스는 건강에 심각한 문제를 ( )할 수 있으므로 적절한 관리가 필요하다.

정답 및 해설 p. 334

2. ( )에 들어갈 말을 〈보기〉에서 찾아 문맥에 맞게 넣으시오.

㉠ 초연	㉡ 초췌	㉢ 초탈	㉣ 촉발

❶ 영화의 감동적인 장면이 관객들의 눈물과 감정을 ( )시켰다.

❷ 과도한 스트레스로 인해 그녀의 얼굴은 ( )해 보였고, 피로가 눈에 띄었다.

❸ 승려는 세상의 번잡함에서 벗어나 ( )한 삶을 살기 위해 깊은 산속으로 들어갔다.

❹ 병원에서 장시간 대기한 후, 환자의 가족은 ( )한 얼굴로 소식을 기다리고 있었다.

❺ 위기 상황에서 ( )하게 대처하는 것이 리더의 중요한 자질 중 하나이다.

정답및해설 p. 334

1. 다음 글에서 추론할 수 있는 것만을 〈보기〉에서 모두 고르면?

러다이트 운동이란 1811~1817년 사이 영국 중부와 북부의 직물공업 지대에서 일어났던 기계파괴운동이다. 이 운동은 1811년 실존 인물인지조차 분명하지 않은 네드 러드(Ned Ludd) 장군의 편지가 노팅검에 있는 고용주들에게 보내진 것에서 시작되었다고 여겨진다. 임금 삭감과 비숙련 노동자 고용에 분개한 노동자들이 공장에 들어와 새 기계들을 파괴하기 시작했는데 초기 3주 사이에 파괴된 기계 수만 200대가 넘는다. 이들을 진압하기 위해 12,000명의 군인이 동원되었는데 이때의 노동운동은 새로운 종류의 급진주의적 노동운동이 생겨나는 계기가 되었다. 현대에 러다이트 운동은 일일 10시간 이하의 노동시간 보장, 공장법 제정 등 이후의 노동 환경에 큰 영향을 미친 최초의 노동 쟁의로 평가되지만, 톰슨이 복원시키기 전까지만 하더라도 이 운동은 역사에서 소멸된 운동으로 간주되었다.

러다이트 운동이 일어났을 당시 격렬한 저항과 처참한 죽음들이 있었기 때문에 운동의 목격자들에게 이것은 새로운 형태의 저항이 일어날지 모른다는 불안감을 촉발했다. 지배 계급의 입장에서 노동자들의 쟁의는 사회적 안정을 무너뜨리는 지표가 될 수 있기 때문에 제거되어야 하는 것이었다. 브론테는 <셜리>에서 러다이트 운동 경험의 공포를 드러내고 있다. 이 소설에서 로버트 무어는 새 기계를 도입하여 기계공업 체제의 공장을 가동하고 경제적 이익을 얻고자 한다. 이 과정에서 생겨난 수많은 실업자들은 강력하게 반발했지만, 산업 혁명기의 노동 계급은 존재를 부인당하는 존재였기 때문에 소설 속에서 이들의 반발은 부드럽게 받아들여지지 않는다. 흔히 러다이트 운동의 원인은 기계 도입과 이로 인한 실업이라고 이야기하지만, 직접적으로 폭동을 촉발한 원인은 곡물 가격의 상승으로 인한 굶주림이었다.

〔보기〕
ㄱ. 러다이트 운동은 현대 노동운동의 시초로 여겨지지만, 운동을 촉진한 인물이 누구인지는 밝혀지지 않았다.
ㄴ. 러다이트 운동의 직접적인 원인은 기계 도입과 이로 인한 실업이다.
ㄷ. 사회적 안정을 유지해야 했기 때문에 러다이트 운동은 제지되어야 하는 대상이었다.

① ㄱ, ㄴ   ② ㄱ, ㄷ
③ ㄴ, ㄷ   ④ ㄱ, ㄴ, ㄷ

정답 및 해설 p. 334

2. **문맥상 ㉠의 의미와 가장 가까운 것은?**

> 프로젝트의 실패로 인한 모든 책임을 ㉠ <u>안고</u> 그는 사임했다.

① 장과 꽃다발을 가슴에 <u>안고</u> 사진을 찍었다.

② 햇빛을 <u>안고</u> 운전을 하려니 눈이 시다.

③ 그는 가족의 빚을 모두 <u>안고</u> 열심히 일했다.

④ 그는 희망을 <u>안고</u> 대학에 들어갔다.

398. 촌음(寸陰)	寸 마디 촌, 陰 그늘 음
	매우 짧은 동안의 시간.
	예 **촌음**을 다투어 아들을 빨리 만나고 싶었다.
★★★ 0순위 최빈출 어휘 **399. 추론(推論)**	推 밀 추, 論 논할 론(논)
	미루어 생각하여 논함.
	예 확실한 증거가 없이 **추론**에 의해서만 결론을 내리는 것은 위험하다.
★★★ 0순위 최빈출 어휘 **400. 추상적(抽象的)**	抽 뽑을 추, 象 코끼리 상, 的 과녁 적
	① 어떤 사물이 직접 경험하거나 지각할 수 있는 일정한 형태와 성질을 갖추고 있지 않은. 예 **추상적** 그림.
	② 구체성이 없이 사실이나 현실에서 멀어져 막연하고 일반적인. 예 **추상적** 언급.
401. 추심(推尋)	推 밀 추, 尋 찾을 심
	찾아내어 가지거나 받아 냄.
	예 빚 **추심**을 당하던 그는 허겁지겁 도망을 갔다.
★★★ 0순위 최빈출 어휘 **402. 추이(推移)**	推 밀 추, 移 옮길 이
	일이나 형편이 시간의 경과에 따라 변하여 나감. 또는 그런 경향. 예 사건의 **추이**를 살피다.
403. 추종(追從)	追 쫓을 추, 從 좇을 종
	① 남의 뒤를 따라서 좇음. 예 그는 컴퓨터 분야에서는 타의 **추종**을 불허한다.
	② 권력이나 권세를 가진 사람이나 자신이 동의하는 학설 따위를 별 판단 없이 믿고 따름. 예 그는 권력자에게는 이유 불문하고 무조건 **추종**한다.
★★ 중간 빈출 어휘 **404. 취하(取下)**	取 가질 취, 下 아래 하
	신청하였던 일이나 서류 따위를 취소함. 예 소송 **취하**.
405. 취합(聚合)	聚 모을 취, 合 합할 합
	모아서 합침. 예 기사를 **취합**하여 정리하다.

정답 및 해설 p. 335

1. (   )에 들어갈 말을 〈보기〉에서 찾아 문맥에 맞게 넣으시오.

㉠ 촌음   ㉡ 추론   ㉢ 추상적   ㉣ 추심

❶ 사건이 발생한 (   )의 차이로 인해 결과가 크게 달라질 수 있다.

❷ 채무자가 자발적으로 채무를 갚지 않자, 채권자는 법적 (   ) 절차를 개시했다.

❸ 철학적 사유는 종종 (   )이며, 구체적인 현실 문제와의 연결이 어렵다.

❹ 학생들은 실험 결과를 분석하고, 그로부터 원리를 (   )하여 과학적 가설을 세웠다.

❺ 고객의 연체된 대금을 (   )하기 위해 회계팀이 여러 차례 연락을 시도했다.

정답 및 해설 p. 335

2. (   )에 들어갈 말을 〈보기〉에서 찾아 문맥에 맞게 넣으시오.

㉠ 추이   ㉡ 추종   ㉢ 취하   ㉣ 취합

❶ 법적 분쟁이 해결된 후, 당사자들은 합의에 따라 소송을 (   )하기로 했다.

❷ 주식 시장의 (   )을/를 분석하여 투자 결정을 내리는 데 참고하고 있다.

❸ 그 정치인은 많은 지지자들로부터 (   )을/를 받으며 강력한 영향력을 행사하고 있다.

❹ 최근 경제 상황의 (   )을/를 파악하기 위해 다양한 경제 지표를 분석하고 있다.

❺ 설문 조사 결과를 (   )하여 분석 보고서를 작성하는 작업이 진행되고 있다.

406. 치부(置簿) ☆☆☆ 0순위 최빈출 어휘 cf) 치부(恥部) : 부끄러운 부분	置 둘 치, 簿 문서 부 ① 금전이나 물건 따위가 들어오고 나감을 기록함. 또는 그런 장부. ② 마음속으로 그러하다고 보거나 여김. 예 사람들이 그를 미친 사람 치부를 하고 지낼 정도로 그는 괴팍했다.
407. 치장(治粧)	治 다스릴 치, 粧 단장할 장 잘 매만져 곱게 꾸밈. 예 그녀는 남자친구가 생기고 난 뒤로 치장에 신경을 쓴다.
408. 치하(致賀) ☆☆☆ 0순위 최빈출 어휘	致 이를 치, 賀 하례할 하 남이 한 일에 대하여 고마움이나 칭찬의 뜻을 표시함. 주로 윗사람이 아랫사람에게 한다. 예 과연 모정을 세운 것은 잘한 일이어서, 마을 사람들한테 좋은 일 했다고 치하도 받고…. ≪최명희, 혼불≫
409. 치환(置換) ☆☆☆ 0순위 최빈출 어휘	置 둘 치, 換 바꿀 환 바꾸어 놓음. 예 예술을 다른 형태로 치환하는 것은 어렵다.
410. 침윤(浸潤)	浸 잠길 침, 潤 불을 윤 ① 수분이 스며들어 젖음. 예 장마로 인해 방안의 벽지까지 물기로 침윤이 되어 버렸다. ② 사상이나 분위기 따위가 사람들에게 번져 나감. 예 시험에 떨어진 나는 심한 절망감에 침윤을 당하였다.
411. 침잠(沈潛)	沈 잠길 침, 潛 잠길 잠 ① 겉으로 드러나지 아니하게 물속 깊숙이 가라앉거나 숨음. ② 마음을 가라앉혀서 깊이 생각하거나 몰입함. 예 그의 글들은 모두 인간 영혼에 대한 침잠이다. ③ 분위기 따위가 가라앉아 무거움. 예 아득하고 무거운 침잠이 판철이와 이길수의 죽음을 생각나게 했다. ≪한승원, 해일≫

빈/칸/문/제

정답 및 해설 p. 335

1. (   )에 들어갈 말을 〈보기〉에서 찾아 문맥에 맞게 넣으시오.

> ㉠ 치장   ㉡ 치중   ㉢ 치하

❶ 집을 손님들을 맞이하기 전에 예쁘게 (   )해놓는 것이 중요한 일이다.

❷ 정부는 경제 성장보다는 환경 보호에 (   )하는 정책을 채택하였다.

❸ 회사는 장기 근속 직원들에게 (   )의 의미로 특별한 감사패를 수여했다.

❹ 대통령은 국가에 기여한 인물들에게 (   )의 뜻으로 훈장을 수여하는 연설을 했다.

빈/칸/문/제

정답 및 해설 p. 335

2. (   )에 들어갈 말을 〈보기〉에서 찾아 문맥에 맞게 넣으시오.

> ㉠ 치부(置簿)   ㉡ 치환   ㉢ 침윤   ㉣ 침잠

❶ 수학 문제에서 변수의 값을 (   )하여 새로운 방정식을 풀어야 했다.

❷ 시스템 업그레이드 과정에서 구형 소프트웨어를 최신 버전으로 (   )하였다.

❸ 우울한 기분에 (   )하여 일상적인 활동조차 힘들어하는 상태가 계속되었다.

❹ 그 문제를 사소한 일로 (   )하기보다는 신중하게 검토해야 한다고 생각한다.

❺ 방수 처리가 제대로 되지 않은 건물 벽에 물이 (   )하여 곰팡이가 발생했다.

Day 09

천기누설 헤선팍
세트형 독해+어휘

DAY 10

412. 쾌거(快擧)	快 쾌할 **쾌**, 擧 들 **거**
	통쾌하고 장한 행위. 예 쾌거를 이루다.
413. 쾌척(快擲)	快 쾌할 **쾌**, 擲 던질 **척**
	금품을 마땅히 쓸 자리에 시원스럽게 내놓음.
	예 김 회장의 이번 장학금 쾌척은 모교에 대한 사랑에서 비롯되었다.
☆☆☆☆ 0순위 최빈출 어휘 **414. 타개(打開)**	打 칠 **타**, 開 열 **개**
	매우 어렵거나 막힌 일을 잘 처리하여 해결의 길을 엶.
	예 현실 타개.
415. 타결(妥結)	妥 온당할 **타**, 結 맺을 **결**
	의견이 대립된 양편에서 서로 양보하여 일을 마무름.
	예 이미 많은 부분이 합의되었기 때문에 협상 타결은 시간문제이다.
416. 타도(打倒)	打 칠 **타**, 倒 넘어질 **도**
	어떤 대상이나 세력을 쳐서 거꾸러뜨림.
	예 동학군은 외세 타도를 주장했다.
☆☆☆ 중간 빈출 어휘 **417. 타성(惰性)**	惰 게으를 **타**, 性 성품 **성**
	오래되어 굳어진 좋지 않은 버릇. 또는 오랫동안 변화나 새로움을 꾀하지 않아 나태하게 굳어진 습성.
	예 타성에서 벗어나다.
418. 타진(打診)	打 칠 **타**, 診 진찰할 **진**
	남의 마음이나 사정을 미리 살펴봄.
	예 의사 타진.
☆☆☆☆ 0순위 최빈출 어휘 **419. 타파(打破)**	打 칠 **타**, 破 깨뜨릴 **파**
	부정적인 규정, 관습, 제도 따위를 깨뜨려 버림.
	예 입으론 계급의 타파를 부르짖으며 속으론 계급에 사로잡혀 있어.
	≪이병주, 지리산≫
☆☆☆☆ 0순위 최빈출 어휘 **420. 타협(妥協)**	妥 온당할 **타**, 協 화합할 **협**
	어떤 일을 서로 양보하여 협의함.
	예 타협이 이루어지다.

정답 및 해설 p. 336

1. (   )에 들어갈 말을 〈보기〉에서 찾아 문맥에 맞게 넣으시오.

㉠ 쾌거   ㉡ 쾌척   ㉢ 타개   ㉣ 타결   ㉤ 타도

❶ 회의에서 겪었던 갈등이 여러 차례의 논의와 조정 끝에 원만하게 (   )되었다.

❷ 영화가 해외 영화제에서 최고상을 수상한 것은 한국 영화계의 (   )로/으로 평가된다.

❸ 독재자 (   ) 운동이 벌어지고 있다.

❹ 기업은 재난 구호를 위해 막대한 금액을 (   )하며 사회적 책임을 다하고 있다.

❺ 어려운 경제 상황을 (   )하기 위해 정부는 여러 가지 경제 부양책을 시행하고 있다.

정답 및 해설 p. 336

2. (   )에 들어갈 말을 〈보기〉에서 찾아 문맥에 맞게 넣으시오.

㉠ 타성   ㉡ 타진   ㉢ 타파   ㉣ 타협

❶ 회사는 낡은 규정을 (   )하고 혁신적인 작업 방식을 도입하여 효율성을 높였다.

❷ 부부는 서로의 의견을 존중하고 (   )하여 가정의 문제를 해결하였다.

❸ 회의 중 의견 차이를 해소하기 위해 각 팀원들의 생각을 자세히 (   )했다.

❹ 조직이 (   )에 젖어 혁신적인 아이디어를 수용하는 데 어려움을 겪고 있다.

❺ 미신 (   )을/를 위해 과학적인 접근 방식을 채택해야 한다.

정답 및 해설 p. 336

1. 다음 글에서 토의 참여자의 말하기 방식에 대한 이해로 가장 적절한 것은? 2018 지방직 7급

> 사 회 자: 우리나라의 교통 체증 문제는 매우 심각합니다. 이에 대한 해결방안을
> 마련하고자 여러 분야의 권위자를 모셨습니다. 각자의 의견을 말씀해
> 주시겠습니까?
>
> 김 국 장: 교통 체증 문제는 승용차 10부제 실시로 해결할 수 있지 않을까요?
>
> 윤 사 장: 그것은 사업자 입장에서 아주 불만스러운 제도입니다. 재정이 좋은 사
> 업자는 번호판이 다른 차를 하나 더 구입하면 되겠지만, 영세한 사업자
> 들은 그렇게 하기 힘듭니다.
>
> 박 위 원: 버스 전용 차로제가 어떨까요? 이 제도가 잘 활용되면 승용차 이용자도
> 출퇴근 시간에 대중교통 수단을 이용할 것입니다.
>
> 김 국 장: 승용차 10부제가 실시되면 대중교통을 이용하는 사람이 늘 것으로 기대
> 됩니다. 승용차 이용을 제한하지 않고서는 교통 체증 문제를 해결하기
> 어렵습니다.
>
> 윤 사 장: 자본주의 국가에서 재산권의 침해가 과연 옳은지 생각해 봐야 합니다.
>
> 사 회 자: 서로 주장을 조금씩 양보하면 어떨까요? 예를 들어, 승용차 10부제에서
> 상업용은 제외하는 방안이 그것입니다.
>
> 윤 사 장: 상업용 승용차가 따로 있는 것은 아니지요. 사업하는 사람이 타고 다니
> 는 승용차는 어떤 의미에서 다 상업용이지요.
>
> 김 국 장: 어려움을 같이 감수해야 합니다. 모두 손해를 보지 않겠다고 한다면 어
> 떤 해결방안도 찾기 어렵습니다.
>
> 박 위 원: 두 분 말씀 모두 일리가 있다고 생각합니다. 대중교통 이용이 승용차 이
> 용보다 훨씬 편리하다고 생각하면 굳이 승용차를 이용하지 않을 것입니
> 다. 명절 귀성길에 시행했던 고속버스 전용 차로제의 효과가 그것을 증
> 명합니다.
>
> 사 회 자: 버스 전용 차로제에 대해서는 이의가 없군요. 이번 토의는 좋은 방안을
> 생각해 보자는 데 그 의의를 두었습니다. 승용차 10부제와 같이 미진한
> 안건에 대해서는 다음 번에 논의하도록 하겠습니다. 감사합니다.

① 사회자: 참여자의 의견을 수용하여 주제를 전환하고 있다.
② 김 국장: 상대방의 주장을 수긍하면서도 자신의 생각을 적극적으로 관철하고자 한다.
③ 윤 사장: 당면한 문제점을 부각하면서 타협의 가능성을 열어 놓고 있다.
④ 박 위원: 참여자의 의견을 경청하며 구체적인 대안을 제시하고 있다.

정답 및 해설 p. 337

2. **문맥상 ㉠의 의미와 가장 가까운 것은?**

> 그의 표정은 돌처럼 ㉠ 굳어 있었다.

① 운동을 적당히 하지 않으면 나이가 들수록 관절이 조금씩 굳는다.

② 밀가루 반죽을 오래 그냥 두면 딱딱하게 굳는다.

③ 꾸지람을 듣자 그의 얼굴은 곧 굳었다.

④ 한번 말버릇이 굳어 버리면 여간해서 고치기 어렵다.

421. 탄로(綻露)	綻 터질 **탄**, 露 이슬 **로(노)**
	숨긴 일을 드러냄. 예 범인들은 범행이 <u>탄로</u> 나자 도망했다.
422. 탄원(歎願)	歎 탄식할 **탄**, 願 원할 **원**
	사정을 하소연하여 도와주기를 간절히 바람. 예 재판소에 그의 석방을 <u>탄원</u>했다.
✿✿ 중간 빈출 어휘 423. 탈속(脫俗)	脫 벗을 **탈**, 俗 풍속 **속**
	① 부나 명예와 같은 현실적인 이익을 추구하는 마음으로부터 벗어남. 예 그에게서는 어딘가 <u>탈속</u>한 듯한 분위기가 느껴졌다. ② 속세를 벗어남.
424. 탈취(奪取)	奪 빼앗을 **탈**, 取 가질 **취**
	빼앗아 가짐. 예 열강의 이권 <u>탈취</u>에 저항하다.
✿✿ 중간 빈출 어휘 425. 탈피(脫皮)	脫 벗을 **탈**, 皮 겉(가죽) **피**
	일정한 상태나 처지에서 완전히 벗어남. 예 좌절과 침체에서 <u>탈피</u>하여 희망을 되찾다.
426. 탈환(奪還)	奪 빼앗을 **탈**, 還 돌아올 **환**
	빼앗겼던 것을 도로 빼앗아 찾음. 예 오랜 격전 끝에 고지의 <u>탈환</u>에 성공하였다.
427. 탐문(探問)	探 찾을 **탐**, 問 물을 **문**
	알려지지 않은 사실, 소식 따위를 알아내기 위하여 더듬어 찾아 물음. 예 범인 <u>탐문</u>을 시작하다.
✿✿✿ 0순위 최빈출 어휘 428. 태동(胎動)	胎 아이 밸 **태**, 動 움직일 **동**
	① 모태 안에서의 태아의 움직임. 예 아내의 아랫배에서는 <u>태동</u>이 있었다. ② 어떤 일이 생기려는 기운이 싹틈. 예 이 원대한 계획은 아직 <u>태동</u> 단계에 불과하다.
429. 토로(吐露)	吐 토할 **토**, 露 드러낼 **로**
	마음에 있는 것을 죄다 드러내어서 말함. 예 그것은 그의 가식 없는 심정의 <u>토로</u>였다.

정답 및 해설 p. 337

빈/칸/문/제

1. ( )에 들어갈 말을 〈보기〉에서 찾아 문맥에 맞게 넣으시오.

㉠ 탄로	㉡ 탄원	㉢ 탈속	㉣ 탈취	㉤ 탈피

❶ 그녀의 거짓말이 ( ) 난 후, 모든 사람의 신뢰를 잃었다.

❷ 그는 성공과 명예를 뒤로하고 완전한 ( )을/를 선택했다.

❸ 회사는 기존 브랜드 이미지의 ( )을/를 위해 새로운 디자인과 마케팅 전략을 채택했다.

❹ 회사 기밀이 ( )되면서 경영진은 보안 강화를 결정했다.

❺ 환경 보호 단체는 새로운 법안을 제정해달라는 ( )을/를 정부에 보냈다.

빈/칸/문/제

정답 및 해설 p. 337

2. ( )에 들어갈 말을 〈보기〉에서 찾아 문맥에 맞게 넣으시오.

㉠ 탈환	㉡ 탐문	㉢ 태동	㉣ 토로

❶ 그는 블로그에 자신의 경험과 감정을 ( )하며 많은 공감을 얻었다.

❷ 범죄 발생 후, 수사팀은 피해자의 친구와 가족들을 ( )하여 중요한 정보를 수집했다.

❸ 기자들은 사건의 진실을 파헤치기 위해 현장 주변 사람들을 철저히 ( )했다.

❹ 기업은 경쟁사에게 빼앗긴 시장 점유율을 ( )하기 위해 새로운 전략을 마련했다.

❺ 민주화 운동의 ( )은/는 학생들 사이에서부터 시작되었다.

Day 10

정답 및 해설 p. 337~338

[1~2] 다음 글을 읽고 물음에 답하시오.

고전파 음악은 어떤 음악인가? 서양 음악의 뿌리는 종교 음악에서 비롯되었다. 바로크 시대까지는 음악이 종교에 예속되어 있었으며, 음악가들 또한 종교에 예속되어 있었다. 고전파는 이렇게 종교에 예속되었던 음악을, 음악을 위한 음악으로 정립하려는 예술 운동에서 출발하였다. 따라서 종래의 신을 위한 음악에서 ㉠ 벗어나 형식과 내용의 일체화를 꾀하고 균형 잡힌 절대 음악을 ㉡ 좋았다. 즉 '신'보다는 '사람'을 위한 음악, '음악'을 위한 음악을 이루어 나가겠다는 굳은 결의를 보여 준 것이다.

또한 고전파 음악은 음악적 형식과 내용의 완숙을 이룬 음악이기도 하다. 이 시기에는 하이든, 모차르트, 베토벤 등 음악의 역사에서 가장 위대한 작곡가들이 ㉢ 나오기도 하였다. 이때에는 성악이 아닌 기악만으로도 음악이 가능하게 되었으며, 교향곡의 기본을 이루는 소나타 형식이 완성되었다. 특히 옛 그리스나 로마 때처럼 보다 ㉣ 바로잡힌 형식을 가진 음악을 해 보자고 주장하였기에 '옛것에서 배우자는 의미의 고전'과 '청정하고 우아하며 흐림 없음, 최고의 예술적 경지에 다다름으로서의 고전'을 모두 지향하게 되었다.

이렇듯 역사적으로 고전파 음악은 종교의 영역에서 음악 자체의 영역을 확보하였으며 최고 수준의 음악적 내용과 형식을 수립하였다. 고전파 음악이 서양 전통 음악 전체를 대표하게 된 것은 고전파 음악이 이룩한 역사적인 성과에서 비롯된 것일지도 모른다. 따라서 고전 음악의 개념을 이해하기 위해서는 고전파 음악의 성격과 특질에 대한 이해가 선행되어야 할 것이다.

1. 윗글의 글쓰기 전략으로 볼 수 없는 것은? 2019 국가직 9급
① 고전파 음악이 지닌 음악사적 의의를 밝힌다.
② 고전파 음악의 음악가를 예시하여 이해를 돕는다.
③ 고전파 음악의 특징이 형식과 내용의 분리에 있음을 강조한다.
④ 질문을 통해 화제를 제시함으로써 호기심을 유발한다.

2. ㉠~㉣과 바꿔쓸 수 있는 유사한 표현으로 적절하지 않은 것은?
① ㉠: 탈피해   ② ㉡: 추구하였다
③ ㉢: 배출되기도   ④ ㉣: 재편된

정답 및 해설 p. 338

3. 문맥상 ㉠의 의미와 가장 가까운 것은?

> 어른들은 아이가 말을 참 잘 ㉠ 듣는다며, 장래가 기대된다고 했다.

① 정치가는 국민의 소리를 들을 줄 알아야 한다.
② 그는 친구의 조언을 듣고 새로운 직업에 도전하기로 했다.
③ 나는 이번 학기에 여섯 과목을 들을 계획이다.
④ 말 잘 듣던 청소기가 오늘따라 왜 고장인지 모르겠다.

★★★ **0순위 최빈출 어휘** **430. 토속적(土俗的)**	土 흙 **토**, 俗 풍속 **속**, 的 과녁 **적** 그 지방에만 특유한 풍속을 닮은. 예 우리나라의 **토속적** 종교에는 불교가 있다.
431. 토착(土着)	土 흙 **토**, 着 붙을 **착** 대대로 그 땅에서 살고 있음. 또는 그곳에 들어와 정주함. 예 **토착** 신앙.
★★★ **0순위 최빈출 어휘** **432. 통념(通念)**	通 통할 **통**, 念 생각 **념(염)** 일반적으로 널리 통하는 개념. 예 가족에 대해 남다른 애정을 가진 것도 백정으로 낙인찍힌 신분을 바라 보는 사회적 **통념**에 대한 분노 때문이었다. ≪박경리, 토지≫
433. 통달(通達)	通 통할 **통**, 達 통달할 **달** 사물의 이치나 지식, 기술 따위를 훤히 알거나 아주 능란하게 함. 예 그 사람은 천문, 지리에 관해서는 모든 것을 **통달**했다.
434. 통솔(統率)	統 거느릴 **통**, 率 거느릴 **솔** 무리를 거느려 다스림. 예 철수가 부하들을 잘 **통솔**했다.
★★ **중간 빈출 어휘** **435. 통시적(通時的)**	通 통할 **통**, 時 때 **시**, 的 과녁 **적** 어떤 시기를 종적으로 바라보는. 예 **통시적** 연구.
★★★ **0순위 최빈출 어휘** **436. 통용(通用)**	通 통할 **통**, 用 쓸 **용** ① 일반적으로 두루 씀. 예 예전에 내간체는 규방에서나 **통용**하는 것으로 무시하기 일쑤였다. ② 서로 넘나들어 두루 씀. 예 요즘에 일부 청소년들은 '모범생'이란 말을 융통성이 없고 답답한 아이를 뜻하는 말로 **통용**하고 있다.
437. 통지(通知)	通 통할 **통**, 知 알 **지** 기별을 보내어 알게 함. 예 **통지**를 보내다.

빈/칸/문/제

정답 및 해설 p. 338

1. ( )에 들어갈 말을 〈보기〉에서 찾아 문맥에 맞게 넣으시오.

> ㉠ 토속적   ㉡ 토착   ㉢ 통념   ㉣ 통달   ㉤ 통솔

❶ ( )인 음식과 재료를 사용하여 지역 특유의 맛을 살린 요리이다.

❷ 회사의 발전을 위해 경영자는 조직의 모든 부서를 ( )하고 있다.

❸ 문학 작품의 깊은 의미를 ( )하는 것은 많은 독서와 분석을 요구한다.

❹ 많은 사람들이 건강한 식단이 반드시 맛이 없다는 ( )을/를 가지고 있다.

❺ ( ) 주민들은 오랜 세월 동안 이 지역에서 자신들의 전통과 문화를 지켜왔다.

빈/칸/문/제

정답 및 해설 p. 338

2. ( )에 들어갈 말을 〈보기〉에서 찾아 문맥에 맞게 넣으시오.

> ㉠ 통시적   ㉡ 통용   ㉢ 통지   ㉣ 퇴폐

❶ ( )되는 화폐 단위가 달라서 국제 거래에서 환전이 필요하다.

❷ 그 영화는 도덕적으로 ( )적인 내용을 담고 있어 논란을 일으켰다.

❸ 학교는 학생들에게 시험 일정 변경을 공식 ( )문으로 알렸다.

❹ 학교에서 사용하는 교과서의 용어는 전국적으로 ( )되는 표준 용어이다.

❺ 그 연구는 특정 사회 제도의 ( ) 발전을 추적하여 그 변천사를 밝히고 있다.

※ 퇴폐(頹廢 : 頹 무너질 퇴 廢 무너질 폐) : 쇠퇴하여 결딴남. 도의·풍속 등이 쇠퇴하여 문란해짐.

정답 및 해설 p. 338~339

[1~2] 다음 글을 읽고 물음에 답하시오.

20세기 전까지 예술은 일상적인 것을 벗어나는 초월적인 것이었다. 그러나 20세기에 접어들면서 초월적 세계가 아닌 일상 속의 예술을 ⊙ 나타내고자 하는 움직임이 나타났다. 이들은 ⓒ 일반적인 개념을 파괴하고 새로운 미적 기준을 ⓒ 보여줌으로써 감상자에게 충격을 주고자 했다. 이러한 예술 유파를 '아방가르드'라고 한다.

대표적 아방가르드 작가인 뒤샹은 소변기를 구입해 서명한 뒤, <샘>이라고 이름 붙여 그대로 출품하였다. 뒤샹은 이를 통해 예술가의 과제가 재료의 선택에 있다는 점을 강조하고자 했으며, 예술 작품이 예전처럼 예술가의 의지를 @ 나타내기만 하는 수동적 대상이 아니라는 것을 보여주고자 했다. 존 하트필드는 출처가 다른 부분들을 조합해서 새로운 전체를 창조하는 '포토몽타주' 기법을 선보였다. 기존 사진이 가지고 있는 본래의 의미를 파괴하고 이를 재료로 새로운 작품을 만드는 것은 기존 예술가의 권위에 대한 도전이기도 했다.

아방가르드 예술가들은 기존 예술이 추구했던 미덕과 미적 기준에 반기를 들면서, 오브제의 독창적 활용으로 관습에 도전하고자 했다. 그러나 아방가르드가 의도한 충격은 대중에게 그리 달갑지 않은 것이었다. 대중이 예술로부터 얻고자 하는 위안과 즐거움에 더 부합하는 것은 기존의 예술관이었기 때문이다.

1. 윗글에서 추론한 내용으로 적절한 것은?

① 아방가르드 유파는 일상 속의 예술을 구현하는 것보다 대중에게 충격을 주는 것을 중요시했을 것이다.

② 20세기의 대중은 예술 작품이 주는 위안보다 기존 예술가의 권위에 대한 도전이 주는 쾌감을 추구했을 것이다.

③ 뒤샹과 존 하트필드는 예술이 일상적인 것과는 다른 것이라고 생각했을 것이다.

④ 20세기 이전의 예술가들은 예술 작품의 재료보다 예술가의 의지가 중요한 것이라고 생각했을 것이다.

2. ⊙~@과 바꿔쓸 수 있는 유사한 표현으로 적절하지 않은 것은?

① ⊙: 구현하고자   ② ⓒ: 통념

③ ⓒ: 건의함으로써   ④ @: 반영하기만

정답 및 해설 p. 339

3. 문맥상 ㉠의 의미와 가장 가까운 것은?

> 그는 좌회전 신호를 ㉠ 받고 천천히 차의 속도를 높였다.

① 방송국은 요즘 여러 기업으로부터 수재 의연금을 받고 있다.

② 그는 친구의 배신으로 큰 충격을 받아 한동안 힘들어했다.

③ 생산지에서 물건을 받아다가 도시에서 팔면 이익이 배로 남는다.

④ 그녀는 기자들의 질문을 받고 침착하게 답변을 이어갔다.

☆☆☆☆ **0순위 최빈출 어휘** **438. 통찰(洞察)**	洞 밝을 **통**, 察 살필 **찰** 예리한 관찰력으로 사물을 꿰뚫어 봄. 圖 밝은 이성에 의한 깊은 **통찰**과 굳센 의지에 의한 조용한 인내를 그는 무엇보다도 강조한다. ≪안병욱, 사색인의 향연≫
439. 통첩(通牒)	通 통할 **통**, 牒 편지 **첩** 문서로 알림. 또는 그 문서. 圖 이 편지를 보고는 아주 단념해 주기를 바란다는 최후의 **통첩**을 띄웠다.
☆☆☆☆ **0순위 최빈출 어휘** **440. 투기(投機)**	投 던질 **투**, 機 틀 **기** ① 기회를 틈타 큰 이익을 보려고 함. 또는 그 일. 圖 그는 **투기** 혐의를 받고 공직에서 물러났다. ② 시세 변동을 예상하여 차익을 얻기 위하여 하는 매매 거래. 圖 전문적인 땅의 **투기**는 국민 경제에 심각한 타격을 줄 수 있다.
441. 투여(投與)	投 던질 **투**, 與 줄 **여** ① 약 따위를 환자에게 복용시키거나 주사함. 圖 환자에게 진통제를 **투여**하다. ② 돈이나 노력 따위를 어떤 일에 들임. 圖 은행의 부실을 막기 위한 공적 자금 **투여**가 확실시되고 있다.
442. 투영(投影)	投 던질 **투**, 影 그림자 **영** ① 물체의 그림자를 어떤 물체 위에 비추는 일. 또는 그 비친 그림자. 圖 두 명은 불빛들로 밝혀진 하늘에 그림자를 뚜렷하게 **투영**하고서 점차 블록 담 쪽으로 접근해 오고 있었다. ≪조선작, 영자의 전성시대≫ ② 어떤 상황이나 자극에 대한 해석, 판단, 표현 따위에 심리 상태나 성격을 반영함. 圖 그는 타인의 고통에 불행했던 자신을 **투영**하면서 위안을 얻는다.
443. 투척(投擲)	投 던질 **투**, 擲 던질 **척** 물건 따위를 던짐. 圖 그들은 막 낚싯줄의 **투척**을 끝낸 참이었다. ≪홍성암, 큰물로 가는 큰 고기≫

빈/칸/문/제

정답 및 해설 p. 340

1. ( )에 들어갈 말을 〈보기〉에서 찾아 문맥에 맞게 넣으시오.

㉠ 통찰	㉡ 통첩	㉢ 투기	㉣ 투여

❶ ( )을/를 통해 우리는 문제의 근본 원인을 이해하고 효과적인 해결책을 찾았다.

❷ 정부는 주식 시장의 ( )을/를 방지하기 위해 새로운 규제를 도입했다.

❸ 의사는 환자에게 필요한 약물을 정기적으로 ( )하기로 결정했다.

❹ 세무서는 납세자들에게 세금 납부 지연에 따른 ( )을/를 발송했다.

❺ ( )이/가 심화되면서 지역 주민들은 주택 가격 상승에 큰 부담을 느끼고 있다.

빈/칸/문/제

정답 및 해설 p. 340

2. ( )에 들어갈 말을 〈보기〉에서 찾아 문맥에 맞게 넣으시오.

㉠ 투영	㉡ 투척	㉢ 특채	㉣ 특화

❶ 시위대는 경찰에게 물통을 ( )하며 강력한 항의의 뜻을 나타냈다.

❷ 그의 개인적인 감정이 작품에 ( )되어 감동적인 메시지를 전달하고 있다.

❸ 구조대원은 구명조끼를 물에 빠진 사람에게 정확하게 ( )했다.

❹ 이 연구소는 인공지능 기술에 ( )되어 있으며, 최신 기술 개발에 주력하고 있다.

❺ 회사는 긴급히 필요한 전문 인력을 확보하기 위해 ( )을/를 진행했다.

※ **특채(特採 : 特 특별할 특 採 캘 채) : 특별히 채용함.**
　**특화(特化 : 特 특별할 특 化 될 화) : 한 나라의 산업 구조나 수출 구성에서, 특정 산업이나
　　　　　　　　　　　　　　　　　상품이 상대적으로 큰 비중을 차지하고 있는 상태.**

Day 10

정답 및 해설 p. 340~341

[1~2] 다음 글을 읽고 물음에 답하시오.

베이컨의 경험주의는 욕구와 감정을 도덕성의 근거로 ㉠ 삼지만, 데카르트의 이성주의는 이성을 도덕성의 근거로 삼는다. 이러한 차이로 인해 두 철학은 지식의 획득 방식과 도덕적 판단의 기준에서 상반된 입장을 보인다. 베이컨의 경험주의는 귀납적 방법을 통해 개별적 경험에서부터 일반적 원리를 ㉡ 이끌어낸다. 그에 따르면 인간의 본성은 백지 상태이며, 인간은 경험을 통해 지식을 얻을 수 있다. 경험주의는 감각적 경험을 중시하며, 관찰과 실험을 통해 얻는 지식이 중요하다고 보았다. 베이컨은 인간이 지닌 선입견과 편견이 자연을 있는 그대로 ㉢ 보지 못하게 만든다고 주장하였다. 데카르트의 이성주의는 연역적 방법을 통해 확실한 원리에서부터 이성적 추론을 통해 결론을 얻는 것이다. 데카르트에 따르면 인간의 본성에 이미 지식이 주어져 있으므로, 수학적 논리와 추론으로 ㉣ 얻는 지식이 중요하다고 보았다. 그는 의심할 수 없는 확실한 진리를 찾기 위해 모든 것을 의심해보는 방법적 회의를 강조했다. "나는 생각한다, 그러므로 나는 존재한다"라는 명제는 데카르트의 입장을 잘 보여준다.

1. 다음 글에 대해 평가한 내용으로 적절한 것은?

① 다양한 실험을 통해 관찰된 경험적 자료가 일반적 원리를 입증할 수 있다면, 이는 이성주의를 강화한다.

② 모든 것을 의심해보는 방법적 회의가 불필요한 혼란을 초래한 사례가 증가한다면, 이는 이성주의를 약화한다.

③ 연역적 방법을 통해 얻은 지식이 경험적 방법을 통해 얻은 지식보다 정확하다는 사례가 축적된다면, 이는 경험주의를 강화한다.

④ 감각적 경험이 잘못된 결론을 낳을 수 있다는 사실이 밝혀진다면, 이는 경험주의를 강화한다.

2. ㉠~㉣과 바꿔쓸 수 있는 유사한 표현으로 적절하지 않은 것은?

① ㉠: 간주하지만   ② ㉡: 도입한다

③ ㉢: 인식하지   ④ ㉣: 획득하는

정답 및 해설 p. 341

3. **문맥상 ㉠의 의미와 가장 가까운 것은?**

> 약을 먹고 나니 두통이 점점 ㉠ 가라앉아 평소처럼 일을 할 수 있었다.

① 매서운 기세로 치솟던 연기가 차츰 아래로 <u>가라앉았다</u>.
② 그 정경을 바라보면서 차츰 흥분이 <u>가라앉았다</u>.
③ 차가운 얼음찜질을 하자 발목의 부기가 빠르게 <u>가라앉았다</u>.
④ 갑작스러운 폭풍우로 인해 배가 물 밑으로 <u>가라앉았다</u>.

444. 파국(破局)	破 깨뜨릴 **파**, 局 판 **국**
	일이나 사태가 잘못되어 결딴이 남. 또는 그 판국.
	예 사태는 <u>파국</u>으로 치달았다.

✿✿✿ ◀ 0순위 최빈출 어휘 **445. 파급(波及)**	波 물결 **파**, 及 미칠 **급**
	어떤 일의 여파나 영향이 차차 다른 데로 미침.
	예 <u>파급</u>이 예상되다

446. 파렴치(破廉恥)	破 깨뜨릴 **파**, 廉 청렴할 **렴(염)**, 恥 부끄러울 **치**
	염치를 모르고 뻔뻔스러움.
	예 도둑이 되는 것도 끈기와 <u>파렴치</u>와 무엇보다도 용기가 필요한 법이다. ≪홍성원, 육이오≫

447. 파문(波紋)	波 물결 **파**, 紋 무늬 **문**
	① 수면에 이는 물결.
	예 물결이 <u>파문</u>을 그려냈다.
	② 어떤 일이 다른 데에 미치는 영향.
	예 그 선수는 스카우트 <u>파문</u>에 휩싸여 대회에 출전하지 못했다.

✿✿✿ ◀ 0순위 최빈출 어휘 **448. 파생(派生)**	派 물결 **파**, 生 날 **생**
	사물이 어떤 근원으로부터 갈려 나와 생김.
	예 우리 정계의 모든 비리는 돈 드는 정치에서 <u>파생</u>한 것이다.

449. 파열(破裂)	破 깨뜨릴 **파**, 裂 찢을 **렬(열)**
	깨어지거나 갈라져 터짐.
	예 그 환자는 장기 <u>파열</u>이 꽤 심각한 상태이다.

✿✿ ◀ 중간 빈출 어휘 **450. 파장(波長)**	波 물결 **파**, 長 길 **장**
	충격적인 일이 끼치는 영향 또는 그 영향이 미치는 정도나 동안을 비유적으로 이르는 말.
	예 그의 발언은 정가에 미묘한 <u>파장</u>을 불러일으켰다.

451. 파행(跛行)	跛 절름발이 **파**, 行 다닐 **행**
	일이나 계획 따위가 순조롭지 못하고 이상하게 진행됨을 비유적으로 이르는 말.
	예 그 일은 점점 <u>파행</u>으로 치달았다.

빈/칸/문/제

정답 및 해설 p. 341

1. (   )에 들어갈 말을 〈보기〉에서 찾아 문맥에 맞게 넣으시오.

㉠ 파국 ㉡ 파급 ㉢ 파렴치 ㉣ 파문

❶ 낚시를 드리우자 그 주변으로 조용한 (   )이/가 일었다.

❷ 그의 발언은 정치적인 (   ) 효과를 일으켜 여러 논란을 불러일으켰다.

❸ 부정부패를 저지른 공직자의 (   )한 태도에 시민들은 분노했다.

❹ 재난 뉴스는 빠르게 확산되어 사회 전반에 큰 (   )을/를 가져왔다.

❺ 정부의 경제 정책 실패로 인해 국가 경제는 (   )에 이르렀다.

빈/칸/문/제

정답 및 해설 p. 341

2. (   )에 들어갈 말을 〈보기〉에서 찾아 문맥에 맞게 넣으시오.

㉠ 파생 ㉡ 파열 ㉢ 파장 ㉣ 파행

❶ 폭발 사고로 인해 건물의 유리창이 모두 (   )되었다.

❷ 이 새로운 기술은 기존의 연구 결과에서 (   )된 혁신적인 아이디어이다.

❸ 예산 부족으로 인해 프로젝트가 계획대로 진행되지 않고 (   ) 상태에 있다.

❹ 노사 간의 합의가 이루어지지 않아 협상이 (   )을/를 겪고 있다.

❺ 그 유명 인사의 발언은 사회 전반에 큰 (   )을/를 일으켰다.

☆☆☆ 0순위 최빈출 어휘 **452. 판독(判讀)**	判 판단할 **판**, 讀 읽을 **독** 어려운 문장이나 암호, 고문서 따위를 뜻을 헤아리며 읽음. 예 암호 <u>판독</u>.
453. 패권(覇權)	覇 으뜸 **패**, 權 권세 **권** ① 어떤 분야에서 우두머리나 으뜸의 자리를 차지하여 누리는 공인된 권리와 힘. 예 장보고는 청해진을 중심으로 한 해상 무역의 <u>패권</u>을 잡게 되었다. ② 국제 정치에서, 어떤 국가가 경제력이나 무력으로 다른 나라를 압박하여 자기의 세력을 넓히려는 권력. 예 우리나라 국토의 분단은 대륙 세력과 해양 세력 간의 <u>패권</u> 경쟁의 결과이다.
454. 패륜(悖倫)	悖 거스를 **패**, 倫 인륜 **륜(윤)** 인간으로서 마땅히 하여야 할 도리에 어그러짐. 또는 그런 현상. 예 요즈음 부모, 형제, 자식마저도 버리는 <u>패륜</u>을 저지르는 이가 많다.
455. 패악(悖惡)	悖 거스를 **패**, 惡 악할 **악** 사람으로서 마땅히 하여야 할 도리에 어그러지고 흉악함. 예 <u>패악</u>을 떨다.
456. 편견(偏見)	偏 치우칠 **편**, 見 볼 **견** 공정하지 못하고 한쪽으로 치우친 생각. 예 기성세대 중에는 아직도 대중문화가 다소 천박하다는 <u>편견</u>을 가진 사람들이 있다.
☆☆☆ 0순위 최빈출 어휘 **457. 편재(偏在)**	偏 치우칠 **편**, 在 있을 **재** 한곳에 치우쳐 있음. 예 이윤의 <u>편재</u>.
458. 편집증(偏執症)	偏 치우칠 **편**, 執 잡을 **집**, 症 증세 **증** 체계가 서고 조직화된 이유를 가진 망상을 계속 고집하는 정신병. 예 일종의 <u>편집증</u> 비슷한 성벽은 특정한 사람에 대한 지나친 애증의 집착으로 나타났다.

빈/칸/문/제

정답 및 해설 p. 341

1. (   )에 들어갈 말을 〈보기〉에서 찾아 문맥에 맞게 넣으시오.

㉠ 판독   ㉡ 패권   ㉢ 패륜   ㉣ 편집증

❶ (   )을/를 쥐기 위한 정치적 전략이 국제 사회에서 중요한 역할을 하고 있다.

❷ (   )을/를 앓고 있는 환자는 주변 사람들의 무해한 행동도 의심스럽게 여긴다.

❸ 이 문서의 (   )이/가 어려워 보안 전문가가 세밀하게 분석하고 있다.

❹ 기상 관측소는 위성 데이터를 (   )하여 날씨 예보를 작성한다.

❺ 그의 부모에 대한 (   )적인 행동은 사회적으로 큰 비난을 받았다.

빈/칸/문/제

정답 및 해설 p. 341

2. (   )에 들어갈 말을 〈보기〉에서 찾아 문맥에 맞게 넣으시오.

㉠ 편견   ㉡ 편재   ㉢ 패악

❶ 사회적 (   )이/가 취업 기회에 영향을 미쳐 많은 사람들이 불이익을 겪고 있다.

❷ 이 나라의 부와 권력이 수도에 (   )되어 있어 지방의 발전이 뒤처지고 있다.

❸ 고용 기회가 대도시에 (   )되어 있어 지방의 청년들은 일자리 찾기가 어렵다.

❹ 그의 부정적 행위는 (   )로/으로 간주되어 사회적으로 큰 비난을 받았다.

❺ 그는 출신 지역에 대한 (   ) 때문에 자주 불리한 대우를 받았다.

천기누설 혜선팍
세트형 독해+어휘

DAY
11

459. 편파적(偏頗的)

偏 치우칠 **편**, 頗 자못 **파**, 的 과녁 **적**

공정하지 못하고 어느 한쪽으로 치우친. 또는 그런 것.

예 기사가 지나치게 편파적이다.

☆☆☆ **0순위 최빈출 어휘**

460. 편협(偏狹)

偏 치우칠 **편**, 狹 좁을 **협**

한쪽으로 치우쳐 도량이 좁고 너그럽지 못함.

예 사고의 편협에서 벗어나다.

---

461. 폄하(貶下)

貶 낮출 **폄**, 下 아래 **하**

가치를 깎아내림.

예 신라의 정통성을 강조하기 위한 백제사의 폄하는 올바르지 않다.

---

462. 폄훼(貶毁)

貶 낮출 **폄**, 毁 헐 **훼**

남을 깎아내려 헐뜯음.

예 그녀에 대한 상상력은 항상 나의 조울증 습벽 때문에 과장과 폄훼가 따른다. ≪김원우, 짐승의 시간≫

---

463. 평정(平定)

平 평평할 **평**, 定 정할 **정**

반란이나 소요를 누르고 평온하게 진정함.

예 그 장수는 국경 지대의 평정에 성공하여 이름을 날리기 시작했다.

---

464. 평탄(平坦)

平 평평할 **평**, 坦 평평할 **탄**

① 바닥이 평평함.　예 평탄 대로에서 운전을 하다.
② 마음이 편하고 고요함.
　예 종상이는 아들의 심사가 평탄치 않다는 걸 눈치채고 언성을 높였다. ≪박완서, 미망≫
③ 일이 순조롭게 되어 나감.　예 사업이 어찌 평탄만 하겠니?

---

465. 폐기(廢棄)

廢 폐할 **폐**, 棄 버릴 **기**

① 못 쓰게 된 것을 버림.　예 폐기 처분.
② 조약, 법령, 약속 따위를 무효로 함.　예 법률의 폐기.

---

466. 포고(布告)

布 베 **포**, 告 고할 **고**

일반에게 널리 알림.

예 왕의 서거가 포고되었고 그로부터 이레 뒤엔 새 왕의 대관식이 있었다.

정답 및 해설 p. 342

1. ( )에 들어갈 말을 〈보기〉에서 찾아 문맥에 맞게 넣으시오.

> ㉠ 편파적   ㉡ 편협   ㉢ 폄하   ㉣ 폐기

❶ 재고가 남아 있는 제품은 기부나 ( )을/를 통해 처리한다.

❷ ( ) 시각에서 작성된 교과서는 학생들에게 균형 잡힌 교육을 제공하지 못한다.

❸ 그의 연구 성과를 ( )하는 비판은 근거가 부족하여 신뢰를 얻지 못했다.

❹ ( )한 시각으로 다른 사람의 경험을 평가하는 것은 올바른 판단을 어렵게 만든다.

❺ 사용이 끝난 전자제품은 환경에 미치는 영향을 고려하여 적절히 ( )해야 한다.

정답 및 해설 p. 342

2. ( )에 들어갈 말을 〈보기〉에서 찾아 문맥에 맞게 넣으시오.

> ㉠ 평정   ㉡ 평탄   ㉢ 폄훼   ㉣ 포고

❶ 도로의 포장이 ( )하여 차량이 편안하게 주행할 수 있다.

❷ 편파적인 언론 보도는 그 정치인의 업적을 ( )하려는 의도를 드러냈다.

❸ 반란 ( )에 공을 세운 사람들에게 상을 내렸다.

❹ 그의 삶은 최근 몇 년 동안 큰 문제 없이 ( )하게 흘러갔다.

❺ 학교는 학기 시작에 앞서 교내 규칙을 ( )하여 학생들에게 알려주었다.

정답 및 해설 p. 342

[1~2] 다음 글을 읽고 물음에 답하시오.

1970년대는 가히 '대중문학의 시대'라 할 만하다. 멜로소설, 가정소설, 로맨스소설, 순정소설 등 여성들이 선호하는 장르가 창작되고 소비되었는데, 문학 장르보다 영화 장르를 떠올려 보면 대중 장르의 유행을 훨씬 정확히 이해할 수 있다. 개봉 당시 대히트를 쳤던 『영자의 전성시대』, 『겨울여자』는 상업소설을 영화화한 대표적인 사례이다. 여성잡지는 대중 장르 유통의 장으로 기능했으며 여성 작가가 글 쓰는 일을 직업으로 삼을 수 있는 토대가 되었다. 그러나 여성잡지를 통해 ㉠ 유통되었던 대중 장르는 형성과 동시에 문학적 하위 장르로 여겨졌다. 여성지에 작품을 싣던 작가들 스스로도 상업적 글쓰기, 매문(賣文)이라 가치를 깎아 내리고 여성지에 게재한 글은 자신의 문학적 업적에서 지워버렸다. 상업성이 짙은 여성지에 글을 싣는 것을 작가 스스로도 ㉡ 깎아내렸던 것이다. 김은석은 여류문학전집 연구에서 여성지에서 나타나는 여류문단의 구성 방식을 여류의 아비투스로 정의한다. 그는 자신의 연구에서 여성적 장르란 무엇이며 어떤 담론을 통해 하위 장르가 되었는지 ㉢ 따진다. 또한 여성문학사에서 '여성적 장르를 상업적 글이라 하여 삭제하는 것이 옳은가'라는 묵직한 물음을 ㉣ 던진다.

1. 윗글의 전개 방식에 대한 설명으로 적절한 것은?
  ① 권위 있는 기관의 통계자료를 인용하여 정보를 전달한다.
  ② 전문 용어를 쉽게 풀이하여 독자의 이해를 돕고 있다.
  ③ 자신의 주장을 밝히고 이와 상반된 견해를 소개하고 있다.
  ④ 구체적인 사례 제시를 통해 독자의 이해를 돕고 있다.

2. ㉠~㉣과 바꿔쓸 수 있는 유사한 표현으로 적절하지 않은 것은?
  ① ㉠: 순환되었던   ② ㉡: 폄하하였던
  ③ ㉢: 분석한다   ④ ㉣: 제기한다

3. 문맥상 ㉠의 의미와 가장 가까운 것은?

> 그녀는 긴 투병 생활 끝에 마침내 병마에서 ㉠ 벗어나 건강을 회복했다.

① 터널에서 벗어나자, 기차는 길게 기적 소리를 두 번 울렸다.
② 새장을 벗어난 새는 하늘 높이 날아 어디론가 가 버렸다.
③ 그는 하루빨리 가난에서 벗어나기 위해 열심히 일했다.
④ 그는 모처럼 바쁜 일과에서 벗어나 여행을 떠났다.

	包 쌀 포, 括 묶을 괄
★★★ **0순위 최빈출 어휘** **467. 포괄(包括)**	일정한 대상이나 현상 따위를 한데 묶어서 어떤 범위나 한계 안에 모두 들게 함. 예 한국어란 우리말과 우리글을 <u>포괄</u>하는 용어이다.
★★★ **0순위 최빈출 어휘** **468. 포용(包容)**	包 쌀 포, 容 얼굴 용
	남을 너그럽게 감싸 주거나 받아들임. 예 그는 이들에게 조심스럽게 접근하여 이해와 <u>포용</u>을 보임으로써 마을의 평화와 안정을 위협하는 요소를 희박하게 해 나갈 생각이었다. ≪이원규, 훈장과 굴레≫
469. 편향(偏向)	偏 치우칠 편, 向 향할 향
	한쪽으로 치우침.　예 개인적인 <u>편향</u>에 치우치다.
470. 포박(捕縛)	捕 잡을 포, 縛 얽을 박
	잡아서 묶음. 또는 그런 줄. 예 지하 감옥에서 <u>포박</u>을 당한 상태였다.
★★★ **0순위 최빈출 어휘** **471. 포섭(包攝)**	包 쌀 포, 攝 다스릴 섭
	상대편을 자기편으로 감싸 끌어들임. 예 간첩에게 <u>포섭</u>을 당하다.
★★★ **0순위 최빈출 어휘** **472. 포착(捕捉)**	捕 잡을 포, 捉 잡을 착
	① 꼭 붙잡음. 　예 좋은 인물 사진은 구도와 표정의 <u>포착</u>에 성패가 달려 있다. ② 요점이나 요령을 얻음. 　예 기자들은 김의원 발언의 요점 <u>포착</u>을 위해 애를 썼다. ③ 어떤 기회나 정세를 알아차림. 　예 그녀는 자신이 나서야 할 시기의 <u>포착</u>에 뛰어났다. ④ 증거나 단서 등을 조사하여 발견함. 　예 경찰은 이미 모든 증거가 <u>포착</u>이 되었다고 말했다.
473. 포화(飽和)	飽 배부를 포, 和 화할 화
	더 이상의 양을 수용할 수 없이 가득 참. 예 주말에는 도로마다 차량의 <u>포화</u>로 교통 전쟁이 벌어진다.

정답및해설 p. 343

1. (   )에 들어갈 말을 〈보기〉에서 찾아 문맥에 맞게 넣으시오.

㉠ 포괄　　㉡ 포용　　㉢ 편향　　㉣ 포박

❶ 범인은 도주를 시도하다가 경찰에 의해 (   )되어 체포되었다.

❷ 평가 과정에서 (   )된 시각을 배제하기 위해 다양한 의견을 수렴하는 것이 중요하다.

❸ 문화적 (   )은/는 다른 문화와 전통을 존중하고 이해하는 태도를 필요로 한다.

❹ 이 계약서는 모든 업무 범위를 (   )하여 분쟁의 여지를 최소화하고 있다.

❺ (   )된 데이터 분석 결과는 잘못된 결론을 초래할 수 있다.

정답및해설 p. 343

2. (   )에 들어갈 말을 〈보기〉에서 찾아 문맥에 맞게 넣으시오.

㉠ 포섭　　㉡ 포착　　㉢ 포화

❶ 경찰은 CCTV 영상을 통해 범인의 얼굴을 정확히 (   )하였다.

❷ 이 사회운동은 기존의 반대 세력을 (   )하여 더 넓은 지지를 얻으려고 한다.

❸ 뉴스 기자는 현장 상황을 실시간으로 (   )하여 긴급 보도를 제공했다.

❹ 인터넷 사이트가 접속 폭주로 (   ) 상태가 되어 사용자들이 불편을 겪었다.

정답 및 해설 p. 343~344

[1~2] 다음 글을 읽고 물음에 답하시오.

효(孝)가 개인과 가족, 곧 일차적인 인간관계에서 일어나는 행위를 규정한 것이라면, 충(忠)은 가족이 아닌 사람들과의 관계, 곧 이차적인 인간관계에서 일어나는 사회적 행위를 규정한 것이었다. 그런데 언제부터인가 우리는 효를 순응적 가치관을 ㉠ 넣어주는 봉건 가부장제 사회의 유습이라고 오해하는가 하면, 충과 효를 동일시하는 오류를 저지르는 경향이 많아졌다. 다음을 보자.

"부모에게 효도하고 형제를 사랑하는 사람은 윗사람의 명령을 거역하는 경우가 드물다. 또 윗사람의 명령을 어기지 않는 사람은 난동을 일으키는 경우도 드물다. 군자는 근본에 힘쓴다. 근본이 확립되면 도가 생기기 때문이다. 효도와 우애는 인(仁)의 근본이다."

위 구절에 담긴 입장을 기준으로 보면 효는 윗사람에 대한 절대 복종으로 연결된다. 곧 종족 윤리의 기본이 되는 연장자에 대한 예우는 물론이고 신분 사회의 엄격한 상하 관계까지 ㉡ 모두 인정하는 것이다. 하지만 이 구절만을 근거로 효를 복종의 윤리라고 보는 것은 성급한 판단이다. 왜냐하면 원래부터 효란 가족 윤리 또는 종족 윤리로서 사회 윤리였던 충보다 우선시되었을 뿐만 아니라, 유교의 기본 입장은 설사 부모의 명령이라 하더라도 옳고 그름을 가리지 않는 ㉢ 주관없이 행동하는 복종은 그 자체가 불효라고 보았기 때문이다.

유교에서는 부모와 자식의 관계가 자연에 의해서 결정된다고 한다. 이 때문에 부모와 자식의 관계는 인위적으로 끊을 수 없다고 본다. 이에 비해 임금과 신하의 관계는 공동의 목표를 위한 관계로서 의리에 의해서 ㉣ 맺어진 관계로 본다. 의리가 맞지 않는다면 언제라도 끊을 수 있다고 생각하는 것이다.

1. 윗글의 글쓴이의 입장에 부합하는 것은? 2019 지방직 9급
① 효는 봉건 가부장제 사회에서 비롯한 일차적 인간관계이다.
② 효는 부모와 자식 간의 관계이므로 조건 없는 신뢰에 기초한 덕목이다.
③ 윗사람에 대한 복종을 절대시하지 않는 것이 유교적 윤리의 한 바탕이다.
④ 충의 도리를 다함으로써 효의 도리에 도달할 수 있다는 것이 인의 이치다.

2. ㉠~㉣과 바꿔쓸 수 있는 유사한 표현으로 적절하지 않은 것은?
① ㉠: 주입하는   ② ㉡: 포괄적으로
③ ㉢: 맹목적인   ④ ㉣: 결부된

정답 및 해설 p. 344

3. 문맥상 ㉠의 의미와 가장 가까운 것은?

> 친구의 결혼 선물로 좋은 물건을 사는 데 많은 돈을 ㉠ <u>썼다.</u>

① 빨래하는 데에 합성 세제를 많이 <u>쓴다고</u> 빨래가 깨끗하게 되는 것은 아니다.

② 회사에서는 그 자리에 경험자를 <u>쓰기로</u> 했다.

③ 그는 아들을 낳은 턱을 <u>쓰느라</u> 모두에게 저녁을 샀다.

④ 그는 시험 준비에 많은 시간을 <u>쓴</u> 덕분에 좋은 성적을 받았다.

474. 표류(漂流)	漂 떠다닐 **표**, 流 흐를 **류(유)** ① 물 위에 떠서 정처 없이 흘러감. 　예 다행히 구조선이 와 우리는 간신히 일주일 간의 **표류**를 끝낼 수 있었다. ② 정처 없이 돌아다님. 　예 **표류**의 길. ③ 어떤 목적이나 방향을 잃고 헤맴. 또는 일정한 원칙이나 주관이 없이 이리저리 흔들림. 　예 시민들은 정치의 **표류** 현상에 대해 식상해하고 있다.
✦✦✦ 0순위 최빈출 어휘 **475. 표명(表明)**	表 겉 **표**, 明 밝을 **명** 의사나 태도를 분명하게 드러냄. 예 청소년 문제에 대해 우려를 **표명**하다.
✦✦✦ 0순위 최빈출 어휘 **476. 표상(表象)**	表 겉 **표**, 象 코끼리 **상** ① 옳거나 훌륭하여 배우고 따를 만한 대상. = 본보기. 　예 어려움을 극복하고 성공한 그녀는 모두의 **표상**이 되었다. ② 추상적이거나 드러나지 아니한 것을 구체적인 형상으로 드러내어 나타냄. 　예 한국의 전통 복식은 한국적인 미의 **표상**이다.
477. 표적(標的)	標 표할 **표**, 的 과녁 **적** ① 목표로 삼는 물건.　예 **표적**을 겨냥하다. ② 표지로 삼는 표.　예 세모로 표시해서 **표적**을 해 두다.
478. 표제(表題/標題)	表 겉 **표**, 題 제목 **제** / 標 표할 **표**, 題 제목 **제** ① 서책의 겉에 쓰는 그 책의 이름. 연설이나 담화 따위의 제목. 신문이나 잡지 기사의 제목. 서적이나 장부 가운데 어떤 항목을 찾기 편리하도록 베푼 제목 　예 책의 표지가 기억이 남는다. 내일 할 연설에 **표제**를 붙였다. ② 커다란 표제 아래 그에 대한 기사가 신문에 실렸다. 표제를 체계적으로 분류하면 찾아보기 쉽다.
✦✦ 중간 빈출 어휘 **479. 표출(表出)**	表 겉 **표**, 出 날 **출** 겉으로 나타냄.　예 개성의 과감한 **표출**.

1. (   )에 들어갈 말을 〈보기〉에서 찾아 문맥에 맞게 넣으시오.

㉠ 표류　　㉡ 표명　　㉢ 표상

❶ 대통령은 국제 회담에서 자국의 외교 정책을 확고히 (　　　)하였다.

❷ 이 건물은 근대 산업의 발전을 (　　　)하는 대표적인 사례로 평가받고 있다.

❸ 조난당한 선박은 해류에 의해 수일 동안 (　　　)하다가 결국 구조되었다.

❹ 교통 체증에 의해 차량들이 도로 위에서 (　　　)하며 진전을 보이지 않았다.

❺ 작가는 자신의 작품을 통해 사회적 문제에 대한 강한 반대 의견을 (　　　)했다.

2. (   )에 들어갈 말을 〈보기〉에서 찾아 문맥에 맞게 넣으시오.

㉠ 표적　　㉡ 표제　　㉢ 표출

❶ 예술가는 작품을 통해 자신의 감정을 (　　　)하고자 했다.

❷ 그의 정치적 발언은 특정 인물이나 집단을 (　　　)로/으로 하여 비판의 대상이 되었다.

❸ 신문 기사의 (　　　)은/는 독자에게 중요한 정보를 빠르게 전달하기 위한 역할을 한다.

❹ 군사는 적의 주요 기지를 (　　　)로/으로 삼아 전략적 공세를 펼쳤다.

❺ 그는 자신의 불만을 공개적으로 (　　　)하며 회의에서 강한 의견을 제시했다.

정답 및 해설 p. 345

[1~2] 다음 글을 읽고 물음에 답하시오.

춘추 전국 시대의 논쟁 주제 중 하나였던 음악은 진나라 때 저작인 ⓐ『여씨춘추』에서도 비중 있게 다뤄졌다. 이 저작에서는 음악을 인간의 자연스러운 감정이 ㉠ <u>겉으로 나타내어</u> 형성된 것이자 백성 ㉡ <u>가르침</u>의 수단으로 인식하면서도 즐거움을 주는 욕구의 대상으로 보는 것에 주안점을 두었다. 지배층의 사치스러운 음악 향유를 ㉢ <u>말하며</u> 음악을 아예 거부하는 묵자에 대해 이는 인간의 자연적 욕구를 거스르는 것이라 비판하고, 좋은 음악이란 신분, 연령 등을 막론하고 모든 사람들에게 즐거움을 주는 것이라고 주장하였다.

『여씨춘추』에서는 인간이 감정을 가진 것처럼 음악에도 감정이 담겨 있다고 전제하고, 음악을 통해 감정을 적절히 해소하거나 표현하면 결과적으로 장수할 수 있다고 주장하였다. 음악을 통해 감정의 표현을 솔직하게 하면 사람의 마음은 편안해지며, 생명을 ㉣ <u>늘리는</u> 것까지지도 가능하다고 본 것이다.

---

1. **ⓐ를 강화하는 음악을 추론한 것으로 적절한 것은?**
   ① 경건하고 신비로운 분위기의 알레그리의 성가곡 '미제레레'는 매우 아름다운 곡으로, 교황청에서 외부 유출을 금하여 시스티나 성당에서만 들을 수 있었다.
   ② 존 케이지는 연주자가 아무런 연주 없이 무대에 있는 '4분 33초'를 발표하며, 공연장의 소음이나 관객들이 내는 기침 소리 등도 음악이라고 할 수 있다고 했다.
   ③ 기존 음악의 틀을 거부하며 불협화음을 추구했던 쇤베르크는 '달에 홀린 피에로'를 작곡하면서 음높이를 정확하게 드러내지 않고 연주하도록 모든 음표에 X표를 하였다.
   ④ 오스트리아 출신 모차르트는 낯선 땅 파리에서 느끼는 고독감과 어머니의 죽음에 대한 슬픔을 진솔하게 담아 '바이올린 소나타 21번'을 작곡하였다.

2. **㉠~㉣과 바꿔쓸 수 있는 유사한 표현으로 적절하지 않은 것은?**
   ① ㉠: 표출되어   ② ㉡: 교화
   ③ ㉢: 거론하며   ④ ㉣: 연기하는

정답 및 해설 p. 345

3. 문맥상 ㉠의 의미와 가장 가까운 것은?

> 이 엔진은 수십 년이 지난 지금도 ㉠ <u>살아</u> 움직이며 트랙터를 작동시킨다.

① 잿더미에 불씨가 아직 <u>살아</u> 있다.
② 칭찬 몇 마디 해 주었더니 기운이 <u>살아서</u> 잘난 척이다.
③ 어렸을 때 배운 노래 한 구절이 머릿속에 아직도 <u>살아</u> 있다.
④ 오래된 시계가 아직도 잘 <u>살아</u> 매일 정확한 시간을 알려준다.

480. 풍류(風流)	風 바람 **풍**, 流 흐를 **류(유)** 멋스럽고 풍치가 있는 일. 또는 그렇게 노는 일. 예 풍류를 즐기다.
481. 풍문(風聞)	風 바람 **풍**, 聞 들을 **문** 바람처럼 떠도는 소문. 예 풍문으로 듣자니 네가 내년 가을에 장가를 간다고 하던데?
482. 풍상(風霜)	風 바람 **풍**, 霜 서리 **상** ① 바람과 서리를 아울러 이르는 말. 예 그 꽃은 간밤의 풍상을 견디고 피어났다. ② 많이 겪은 세상의 어려움과 고생을 비유적으로 이르는 말. 예 전쟁의 풍상에 시달리다.
483. 풍월(風月)	風 바람 **풍**, 月 달 **월** ① 맑은 바람과 밝은 달. 예 전원 속에서 풍월을 벗하며 살아가다. ② 얻어들은 짧은 지식. 예 얄팍한 풍월로 날 가르치려 하다니!
✿✿ 중간 빈출 어휘 **484. 풍조**(風潮)	風 바람 **풍**, 潮 밀물 **조** 시대에 따라 변하는 세태. 예 불신 풍조.
485. 풍채(風采)	風 바람 **풍**, 采 풍채 **채** 드러나 보이는 사람의 겉모양. 예 풍채가 의젓하다.
✿✿ 중간 빈출 어휘 **486. 풍파**(風波)	風 바람 **풍**, 波 물결 **파** ① 세찬 바람과 험한 물결을 아울러 이르는 말. 예 풍파가 일다. ② 심한 분쟁이나 분란. 예 집안에 풍파를 일으키다. ③ 세상살이의 어려움이나 고통. 예 대동청 창관의 자리에 오르기까지는 숱한 고초와 풍파를 겪었지요. ≪김주영, 객주≫

1. ( )에 들어갈 말을 〈보기〉에서 찾아 문맥에 맞게 넣으시오.

㉠ 풍류 ㉡ 풍문 ㉢ 풍상 ㉣ 풍조

❶ 그 회사의 내부 사정에 대한 ( )이/가 빠르게 퍼졌다.

❷ 그는 오랜 세월 동안 ( )을/를 겪으며 삶의 지혜를 쌓았다.

❸ 그는 산속에서 자연을 감상하며 ( )을/를 즐기기로 했다.

❹ 친구가 말해 준 ( )이/가 사실인지 확인해 보려고 한다.

❺ 사회의 새로운 ( )이/가 빠르게 변하고 있다.

2. ( )에 들어갈 말을 〈보기〉에서 찾아 문맥에 맞게 넣으시오.

㉠ 풍월 ㉡ 풍채 ㉢ 풍파

❶ 정치인들은 각종 ( ) 속에서도 흔들림 없이 자신의 길을 갔다.

❷ 그 남자는 당당한 ( )로/으로 사람들의 이목을 끌었다.

❸ 사업 초기에 많은 ( )이/가 있었지만 결국 성공을 거두었다.

❹ 그녀는 키가 크고 ( )이/가 좋아서 모델로도 손색이 없다.

❺ 그는 가을 산을 바라보며 ( )을/를 읊었다.

✿✿✿ 0순위 최빈출 어휘 **487. 피력(披瀝)**	披 헤칠 **피**, 瀝 거를 **력(역)** 생각하는 것을 털어놓고 말함. 예 수상 소감의 <u>피력</u>.
✿✿✿ 0순위 최빈출 어휘 **488. 피상적(皮相的)**	皮 가죽 **피**, 相 서로 **상**, 的 과녁 **적** 본질적인 현상은 추구하지 아니하고 겉으로 드러나 보이는 현상에만 관계하는. 예 매우 <u>피상적</u>인 내용이긴 해도 처음 대면한 상대로서는 그녀와 나는 꽤 많은 대화를 나눈 셈이었다. ≪윤후명, 별보다 멀리≫
489. 피폐(疲弊)	疲 피곤할 **피**, 弊 폐단 **폐** 지치고 쇠약하여짐. 예 산업화와 도시화의 그늘에서 <u>피폐</u>와 몰락을 거듭하고 있는 농촌.
490. 필경(畢竟)	畢 마칠 **필**, 竟 마침내 **경** 끝장에 가서는. 예 이런 속사정을 잘 모르는 외부 사람은 <u>필경</u> 오해를 할 공산이 크다.

491. 필두(筆頭)	筆 붓 **필**, 頭 머리 **두**
	① 붓의 끝.
	② 나열하여 적거나 말할 때의 맨 처음에 오는 사람이나 단체.
	  예 곳곳에 집강소를 설치함에 있어 순조롭게 되는 곳도 많았지만 그
	  렇지 못한 곳도 남원성을 <u>필두</u>로 더러 있었다. ≪유현종, 들불≫
	③ 단체나 동아리의 주장이 되는 사람.
	  예 우리 부서 직원들은 이번 사업의 성공을 위하여 과장님을 <u>필두</u>로
	  최선의 노력을 하고 있다.

492. 핍박(逼迫)	逼 핍박할 **핍**, 迫 핍박할 **박** 바싹 죄어서 몹시 괴롭게 굶. 예 그는 재정적인 <u>핍박</u>보다도 정신적인 핍박을 더 참아 내기가 힘들었다.

빈/칸/문/제

정답 및 해설 p. 346

1. ( )에 들어갈 말을 〈보기〉에서 찾아 문맥에 맞게 넣으시오.

㉠ 피력 ㉡ 피상적 ㉢ 피폐

❶ ( )한 생활 속에서도 희망을 잃지 않으려 했지만, 결국 몰락을 피할 수는 없었다.

❷ 그녀는 인터뷰에서 자신의 철학을 ( )하며 청중을 사로잡았다.

❸ 그는 오랜 병마로 인해 몸과 마음이 ( )해졌다.

❹ 많은 사람들 앞에서 자신의 계획을 ( )하는 것은 쉬운 일이 아니다.

❺ 이 보고서는 문제의 표면적인 부분만을 다루고 있어 ( )이다.

빈/칸/문/제

정답 및 해설 p. 346

2. ( )에 들어갈 말을 〈보기〉에서 찾아 문맥에 맞게 넣으시오.

㉠ 필경 ㉡ 필두 ㉢ 핍박

❶ 환경 보호 운동의 ( )로/으로 나선 활동가들이 많은 주목을 받았다.

❷ 이 기업의 성공적인 재건은 CEO가 ( )이/가 되어 추진한 결과이다.

❸ 민주화 운동가들은 ( )에 맞서 싸우며 자유를 위한 투쟁을 계속했다.

❹ 모든 문제가 복잡하게 얽혀 있었지만, ( ) 해결의 실마리를 찾을 수 있었다.

❺ 그는 회사에서 상사의 ( )을/를 견디며 일하는 것이 매우 힘들었다.

493. 하자(瑕疵)	瑕 허물 **하**, 疵 허물 **자**
	옥의 얼룩진 흔적이라는 뜻으로, '흠'을 이르는 말.
	예 주택에 <u>하자</u>가 있을 경우에는 즉시 보수해 드리겠습니다.
494. 학구적(學究的)	學 배울 **학**, 究 연구할 **구**, 的 과녁 **적**
	학문 연구에 몰두하는.
	예 <u>학구적</u>으로 생활하다.
495. 한발(旱魃)	旱 가물 **한**, 魃 한귀 **발**
	심한 가뭄.
	예 봄부터 시작된 <u>한발</u>로 풍년을 바랄 수 없다.
496. 한적(閑寂)	閑 한가할 **한**, 寂 고요할 **적**
	한가하고 고요함.
	예 평일이라서 놀이동산은 아주 <u>한적</u>하였다.
497. 한탄(恨歎)	恨 한할 **한**, 歎 탄식할 **탄**
	원통하거나 뉘우치는 일이 있을 때 한숨을 쉬며 탄식함. 또는 그 한숨.
	예 떠난 사람을 생각하면 <u>한탄</u>이 앞선다.
☆☆☆☆ **0순위 최빈출 어휘** **498. 할당(割當)**	割 벨 **할**, 當 마땅 **당**
	몫을 갈라 나눔. 또는 그 몫.
	예 <u>할당</u>을 받다.
☆☆☆☆ **0순위 최빈출 어휘** **499. 할애(割愛)**	割 벨 **할**, 愛 사랑 **애**
	소중한 시간, 돈, 공간 따위를 아깝게 여기지 아니하고 선뜻 내어 줌.
	예 정부는 복지 문제에 많은 예산을 <u>할애</u>할 것이다.
500. 함구(緘口)	緘 봉할 **함**, 口 입 **구**
	입을 다문다는 뜻으로, 말하지 아니함을 이르는 말.
	예 경찰에 검거된 용의자는 지금까지 <u>함구</u>로 일관하고 있다.

빈/칸/문/제

정답 및 해설 p. 346

1. (　　　)에 들어갈 말을 〈보기〉에서 찾아 문맥에 맞게 넣으시오.

㉠ 하자	㉡ 학구적	㉢ 한발	㉣ 할당

❶ 그녀는 (　　　) 열정으로 많은 학술 논문을 읽고 자신의 연구에 반영했다.

❷ 정부는 재난 구호 자금을 피해 지역에 맞게 (　　　)하기로 결정했다.

❸ (　　　) 있는 부품을 교체하지 않으면 기계가 제대로 작동하지 않을 것이다.

❹ 컴퓨터 소프트웨어에서 (　　　)이/가 발생하여 작업에 지장이 생겼다.

❺ 장기간 지속된 (　　　)의 가뭄이 강가의 수위를 크게 낮추었다.

빈/칸/문/제

정답 및 해설 p. 346

2. (　　　)에 들어갈 말을 〈보기〉에서 찾아 문맥에 맞게 넣으시오.

㉠ 한탄	㉡ 한적	㉢ 할애	㉣ 함구

❶ 자신의 비밀을 지키기 위해 (　　　)하는 것이 중요하다고 생각했다.

❷ 그는 자신의 불행한 처지에 대해 깊은 (　　　)을/를 하였다.

❸ 그 작은 마을은 (　　　)해서 매일 오후 조용히 산책하기에 좋다.

❹ 많은 사람들이 가뭄으로 인한 농작물 피해를 (　　　)하며 대책 마련을 촉구하고 있다.

❺ 그는 중요한 프로젝트에 많은 시간을 (　　　)하여 작업을 성공적으로 마무리했다.

정답 및 해설 p. 346~347

[1~2] 다음 글을 읽고 물음에 답하시오.

영문자와 달리 한글은 여러 가지 자모를 조합하여 글자를 만들기 때문에 다양한 인코딩(encoding)을 생각할 수 있으며 그만큼 그동안 많은 논의가 있었다. 한글의 코딩 방식, 다시 말해 컴퓨터에서의 한글 구현 방식은 크게 '조합형'과 '완성형'을 ㉠ 나눌 수 있다. 조합형은 한글의 모든 자모(ㄱ, ㄴ, ㅏ, ㅓ …)에다 일련의 코드를 ㉡ 나누고, 이를 불러와 조합하여 글자를 구현하는 방식임에 반해, 완성형은 이미 만들어진 글자(가, 각, 간, 갈 …) 자체에다 각각의 코드를 나누어 그 글자를 불러오는 방식이다.

조합형으로는 한글의 구성 원리에 따라 19개의 초성, 21개의 중성, 그리고 28개의 종성을 조합하여 나올 수 있는 11,172자를 표현할 수 있다. 초기 완성형에서는 실제로 우리가 주로 사용하는 2,350개의 글자만을 코드에 ㉢ 나타내어 사용하였기 때문에 자주 사용하지 않는 '뜀', '햏', '쀎'과 같은 글자는 쓸 수 없었다. 이를 보완하기 위해 '확장 완성형'이 나왔고 이어서 '유니코드 2.0'이 ㉣ 만들어졌다. 유니코드 2.0은 조합형에서 구현할 수 있는 11,172자 모두를 포함하고 있으며, 각각의 자모 또한 포함하여 조합까지 할 수 있다.

1. **윗글을 통해 추론한 생각으로 적절하지 않은 것은?** 2020 국가직 7급
① '뜀', '햏', '쀎'과 같은 글자를 쓰려면 조합형 방식을 사용할 수밖에 없겠군.
② 유니코드 2.0을 사용하면 조합형 방식을 사용해 만들 수 있는 글자를 모두 표현할 수 있겠군.
③ 한글과 달리 영문자를 인코딩할 때에는 완성형 방식의 한계에 대해 고민할 필요가 없겠군.
④ 컴퓨터로 글자를 입력하기 전에 이미 컴퓨터에는 한글 자모나 글자 각각에 코드가 할당되어 있겠군.

2. **㉠~㉣과 바꿔쓸 수 있는 유사한 표현으로 적절하지 않은 것은?**
① ㉠: 구분할
② ㉡: 할당하고
③ ㉢: 반영하여
④ ㉣: 계발되었다.

정답 및 해설 p. 347

3. 문맥상 ㉠의 의미와 가장 가까운 것은?

> 첫사랑이 다시 돌아올 거라는 기대는 ㉠ 버려라.

① 늙고 병든 부모를 버린 못된 자식 기사가 신문에 나왔다.
② 철수는 자신에게 맞지 않는 꿈을 버렸다.
③ 그는 직장을 버리고 나와 개인 사업을 시작하였다.
④ 철수는 월급을 낭비하는 습관을 버렸다.

천기누설 혜선팍
세트형 독해+어휘

① ㅎ

② ㅎ

③ ㅎ

④ ㅎ

⑤ ㅎ

⑥ ㅎ

501. 함몰(陷沒)	陷 빠질 **함**, 沒 빠질 **몰** ① 물속이나 땅속에 빠짐. ⑩ 지진으로 대부분의 건물이 <u>함몰</u>하였다. ② 결딴이 나서 없어짐. 또는 결딴을 내서 없앰. ⑩ 적군이 도성을 <u>함몰</u>하고 임금을 사로잡았다.
★★★ **0순위 최빈출 어휘** **502. 함양**(涵養)	涵 젖을 **함**, 養 기를 **양** 능력이나 품성 따위를 길러 쌓거나 갖춤. ⑩ 학교 교육은 인격 <u>함양</u>과 더불어 지식 획득을 주목적으로 한다.
★★★ **0순위 최빈출 어휘** **503. 함의**(含意)	含 머금을 **함**, 意 뜻 **의** 말이나 글 속에 어떠한 뜻이 들어 있음. 또는 그 뜻. ⑩ 우리는 파격적인 그의 그림이 무엇을 <u>함의</u>하고 있는가를 어렴풋이 느낄 수 있었다.
504. 함축(含蓄)	含 머금을 **함**, 蓄 모을 **축** ① 말이나 글이 많은 뜻을 담고 있음. ⑩ 소문난 집안의 아들이란 말은 좋게도 나쁘게도 해석할 수 있는 <u>함축</u>을 가졌다. ≪이병주, 지리산≫ ② 표현의 의미를 한 가지로 나타내지 아니하고 문맥을 통하여 여러 가지 뜻을 암시하거나 내포하는 일.
505. 합당(合當)	合 합할 **합**, 當 마땅 **당** 어떤 기준, 조건, 용도, 도리 따위에 꼭 알맞음. ⑩ 그것은 부모님의 뜻에 <u>합당</u>한 결정이다.
★★★ **0순위 최빈출 어휘** **506. 합리적**(合理的)	合 합할 **합**, 理 다스릴 **리(이)**, 的 과녁 **적** 이론이나 이치에 합당한. ⑩ 그는 일을 <u>합리적</u>으로 진행하였다.
507. 항구적(恒久的)	恒 항상 **항**, 久 오랠 **구**, 的 과녁 **적** 변하지 아니하고 오래가는. ⑩ <u>항구적</u>인 해결책.

정답 및 해설 p. 348

1. (   )에 들어갈 말을 〈보기〉에서 찾아 문맥에 맞게 넣으시오.

ⓐ 함몰   ⓑ 함양   ⓒ 함의   ⓓ 합리적

---

❶ 학생들은 독서를 통해 지식과 사고력을 (   )할 수 있다.

❷ (   )인 소비를 위해 예산을 세우고 지출을 계획적으로 관리하고 있다.

❸ 직원들의 전문성을 (   )하기 위해 회사는 다양한 교육 프로그램을 운영하고 있다.

❹ 건물의 기초가 약해져서 구조물의 일부가 (   )되었다.

❺ 법률 문서의 조항에 숨겨진 (   )을/를 파악하기 위해 법률 전문가의 도움이 필요하다.

정답 및 해설 p. 348

2. (   )에 들어갈 말을 〈보기〉에서 찾아 문맥에 맞게 넣으시오.

ⓐ 합당   ⓑ 함축   ⓒ 항구적

---

❶ 제안된 조건은 현재 상황에 비추어 보았을 때 (   )하지 않다.

❷ 문학 작품의 상징적 표현에는 많은 (   )적 의미가 포함되어 있다.

❸ 회사는 (   )인 성공을 위해 장기적인 전략을 수립하였다.

❹ 그의 행동이 회사의 윤리 기준에 (   )한지 확인할 필요가 있다.

❺ 그 영화의 결말은 여러 가지 (   )적 메시지를 전달하고 있다.

정답 및 해설 p. 348~349

[1~2] 다음 글을 읽고 물음에 답하시오.

> 과거제는 시험 성적이라는 ㉠ <u>이치에 맞는</u> 기준에 따른 관료 선발 제도라는 점에서 동아시아 사회에서 오랫동안 유지되어 왔다. 공정성을 바탕으로 보다 많은 이들에게 사회적 지위를 ㉡ <u>얻는</u> 기회를 부여하여 개방성을 ㉢ <u>끌어올림으로써</u> 사회적 유동성을 증대시켰다. 익명성을 확보하기 위해 여러 가지 장치를 ㉣ <u>들이는</u> 것은 공정성 강화를 위한 노력의 일환이다.
>
> 과거제의 사회적 효과 중 하나는 학습 동기를 ⓐ <u>주어</u> 교육의 확대와 지식 보급에 기여했다는 점이다. 그 결과 통치에 참여할 능력을 ⓑ <u>갖춘</u> 지식인 집단이 폭넓게 형성되었고 유교 경전을 통해 도덕적 가치 기준을 광범위하게 공유하게 되었다. 또한 최종 단계까지 통과하지 못하더라도 국가가 여러 특권을 ⓒ <u>주고</u>, 그들이 지방 사회에 기여하도록 하여 경쟁적 선발 제도의 부작용을 ⓓ <u>줄이고자</u> 노력했다.

1. ㉠~㉣과 바꿔쓸 수 있는 유사한 표현으로 적절하지 않은 것은?

   ① ㉠: 합리적인
   ② ㉡: 획득하는
   ③ ㉢: 재고함으로써
   ④ ㉣: 도입하는

2. ⓐ~ⓓ와 바꿔 쓸 수 있는 유사한 표현으로 적절하지 않은 것은?

   ① ⓐ: 제공해
   ② ⓑ: 소유한
   ③ ⓒ: 보급하고
   ④ ⓓ: 완화하고자

정답 및 해설 p. 349

3. 문맥상 ⓣ의 의미와 가장 가까운 것은?

> 그는 장기 목표에 건강 관리를 ⓣ 넣어 꾸준히 운동하고 있다.

① 여행을 위해 옷과 신발을 가방에 <u>넣기</u> 시작했다.
② 무와 쇠고기를 국에 <u>넣고</u> 끓이다.
③ 그녀는 자신의 작품을 전시회에 <u>넣기</u> 위해 준비하고 있다.
④ 선생님은 발표할 때 목소리에 감정을 <u>넣어</u> 읽으라고 조언했다.

★★★ **0순위 최빈출 어휘** **508. 해소**(解消)	解 풀 해, 消 사라질 소 ① 어려운 일이나 문제가 되는 상태를 해결하여 없애 버림. 예 지역감정의 <u>해소</u> 대책을 세우다. ② 어떤 관계를 풀어서 없애 버림. 예 계약이 <u>해소</u>되어 갈라서면 그들은 남이 된다. ③ 어떤 단체나 조직 따위를 없애 버림. 예 학생회의 <u>해소</u>.
509. 해체(解體)	解 풀 해, 體 몸 체 ① 단체 따위가 흩어짐. 또는 그것을 흩어지게 함. 예 구단이 자금 사정을 이유로 팀의 <u>해체</u>를 선언했다. ② 체제나 조직 따위가 붕괴함. 또는 그것을 붕괴하게 함. 예 농촌의 <u>해체</u> 위기. ③ 여러 가지 부속으로 맞추어진 기계 따위가 풀어져 흩어짐. 또는 그것을 뜯어서 헤침. 예 기계 <u>해체</u>. ④ 구조물 따위가 헐어 무너짐. 또는 그것을 헐어 무너뜨림. 예 오늘부터 뒷산 절의 <u>해체</u> 공사가 시작되었다.
510. 허구(虛構)	虛 빌 허, 構 얽을 구 ① 사실에 없는 일을 사실처럼 꾸며 만듦. 예 영희의 얘기는 <u>허구</u>가 아니라 체험을 형상화한 것 같았다. ② 소설이나 희곡 따위에서, 실제로는 없는 사건을 작가의 상상력으로 재창조해 냄. 또는 그런 이야기.
511. 허위(虛僞)	虛 빌 허, 僞 거짓 위 진실이 아닌 것을 진실인 것처럼 꾸민 것. 예 <u>허위</u> 선전.
★★★ **0순위 최빈출 어휘** **512. 현저**(顯著)	顯 나타날 현, 著 나타날 저 뚜렷이 드러나 있음. 예 <u>현저</u>한 변화.
★ **난이도 조절용 어휘** **513. 현학적**(衒學的)	衒 자랑할 현, 學 배울 학, 的 과녁 적 학식이 있음을 자랑하는. 예 글이 너무 <u>현학적</u>이어서 내용을 이해하기 어렵다.

정답 및 해설 p. 349

1. ( )에 들어갈 말을 〈보기〉에서 찾아 문맥에 맞게 넣으시오.

㉠ 해소 ㉡ 현저 ㉢ 허구

❶ 최근 몇 년 동안 그 지역의 경제 성장률이 ( )하게 증가했다.

❷ 그 소설은 완전히 ( )의 세계를 배경으로 하며 현실과는 무관하다.

❸ 스트레스를 ( )하기 위해 규칙적인 운동과 충분한 휴식이 필요하다.

❹ 그의 이야기는 많은 부분에서 ( )이/가 섞여 있어 사실로 받아들일 수 없다.

❺ 회의를 통해 양측의 의견 차이를 ( )하고 합의에 도달했다.

정답 및 해설 p. 349

2. ( )에 들어갈 말을 〈보기〉에서 찾아 문맥에 맞게 넣으시오.

㉠ 허위 ㉡ 해체 ㉢ 현학적

❶ 그 광고는 ( ) 정보를 담고 있어 소비자들에게 잘못된 인식을 주었다.

❷ 해당 웹사이트는 ( ) 뉴스로 사람들을 속이려는 목적으로 운영되고 있다.

❸ 오래된 건물은 안전 문제로 인해 빠르게 ( )되었다.

❹ 그는 자신의 지식을 ( )로/으로 드러내며, 타인을 깔보는 경향이 있다.

❺ 새로운 정책이 도입되면서 기존의 시스템이 ( )되었다.

정답 및 해설 p. 349~350

[1~2] 다음 글을 읽고 물음에 답하시오.

로컬푸드(local food)는 일차적으로 일정한 지역을 기준으로 해당 지역에서 생산되는 농식품을 의미한다. 로컬푸드를 물리적 거리로써 구체적으로 규정하는 경우 좁게는 반경 50 km, 넓게는 반경 100 km의 농촌 지역 내에서 생산되는 농식품을 ㉠ 가리키곤 한다. 그렇다고 해서 로컬푸드가 이 정도의 물리적 거리나 농촌을 중심으로 한 지역사회의 농식품에 국한되는 것은 아니다. 일본은 행정구역을 중심으로 로컬푸드를 규정하는 경향이 있고, 미국의 경우 넓게는 반경 160 km 정도 내에서 생산되는 농식품으로까지 확대하기도 한다. 이는 생산·유통·소비에 있어서 건강성, 신뢰성, 친환경성 등이 유지될 수 있는 거리를 고려한 것이다.

로컬푸드가 일정한 거리 이내에서 생산된 농식품을 의미하는 것이라면, 로컬푸드 운동은 친환경적이고 자립적이며 지속 가능한 먹거리를 생산·유통·소비하고자 하는 공동체적 노력을 일컫는다. 농업의 체제의 붕괴와 식품 안전성의 위기가 만나는 접점은 로컬푸드 운동이 발아하는 배경이 된다. 전통적인 농업은 관련 인구 감소, 농촌 경제 ㉡ 보잘것없게 됨, '종자에서 식탁까지' ㉢ 중대한 영향을 미치는 거대 자본의 위협을 받고 있다. 농약의 과다 사용으로 인해 식품은 물론 자연환경이 위기에 처하게 되었다. 이러한 문제점에 ㉣ 행동을 취하기 위해 친환경 먹거리 생산과 건강한 소비를 연결하고, 나아가 지역 정체성을 강화하는 등 대안적 공동체 운동으로 선순환시키려는 노력이 로컬푸드 운동으로 나타났다.

1. 윗글을 통해 추론한 것으로 적절하지 않은 것은? 2020 국가직 7급
① 로컬푸드의 범위는 경제적 요소를 고려해서 규정될 수 있다.
② 식품 안전성에 주목하는 로컬푸드 운동은 환경보호 운동과도 밀접한 관련을 지닌다고 볼 수 있다.
③ 지역적 정체성을 드러내는 하나의 전략으로 해당 지역에서 산출되는 로컬푸드를 활용할 수 있다.
④ 지역 농가가 거대 자본에 의존하여 생산과 소비를 연결하려는 시도는 로컬푸드 운동의 일환일 수 있다.

2. ㉠~㉣과 바꿔쓸 수 있는 유사한 표현으로 적절하지 않은 것은?
① ㉠: 지칭하곤
② ㉡: 영세화
③ ㉢: 성행하는
④ ㉣: 대응하기

정답 및 해설 p. 350

3. 문맥상 ㉠의 의미와 가장 가까운 것은?

> 그녀는 머리를 앞으로 ㉠ 내린 채 울고 있었다.

① 겨울이 되자마자 함박눈이 내리다.

② 아이는 벽에 붙어 있는 풍선을 조심스럽게 내려 손에 쥐었다.

③ 그녀는 얼굴의 부기가 내리지 않아 외출을 하지 않기로 했다.

④ 형사는 그 남자의 친구가 물건을 훔쳤을 것이라고 단정을 내렸다.

✿✿✿ 0순위 최빈출 어휘 **514. 형상화(形象化)**	形 모양 형, 象 코끼리 상, 化 될 화 형체로는 분명히 나타나 있지 않은 것을 어떤 방법이나 매체를 통하여 구체적이고 명확한 형상으로 나타냄. 예 한 비평가는 이 조각 작품이 모성의 <u>형상화</u>가 아주 뛰어난 작품이라고 평가하였다.
515. 호기심(好奇心)	好 좋을 호, 奇 기특할 기, 心 마음 심 새롭고 신기한 것을 좋아하거나 모르는 것을 알고 싶어 하는 마음. 예 <u>호기심</u>을 유발하다.
✿✿✿ 0순위 최빈출 어휘 **516. 호도(糊塗)**	糊 죽 호, 塗 칠할 도 풀을 바른다는 뜻으로, 명확하게 결말을 내지 않고 일시적으로 감추거나 흐지부지 덮어 버림을 비유적으로 이르는 말. 예 흐지부지 넘기는 걸 <u>호도</u>라고 하는 건 알겠지? ≪윤후명, 별보다 멀리≫
517. 호황(好況)	好 좋을 호, 況 상황 황 경기(景氣)가 좋음. 또는 그런 상황. 예 날씨가 더워 냉방용 가전제품사들이 <u>호황</u>을 누리고 있다.
518. 혼곤(昏困)	昏 어두울 혼, 困 곤할 곤 정신이 흐릿하고 고달픔. 예 이 환자는 출혈이 심해 정신이 <u>혼곤</u>하다.
✿✿ 중간 빈출 어휘 **519. 혼재(混在)**	混 섞을 혼, 在 있을 재 뒤섞이어 있음. 예 이곳에는 동서양의 문화가 <u>혼재</u>되어 나타난다.
520. 환산(換算)	換 바꿀 환, 算 셈 산 어떤 단위나 척도로 된 것을 다른 단위나 척도로 고쳐서 헤아림. 예 미터법으로의 <u>환산</u>.
✿✿✿ 0순위 최빈출 어휘 **521. 환원(還元)**	還 돌아올 환, 元 으뜸 원 본디의 상태로 다시 돌아감. 또는 그렇게 되게 함. 예 어떤 목가적 회고적 시인도 부싯돌로 불씨를 얻고 짐승 껍질로 살갗을 가리는 원시의 상태로 인간이 <u>환원</u>하기를 원하지는 않으리라. ≪유치환, 나는 고독하지 않다≫

Day 12

정답 및 해설 p. 350

1. (   )에 들어갈 말을 〈보기〉에서 찾아 문맥에 맞게 넣으시오.

㉠ 형상화	㉡ 호기심	㉢ 호도	㉣ 호황

❶ 그는 논란이 될 만한 사항을 (   )하여, 상황을 일시적으로 모면하려고 했다.

❷ 아이들은 새로운 장난감에 대한 (   )로/으로 가득 차 있다.

❸ 여름철 관광 시즌 동안 해변 도시가 (   )을/를 누리며 많은 관광객들로 붐볐다.

❹ 문제의 본질을 (   )하려는 시도로 인해, 해결책은 뒷전으로 밀려나 버렸다.

❺ 그는 복잡한 아이디어를 시각적으로 (   )하기 위해 정교한 모델을 제작했다.

정답 및 해설 p. 350

2. (   )에 들어갈 말을 〈보기〉에서 찾아 문맥에 맞게 넣으시오.

㉠ 혼곤	㉡ 혼재	㉢ 환산	㉣ 환원

❶ 이 프로젝트의 비용을 달러로 (   )하여 예산을 수립했다.

❷ 교통사고가 발생한 교차로는 차량과 보행자들로 인해 (   )해졌다.

❸ 도서관의 자료는 고대 문헌과 최신 연구 자료가 (   )해 있어 연구에 유용하다.

❹ 영화는 액션과 드라마, 코미디 장르가 (   )되어 있어 다양한 감정을 선사한다.

❺ 건물의 복원 작업을 마친 후, 원래의 역사적 상태로 (   )되었다.

☆☆☆ **0순위 최빈출 어휘** **522. 회고(回顧)**	回 돌아올 **회**, 顧 돌아볼 **고** 지나간 일을 돌이켜 생각함. 예 어린 시절을 <u>회고</u>하다.
523. 회상(回想)	回 돌아올 **회**, 想 생각 **상** 지난 일을 돌이켜 생각함. 또는 그런 생각. 예 지난 시절을 <u>회상</u>하다.
☆☆☆ **0순위 최빈출 어휘** **524. 획일적(劃一的)**	劃 그을 **획**, 一 한 **일**, 的 과녁 **적** 모두가 한결같아서 다름이 없는. 예 학교는 학생을 <u>획일적</u>으로 기르거나 길들이는 곳이 아닙니다.
525. 합세(合勢)	合 합할 **합**, 勢 형세 **세** 흩어져 있는 세력을 한곳에 모음. 예 남접은 공주성을 빼앗기로 하고 북접은 배후에서 보급로와 응원군의 <u>합세</u>를 저지하기로 된 것이다. ≪유현종, 들불≫
526. 합의(合意)	合 합할 **합**, 意 뜻 **의** ① 서로 의견이 일치함. 또는 그 의견. 　예 상대 팀의 <u>합의</u>를 얻어서 시합 날짜를 정했다. ② 둘 이상의 당사자의 의사가 일치함. 또는 그런 일. 　예 고소를 취하하기로 <u>합의</u>를 보다.
527. 항거(抗拒)	抗 겨룰 **항**, 拒 막을 **거** 순종하지 아니하고 맞서서 반항함. 예 민중들은 지배 계급에 대한 <u>항거</u>를 오랜 세월 동안 계속해 왔다.
528. 항의(抗議)	抗 겨룰 **항**, 議 의논할 **의** ① 못마땅한 생각이나 반대의 뜻을 주장함. 　예 우리는 경찰에게 과잉 진압을 <u>항의</u>했다. ② 어떤 나라가 다른 나라의 처사에 반대하는 뜻을 정식으로 통고함. 또는 그런 일. 　예 우리 정부는 독도에 대한 문제로 일본에 <u>항의</u> 서한을 보냈다.

정답 및 해설 p. 351

1. (　　)에 들어갈 말을 〈보기〉에서 찾아 문맥에 맞게 넣으시오.

㉠ 회고 　 ㉡ 합세 　 ㉢ 획기적 　 ㉣ 획일적

❶ 지역 사회가 힘을 (　　　)하여 환경 보호 캠페인을 적극적으로 지원하고 있다.

❷ 이 신기술은 기존의 방법을 완전히 변화시키는 (　　　)인 혁신을 가져왔다.

❸ 이 정책은 모든 부서에 (　　　)로/으로 적용되어 각 부서의 특수성을 무시하고 있다.

❹ 직장 내에서 (　　　)인 규정은 직원들의 창의성과 자율성을 제한할 수 있다.

❺ 그는 자신의 경력 전반을 (　　　)하여 앞으로의 목표를 설정하기로 했다.

※ **획기적(劃期的 : 劃 그을 획 期 기약할 기 的 과녁 적) : 지금까지와는 전혀 다른 시대를 열 만큼 뚜렷이 구분되는.**

정답 및 해설 p. 351

2. (　　)에 들어갈 말을 〈보기〉에서 찾아 문맥에 맞게 넣으시오.

㉠ 회상 　 ㉡ 합의 　 ㉢ 항거 　 ㉣ 항의

❶ 그녀는 여행 중의 특별한 순간들을 (　　　)하며 사진을 살펴보았다.

❷ 양국 간의 무역 협정을 체결하기 위해 오랜 협상 끝에 (　　　)이/가 이루어졌다.

❸ 시민들은 정부의 환경 정책에 대한 (　　　)로/으로 거리 시위를 벌였다.

❹ 사건 발생 후, 목격자는 경찰에 사건의 세부 사항을 (　　　)하며 진술했다.

❺ 그는 부당한 대우에 (　　　)하며 회사의 인권 위원회에 문제를 제기했다.

정답 및 해설 p. 351~352

[1~2] 다음 글을 읽고 물음에 답하시오.

심리학에서는 동조(同調)가 일어나는 이유를 크게 두 가지로 설명한다. 첫째는, 사람들은 자기가 확실히 알지 못하는 일에 대해 남이 하는 대로 따라 하면 적어도 손해를 보지는 않는다고 생각한다는 것이다. 둘째는, 어떤 집단이 그 구성원들을 이끌어 나가는 질서나 규범 같은 힘을 가지고 있을 때, 그러한 집단의 압력 때문에 동조 현상이 일어난다는 것이다. 만약 어떤 개인이 그 힘을 인정하지 않는다면 그는 집단에서 ㉠ 따돌림당하기 쉽다. 이런 사정 때문에 사람들은 집단으로부터 ㉡ 기피되지 않기 위해서 동조를 하게 된다. 여기서 주목할 것은 자신이 믿지 않거나 옳지 않다고 생각하는 문제에 대해서도 동조의 입장을 취하게 된다는 것이다.

동조는 개인의 심리 작용에 영향을 미치는 요인이 무엇이냐에 따라 그 강도가 다르게 나타난다. 가지고 있는 정보가 부족하여 어떤 판단을 내리기 어려운 상황일수록, 자신의 판단에 대한 확신이 들지 않을수록 동조 현상은 강하게 나타난다. 또한 집단의 구성원 수가 많거나 그 결속력이 강할 때, 특정 정보를 ㉢ 내주는 사람의 권위와 지위, 그에 대한 신뢰도가 높을 때도 동조 현상은 강하게 나타난다. 그리고 어떤 문제에 대한 집단 구성원들의 만장일치 여부도 동조에 큰 영향을 미치게 되는데, 만약 이때 단 한 명이라도 ㉣ 떨어져 나간 사람이 생기면 동조의 정도는 급격히 약화된다.

1. 윗글의 내용을 잘못 이해한 사람은?

① 영희 : 줄 서기의 경우, 줄을 서 있는 사람이 많을수록 나중에 오는 사람들이 그 줄 뒤에 설 확률이 더 높아.

② 철수 : 특히 응집력이 강한 집단에 항거하는 것은 더 어려운 일이야. 이런 경우, 동조 압력은 더 강할 수밖에 없겠지.

③ 갑순 : 동조 현상에 영향을 미치는 요인은 우매한 조직의 결속력보다 개인의 신념이라고 볼 수 있겠군.

④ 갑돌 : 아침에 수많은 정류장 중 어디에서 공항버스를 타야 할지 몰랐는데 스튜어디스 차림의 여성이 향하는 정류장 쪽으로 따라갔었어. 이 경우, 그 스튜어디스 복장이 신뢰도를 높였다고 할 수 있겠네.

2. ㉠~㉣과 바꿔쓸 수 있는 유사한 표현으로 적절하지 않은 것은?

① ㉠ : 배척당하기　　　　　　② ㉡ : 왜곡되지

③ ㉢ : 제공하는　　　　　　　④ ㉣ : 이탈자

정답 및 해설 p. 352

3. 문맥상 ㉠의 의미와 가장 가까운 것은?

> 숨겼던 성적이 결국은 어머니에게 들통이 ㉠ <u>나서</u> 야단을 맞았다.

① 사춘기가 된 아들의 턱에 수염이 <u>나기</u> 시작했다.

② 유리컵이 깨져서 조각이 <u>났다</u>.

③ 어머니는 우리 집에 천재가 <u>났다면서</u> 좋아하셨다.

④ 그의 이름은 유명한 소설로 인해 전국에 널리 <u>나기</u> 시작했다.

529. 해이(解弛)	解 풀 **해**, 弛 늦출 **이** 긴장이나 규율 따위가 풀려 마음이 느슨함. 예 이번 경기는 선수들의 정신력 <u>해이</u>로 인해 좋은 결과가 나오지 못했다.
★★★ 0순위 최빈출 어휘 **530. 해학(諧謔)**	諧 화할 **해**, 謔 희롱할 **학** 익살스럽고도 품위가 있는 말이나 행동. 예 <u>해학</u>이 넘치는 재담.
531. 행로(行路)	行 다닐 **행**, 路 길 **로(노)** ① 사람이나 차가 많이 다니는 넓은 길. 예 <u>행로</u>에서 죽다. ② 길을 감. 또는 그 길. 예 그들은 여행을 떠나기 전에 <u>행로</u>를 정하였다. ③ 세상을 살아가는 길. 예 비뚤어졌던 내 <u>행로</u>를 되돌아보며 차곡차곡 고쳐 가면서 제일 밑 바닥에서부터 다시 시작하고 싶어요. ≪박영한, 인간의 새벽≫
532. 행사(行使)	行 다닐 **행**, 使 하여금 **사** 부려서 씀. 예 그 용의자는 묵비권을 <u>행사</u>하다.
533. 행세(行勢)	行 다닐 **행**, 勢 형세 **세** 세도를 부림. 예 그의 집안은 예전에는 이 근방에서 <u>행세</u>를 했었지만 지금은 형편없이 망했다.
★★★ 0순위 최빈출 어휘 **534. 행태(行態)**	行 다닐 **행**, 態 모습 **태** 행동하는 양상. 주로 부정적인 의미로 쓴다. 예 음주 <u>행태</u>.
★ 난이도 조절용 어휘 **535. 향배(向背)**	向 향할 **향**, 背 등 **배** 좇는 것과 등지는 것이라는 뜻으로, 어떤 일이 되어 가는 추세나 어떤 일에 대한 사람들의 태도를 이르는 말. 예 이번 수사의 성패는 여론의 <u>향배</u>에 달려 있다.
★★★ 0순위 최빈출 어휘 **536. 향유(享有)**	享 누릴 **향**, 有 있을 **유** 누리어 가짐. 예 현대인들은 문화와 예술의 <u>향유</u>에 많은 관심을 가진다고 합니다.

정답 및 해설 p. 352

1. (   )에 들어갈 말을 〈보기〉에서 찾아 문맥에 맞게 넣으시오.

㉠ 해이	㉡ 행사	㉢ 행로	㉣ 향배

❶ 탐험가는 미지의 땅을 탐험하며 그들의 (   )을/를 상세히 기록했다.

❷ 그는 권한을 (   )하여 팀원들이 프로젝트 목표를 달성할 수 있도록 지원했다.

❸ 학생들의 학습 태도가 (   )해져서 성적이 전반적으로 하락했다.

❹ 선거 결과에 따라 정치적 (   )이/가 크게 변화할 것으로 예상된다.

❺ 의료진의 주의력이 (   )해지면서 환자의 치료가 지연되는 문제가 발생했다.

정답 및 해설 p. 352

2. (   )에 들어갈 말을 〈보기〉에서 찾아 문맥에 맞게 넣으시오.

㉠ 행세	㉡ 행태	㉢ 해학	㉣ 향유

❶ 갈등이 심화되면서 사람들이 나타내는 (   )이/가 점점 더 공격적으로 변하고 있다.

❷ 작가는 (   )적인 시각으로 사회의 부조리를 풍자하며 독자들에게 교훈을 주었다.

❸ 그녀는 자신의 노력이 인정받아 사회적 지위와 명예를 (   )하고 있다.

❹ 그는 자신의 능력보다 높은 지위를 (   )하며 사람들을 속이려고 했다.

❺ 그 강력범은 수사관 앞에서 파렴치한 (   )을/를 보였다.

정답 및 해설 p. 352~353

[1~2] 다음 글을 읽고 물음에 답하시오.

소설의 출현은 사적 생활이라는 개념의 출현과 밀접한 관련이 있다. 왜냐하면 소설 읽기와 쓰기에 있어 사적 생활은 필수적인 까닭이다. 어쩌면 사적 생산과 소비 형태 탓에 사생활은 소설이라는 장르가 생기려는 기운이 싹틀 때부터 소설의 중심 주제였는지도 모른다. 혹은 이와는 반대로 사적 경험이라는 비교적 새로운 개념을 ㉠살펴야 할 필요 탓에 소설이 생긴 것인지도 모른다. …… 사적 공간은 개인, 가족, 친구, 그리고 자기 자신 등과의 교류에 필요한 은밀한 공간이 실제 생활 속에 구현되도록 도왔다. 자기만의 내적인 것에 대한 추구는 사람들의 이상이 되었고 점점 그 중요성이 커지면서 사람들의 존재 방식과 글쓰기 ㉡모습에 변화를 요구하였다.

이전의 지배적 문학 형태인 서사시, 서정시, 희곡 등과는 달리 소설은 낭독하는 전통이 없었다. 또한 낭독을 이상으로 삼지도 않고, 청중의 참여를 전제로 하지도 않았다. 소설 장르는 여럿이 함께 모여 문학 작품을 감상하는 청중 개념의 붕괴와 밀접한 관련이 있다. 19세기는 르네상스 시대와 17세기와는 달리 공통의 규범과 가치를 나누는 단일 사회가 아니었다. 따라서 청중이 한자리에 모여 동일한 가치를 나누는 일이 점차 불가능해졌다. 혼자 소리 내지 않고 책을 읽기 시작했다는 것은 사람들이 이미 사적 생활에 상당한 의미를 두게 되었음을 뜻한다. ……

이러한 사적 경험으로서의 책 읽기에 대응되어 나타난 것이 사적인 글쓰기였다. 사적으로 글을 쓸 경우 작가는 이야기꾼, 음유 시인, 극작가들과 달리 청중들로부터 아무런 즉각적 반응도 얻을 수 없다. 인류학자, 언어학자들에 의하면 언어의 의미는 그것을 쓸 때의 상황에 크게 ㉢달렸다고 한다. 그러나 글쓰기, 그중에도 특히 인쇄에 의해 복제된 글쓰기는 작가에게서 떨어져 나와 결국 아무에게도 속하지 않는 ㉣스스로 통제하는 것의 담론을 창조하게 되었다.

---

1. **윗글에서 알 수 없는 것은?** 2018 지방직 9급
① 사적인 글쓰기의 출현으로 작가는 독자와 직접 소통할 수 있게 되었다.
② 자기만의 내적인 것에 대한 추구가 새로운 형태의 글쓰기를 요구하였다.
③ 소설은 사적 공간에서의 책 읽기와 글쓰기가 가능해진 시기에 출현하였다.
④ 희곡작가는 낭독을 통해 청중들과 교류하며 공통의 규범과 가치를 나누고자 하였다.

2. **㉠~㉣과 바꿔쓸 수 있는 유사한 표현으로 적절하지 않은 것은?**
① ㉠: 탐색해야   ② ㉡: 행태
③ ㉢: 존속되었다고   ④ ㉣: 자율적인

정답 및 해설 p. 353

3. 문맥상 ㉠의 의미와 가장 가까운 것은?

> 올해도 어김없이 겨울이 ㉠ 돌아와 따뜻한 옷을 꺼내 입기 시작했다.

① 숙직이 한 달에 한 번씩 돌아온다.
② 이제 곧 나에게도 발표할 차례가 돌아올 것이다.
③ 비난이 자기 자신에게 돌아오다.
④ 그는 출장을 마치고 일주일 만에 집으로 돌아왔다.

537. 허비(虛費)	虛 빌 허, 費 쓸 비 헛되이 씀. 또는 그렇게 쓰는 비용. 예 시간의 <u>허비</u>가 막대하다.
538. 허상(虛像)	虛 빌 허, 像 모양 상 실제 없는 것이 있는 것처럼 나타나 보이거나 실제와는 다른 것으로 드러나 보이는 모습.　예 <u>허상</u>에 불과한 일.
539. 허식(虛飾)	虛 빌 허, 飾 꾸밀 식 실속이 없이 겉만 꾸밈. 예 우리 딸 결혼식은 <u>허식</u> 없이 실속 있게 치르기로 하였다.
540. 허언(虛言)	虛 빌 허, 言 말씀 언 ① 실속이 없는 빈말.　예 어른들 말씀을 <u>허언</u>으로 듣지 마라. ② 사실이 아닌 것을 사실인 것처럼 꾸며 대어 말을 함. 또는 그런 말. ＝ 거짓말. 　　예 그렇게 진실한 사람이 <u>허언</u>을 했을 리가 없다.
541. 허용(許容)	許 허락할 허, 容 얼굴 용 ① 허락하여 너그럽게 받아들임. 　　예 최근에 안락사의 <u>허용</u> 여부를 두고 전문가들 간에 심각한 논쟁이 있었다. ② 주로 각종 경기에서, 막아야 할 것을 막지 못하여 당함. 또는 그런 일. 　　예 우리 팀은 경기 종료 5분 전 결승골의 <u>허용</u>으로 아쉽게 본선 진출에 실패했다.
542. 허탈(虛脫)	虛 빌 허, 脫 벗을 탈 몸에 기운이 빠지고 정신이 멍함. 또는 그런 상태. 예 그는 실업으로 <u>허탈</u>과 실의에 빠졌다.
543. 허황(虛荒)	虛 빌 허, 荒 거칠 황 헛되고 황당하며 미덥지 못함.　예 <u>허황</u>한 소문이 퍼졌다.

정답 및 해설 p. 353

1. (   )에 들어갈 말을 〈보기〉에서 찾아 문맥에 맞게 넣으시오.

> ㉠ 허비   ㉡ 허상   ㉢ 허식   ㉣ 허언

❶ 그녀는 사회적 지위와 외모를 과시하기 위해 많은 (   )을/를 부리고 있었다.

❷ 그는 불필요한 회의에 시간을 (   )하며 중요한 업무를 소홀히 했다.

❸ 비효율적인 작업 방식으로 인해 직원들은 업무 시간의 대부분을 (   )하고 있었다.

❹ 그의 성공적인 이미지가 사실은 (   )에 불과하다는 것을 많은 사람들이 알게 되었다.

❺ 그는 자신의 성공을 과장하는 (   )로/으로 주변 사람들을 속이려 했다.

정답 및 해설 p. 353

2. (   )에 들어갈 말을 〈보기〉에서 찾아 문맥에 맞게 넣으시오.

> ㉠ 허용   ㉡ 허탈   ㉢ 허황

❶ 학교에서는 학생들이 수업 중에 스마트폰을 사용하는 것을 (   )하지 않는다.

❷ 그의 노력이 아무런 결실을 맺지 못하자 (   )한 마음에 빠졌다.

❸ 그는 과학적 근거 없이 자신의 이론을 주장하며 (   )된 의견을 펼쳤다.

❹ 회사 정책에 따라 근무 시간 외에는 업무와 관련된 연락을 (   )하지 않는다.

천기누설 혜선팍
세트형 독해+어휘

DAY
13

1 응

2 응

3 응

4 응

5 응

6 응

544. 험로(險路)	**險 험할 험, 路 길 로(노)**
	
	① 험한 길.
	  예 우리가 택한 길은 뒤편 산비탈을 가로지르는 것보다 몇 배 힘이
	    드는 **험로**였고 거리도 멀었다.
	② 험난한 삶을 비유적으로 이르는 말.
	  예 이 **험로**를 어찌 헤쳐 나갈까 고민이 된다.

✿✿✿ 〔중간 빈출 어휘〕 **545. 혁파(革罷)**	**革 고칠 혁, 罷 마칠 파** 묵은 기구, 제도, 법령 따위를 없앰. 예 새 법령과 법령의 **혁파**가 발포되는, 그야말로 조령모개의 정치적 혼란 을 빚게 한 새로운 문물제도는…. ≪박경리, 토지≫
546. 현격(懸隔)	**懸 매달 현, 隔 사이 뜰 격** 사이가 많이 벌어져 있음. 또는 차이가 매우 심함. 예 단체로 하는 운동의 경우 참가자들 간의 체력의 **현격**을 고려해야 한다.
✿✿✿ 〔0순위 최빈출 어휘〕 **547. 현황(現況)**	**現 나타날 현, 況 상황 황** 현재의 상황. 예 정보 장교는 비닐을 씌운 큼직한 상황판을 막대기로 짚어 가며 현재의 전투 **현황**을 설명했다. ≪안정효, 하얀 전쟁≫

548. 협소(狹小)	**狹 좁을 협, 小 작을 소**
	
	① 공간이 좁고 작음.
	  예 길이 **협소**하고 몹시 번잡하다.
	② 사물을 보는 안목이나 아량이 좁음.
	  예 장사밖에 모르던 한익의 **협소**한 시야에도 아내 효진의 무서운 야
	    심이 명확하게 드러났다. ≪홍성원, 육이오≫

549. 협의(狹義)	**狹 좁을 협, 義 옳을 의** 어떤 말의 개념을 정의할 때에, 좁은 의미. 예 우리는 흔히 문화라는 말을 개화와 같이 **협의**로 사용한다.

정답 및 해설 p. 354

1. (   )에 들어갈 말을 〈보기〉에서 찾아 문맥에 맞게 넣으시오.

> ㉠ 험로   ㉡ 혁파   ㉢ 현격

❶ 두 팀의 실력 차이는 (   )해서 경기가 일방적으로 진행되었다.

❷ 그는 인생의 (   )을/를 걸으며 많은 것을 배웠다.

❸ 이번 개혁의 목표는 불필요한 절차를 (   )하고 시민들의 불편을 줄이는 것이다.

❹ 정부는 부패한 관행을 (   )하기 위해 강력한 정책을 시행했다.

정답 및 해설 p. 354

2. (   )에 들어갈 말을 〈보기〉에서 찾아 문맥에 맞게 넣으시오.

> ㉠ 현황   ㉡ 협소   ㉢ 협의

❶ 가게의 내부가 너무 (   )해서 한 번에 많은 손님을 받을 수 없다.

❷ 이 용어는 (   )의 의미로 해석될 때 특정 분야에만 적용된다.

❸ 교수님은 학생들에게 현재 연구 프로젝트의 진행 (   )을/를 공유했다.

❹ 지역 사회의 인구 (   )을/를 파악하기 위해 설문 조사를 실시했다.

❺ 그는 (   )한 시각에서 벗어나지 못해 다른 사람의 의견을 수용하지 않았다.

☆☆☆ **0순위 최빈출 어휘** **550. 형극**(荊棘)	荊 가시나무 **형**, 棘 가시 **극** ① 나무의 온갖 가시. ② '고난'을 비유적으로 이르는 말. 　예 점심 한 끼 고의로 굶어 본 적이 없고 첩첩산중으로 밤길을 나서 　본 적 없던 서성구로서는 차마 배겨 내기 힘든 <u>형극</u>의 하루하루였 　던 것이다. ≪김원일, 불의 제전≫
551. 형언(形言)	形 모양 **형**, 言 말씀 **언** 형용하여 말함. 　예 그때의 벅찬 감정은 <u>형언</u>조차 하기 어려웠다.
552. 혜안(慧眼)	慧 슬기로울 **혜**, 眼 눈 **안** 사물을 꿰뚫어 보는 안목과 식견. 　예 아마도 형은 앞날을 내다볼 줄 아는 <u>혜안</u>을 갖고 있었던 것 같았다.
553. 호감(好感)	好 좋을 **호**, 感 느낄 **감** 좋게 여기는 감정. 　예 그녀에게 <u>호감</u>을 느끼다.
554. 호방(豪放)	豪 호걸 **호**, 放 놓을 **방** 의기가 장하여 작은 일에 거리낌이 없음. 　예 그는 나이가 들었지만 일세를 주름잡던 풍운아답게 <u>호방</u>한 기색이 그 　대로 살아 있었다.
☆☆ **중간 빈출 어휘** **555. 호혜**(互惠)	互 서로 **호**, 惠 은혜 **혜** 서로 특별한 혜택을 주고받는 일. 　예 <u>호혜</u> 평등의 원칙 아래 문호를 개방한다고 밝혔다.
556. 혹평(酷評)	酷 심할 **혹**, 評 평할 **평** 가혹하게 비평함. 　예 <u>혹평</u>을 받다.
557. 혼란(混亂)	混 섞을 **혼**, 亂 어지러울 **란(난)** 뒤죽박죽이 되어 어지럽고 질서가 없음. 　예 정치적 <u>혼란</u>.

정답 및 해설 p. 354

1. ( )에 들어갈 말을 〈보기〉에서 찾아 문맥에 맞게 넣으시오.

㉠ 형극 ㉡ 형언 ㉢ 혜안 ㉣ 호감

❶ 그는 복잡한 상황 속에서 문제의 본질을 파악하는 ( )을/를 지니고 있었다.

❷ 어려운 시기에 ( )을/를 참아내는 것이 그가 성숙하는 데 큰 도움이 되었다.

❸ 그 사건의 충격은 ( )할 수 없을 만큼 컸다.

❹ 그녀의 친절한 행동은 많은 사람들에게 ( )을/를 주었다.

❺ 자연의 아름다움은 ( )하기 힘들 정도로 경이롭다.

정답 및 해설 p. 354

2. ( )에 들어갈 말을 〈보기〉에서 찾아 문맥에 맞게 넣으시오.

㉠ 호방 ㉡ 호혜 ㉢ 혹평 ㉣ 혼란

❶ 그녀는 프로젝트의 결과가 미흡하다고 판단하여 ( )을/를 내놓았다.

❷ 그는 작은 일에 집착하지 않고 ( )하게 세상을 바라보는 시각을 가지고 있다.

❸ ( )의 원칙에 따라 양측은 상호 이익을 고려하여 계약을 체결했다.

❹ 새로운 정책에 대해 정치권에서 ( )이/가 쏟아졌고, 정부는 이를 검토할 예정이다.

❺ 그의 발언이 논란을 일으키면서 사회 전반에 ( )을/를 초래했다.

558. 혼선(混線)	混 섞을 혼, 線 줄 선
	① 전신·전화·무선 통신 따위에서, 선이 서로 닿거나 전파가 뒤섞여 통신이 엉클어지는 일.
	예 요즘 들어 전화가 자주 <u>혼선</u>된다.
	② 말이나 일 따위를 서로 다르게 파악하여 혼란이 생김.
	예 <u>혼선</u>이 일어나다.
559. 혼탁(混濁)	混 섞을 혼, 濁 흐릴 탁
	① 불순물이 섞이어 깨끗하지 못하고 흐림.
	예 매연으로 공기의 <u>혼탁</u>이 심하다.
	② 정치, 도덕 따위 사회적 현상이 어지럽고 깨끗하지 못함.
	예 선거 운동 기간이 시작되기도 전에 선거 운동은 <u>혼탁</u> 양상을 보이고 있다.
560. 홀연(忽然)	忽 갑자기 홀, 然 그럴 연
	뜻하지 아니하게 갑자기.
	예 철수가 <u>홀연</u> 종적을 감추었다.
☆ 난이도 조절용 어휘 **561. 홍진(紅塵)**	紅 붉을 홍, 塵 티끌 진
	번거롭고 속된 세상을 비유적으로 이르는 말.
	예 그는 <u>홍진</u>을 피해 시골로 내려가서 살았다.
562. 화답(和答)	和 화할 화, 答 대답 답
	시(詩)나 노래에 응하여 대답함.
	예 당신의 노래에 대한 <u>화답</u>으로 나도 노래 한 곡 하겠습니다.
563. 혼잡(混雜)	混 섞을 혼, 雜 섞일 잡
	여럿이 한데 뒤섞이어 어수선함.
	예 <u>혼잡</u>을 빚다.
☆☆☆ 0순위 최빈출 어휘 **564. 화합(和合)**	和 화할 화, 合 합할 합
	화목하게 어울림.
	예 증오가 미만해 있는 땅에서 어떻게 <u>화합</u>을 이룩할 수가 있겠는가.
	≪이병주, 지리산≫
☆☆☆ 0순위 최빈출 어휘 **565. 확고(確固)**	確 굳을 확, 固 굳을 고
	태도나 상황 따위가 튼튼하고 굳음.
	예 <u>확고</u>한 안보 체제를 유지하다.

정답 및 해설 p. 354

1. ( )에 들어갈 말을 〈보기〉에서 찾아 문맥에 맞게 넣으시오.

| ㉠ 혼선 | ㉡ 혼탁 | ㉢ 홀연 | ㉣ 홍진 |

❶ 프로젝트 일정에 대한 ( )로/으로 팀원들 간의 조율이 필요했다.

❷ 비가 내리던 하늘이 ( )히 맑아지며 해가 뜨기 시작했다.

❸ 정보 전달 과정에서 ( )이/가 있어, 정확한 내용을 다시 확인해야 했다.

❹ 그 지역의 물이 오염되어 ( )한 상태로, 음용하기 부적합하다.

❺ ( )을/를 피해 한적한 시골로 이사 온 후, 그는 비로소 안정을 찾았다.

정답 및 해설 p. 354

2. ( )에 들어갈 말을 〈보기〉에서 찾아 문맥에 맞게 넣으시오.

| ㉠ 화답 | ㉡ 혼잡 | ㉢ 화합 | ㉣ 확고 |

❶ 명절 연휴 동안 쇼핑몰은 ( )하여 이동하기가 힘들었다.

❷ 그의 ( )한 신념 덕분에 어려운 상황에서도 흔들림 없이 자신을 지킬 수 있었다.

❸ 다음 시는 방금 소개한 시에 대한 ( )이라고 볼 수 있다.

❹ 교통 ( )로/으로 인해 약속 시간에 늦어질까 걱정이 되었다.

❺ 팀원들 간의 원활한 소통과 협력 덕분에 프로젝트가 성공적으로 ( )을/를 이루었다.

정답 및 해설 p. 355

[1~2] 다음 글을 읽고 물음에 답하시오.

"신은 주사위 놀이를 하지 않는다." 이것은 아인슈타인이 막스 보른에게 보낸 편지글에 등장하는 표현이다. 아인슈타인은 막스 보른과 닐스 보어, 그리고 하이젠베르크가 주축이 된 코펜하겐의 양자역학 해석에 대해 큰 반감을 갖고 있었다. 코펜하겐 해석에 따르면 파동 함수는 확률적이어야 하는데, 이러한 파동 함수로 표현된 물리계는 불확정성의 원리를 따른다. 불확정성 원리에 의하면 입자의 위치를 알게 되면 그 입자의 운동량을 알 수 없게 되고, 입자의 운동량을 알게 되면 그 입자의 위치를 알 수 없게 된다. 이에 코펜하겐 학파는 미시 세계의 물질은 '점'이 아니라 비교적 넓은 영역에 걸쳐서 확률적으로 ⊙ 현실에 실재하는 해석을 내놓았다.

그러나 아인슈타인에게 있어 코펜하겐 학파의 해석은 불완전했던 것으로 보인다. 그는 하이젠베르크의 불확정성 원리가 입증된 것은 당대의 기술력으로는 아주 ⓒ 빈틈 없는 관측 기구를 만들 수가 없어서라고 생각했다. 만약 그러한 기구가 준비된다면, 입자의 운동량과 위치는 동시에 측정될 수 있을 것이고 그로써 코펜하겐 학파의 '확률적 존재'에 대한 개념을 부정할 수 있을 것이라 믿었다. 사실 아인슈타인이 양자역학 자체를 부정했던 것은 아니었다. 그가 생각하기에 양자역학이 ⓒ 이루어지기 위해서는 '숨은 변수'가 필요했고, 그것이 확률적 개념은 아닐 것이라는 ② 굳은 믿음이 있었던 것이다.

1. 윗글에 대한 추론으로 적절하지 않은 것은?

① 아인슈타인은 막스 보른에 대해 회의적인 시각을 보일 것이다.

② 막스 보른은 불확정성의 원리를 통해 양자역학을 해석할 것이다.

③ 아인슈타인은 막스 보른의 해석이 확률적으로 이루어지는 것에 대해 정밀하지 못한 실험 설계와 도구 탓이라고 여길 것이다.

④ 아인슈타인은 양자역학이 불완전한 이론이라고 말하며 그 자체를 부정할 것이다.

2. ⊙~②과 바꿔쓸 수 있는 유사한 표현으로 적절하지 않은 것은?

① ⊙: 존재한다는

② ⓒ: 엄습한

③ ⓒ: 완성되기

④ ②: 확고한

정답 및 해설 p. 355

3. 문맥상 ㉠의 의미와 가장 가까운 것은?

> 그는 바쁜 일정 탓에 중요한 회의에 ㉠ 빠지는 일이 많아졌다.

① 아무래도 이렇게 장사가 되지 않으면 본전도 빠지지 않겠다.

② 이번 요리는 설탕이 빠져서 맛이 싱겁게 느껴졌다.

③ 이 옷깃에서 때가 잘 빠져서 좋다.

④ 그 말을 들으니 다리에 기운이 빠져서 서 있을 수가 없었다.

☆☆☆☆ **0순위 최빈출 어휘** **566. 확산(擴散)**	擴 넓힐 **확**, 散 흩을 **산** 흩어져 널리 퍼짐. 예 비리 공무원을 엄벌해야 한다는 여론이 일면서 파장이 <u>확산</u>하고 있다.
567. 확약(確約)	確 굳을 **확**, 約 맺을 **약** 확실하게 약속함. 또는 그런 약속. 예 <u>확약</u>을 받다.
☆☆☆☆ **0순위 최빈출 어휘** **568. 확증(確證)**	確 굳을 **확**, 證 증거 **증** 확실히 증명함. 또는 그런 증거. 예 그가 범인이라는 <u>확증</u>을 제시하지 못하면 심증이 가도 구속할 수가 없다.
☆☆☆☆ **0순위 최빈출 어휘** **569. 환기(喚起)**	喚 부를 **환**, 起 일어날 **기** 주의나 여론, 생각 따위를 불러일으킴. 예 의식의 <u>환기</u>.
570. 환멸(幻滅)	幻 헛보일 **환**, 滅 꺼질 **멸** 꿈이나 기대나 환상이 깨어짐. 또는 그때 느끼는 괴롭고도 속절없는 마음. 예 김 의원은 정치에 <u>환멸</u>을 느끼고 정치계를 떠났다.
571. 환상(幻想)	幻 헛보일 **환**, 想 생각 **상** 현실적인 기초나 가능성이 없는 헛된 생각이나 공상. 예 그는 가끔 자신이 하늘을 날 수 있다는 <u>환상</u>에 사로잡히곤 한다.
572. 활황(活況)	活 살 **활**, 況 상황 **황** 활기가 있는 상황. 예 이번 추석 경기는 매우 <u>활황</u>이었다.
573. 환영(幻影)	幻 헛보일 **환**, 影 그림자 **영** 눈앞에 없는 것이 있는 것처럼 보이는 것. 예 망령은 대낮에도 끈덕지게 달려들었다. 멀뚱하게 눈을 뜨고 앉아서 민욱은 그 <u>환영</u>에 쉴 새 없이 쫓겼다. ≪신상웅, 심야의 정담≫
574. 황급(遑急)	遑 급할 **황**, 急 급할 **급** 몹시 어수선하고 급박함. 예 <u>황급</u>히 달아나다.

빈/칸/문/제

정답및해설 p. 356

1. ( )에 들어갈 말을 〈보기〉에서 찾아 문맥에 맞게 넣으시오.

| ㉠ 확산 | ㉡ 확약 | ㉢ 확증 | ㉣ 환기 | ㉤ 환상 |

❶ 꿈속에서 만난 장면들은 너무나 생생하여 마치 ( ) 같았다.

❷ 당국은 새 정책에 대한 여론의 ( )을/를 위해 대대적인 홍보 행사를 마련했다.

❸ 사건의 진실을 밝히기 위해 추가적인 증거를 통해 ( )이/가 필요하다.

❹ 계약서에 명시된 사항을 준수하겠다는 ( )을/를 받았다.

❺ 바이러스의 빠른 ( )로/으로 인해 지역 사회에 많은 사람들이 감염되었다.

빈/칸/문/제

정답및해설 p. 356

2. ( )에 들어갈 말을 〈보기〉에서 찾아 문맥에 맞게 넣으시오.

| ㉠ 환멸 | ㉡ 활황 | ㉢ 환영 | ㉣ 황급 |

❶ 정부의 지원 정책 덕분에 중소기업들이 ( )을/를 이루며 성장하고 있다.

❷ 어두운 밤길을 걸으며 그는 앞에 ( )이/가 떠다니는 듯한 착각을 일으켰다.

❸ 연속된 실수와 실망에 결국 ( )을/를 느끼며 프로젝트를 포기하게 되었다.

❹ 신제품 출시 후 회사의 매출이 크게 증가하여 사업이 ( )을/를 맞이했다.

❺ 회의 시간이 다가오자 그는 ( )하게 자료를 준비하기 시작했다.

정답 및 해설 p. 356

1. 다음 대화에서 수현과 연재의 말하기 방식에 대해 설명한 내용으로 적절한 것은?

> 수현 : 우리 고등학생이었을 때 학교에서 화장 금지했던 거 기억나? 화장도 자신
> 의 개성을 표현하는 일인데 왜 그렇게 규제할까?
>
> 연재 : 난 청소년들의 화장은 규제하는 것이 좋다고 생각해. 얼마 전에도 화장품
> 불안전성과 오남용 문제가 심각하다는 기사를 봤어.
>
> 수현 : 그건 학생이라서가 아니라 화장품을 사용하는 성인에게도 문제잖아. 무조
> 건 금지하기보다는 화장품에 들어갈 수 있는 유해 성분들을 가르쳐 주고 화
> 장품을 잘 선택할 수 있도록 지도하는 게 좋지 않을까?

① 수현은 연재와 공유하는 경험을 환기하며 그것에 대해 문제를 제기하고 있다.

② 연재는 수현이 제기한 문제와 관련된 자신의 사례를 들어 수현과 다른 입장임을 밝
히고 있다.

③ 수현은 '동의의 격률'을 지키며 화제에 대한 대안을 제시하고 있다.

④ 연재는 모호하고 중의적인 표현을 사용하여 자신의 의견을 분명히 밝히지 않고 있다.

정답 및 해설 p. 356

2. **문맥상 ㉠의 의미와 가장 가까운 것은?**

> 어머니는 술상을 ㉠ 보느라 바쁘시다.

① 그녀는 아이를 봐 줄 사람을 구하였다.
② 교차로를 건널 때에는 신호등을 잘 보고 건너야 한다.
③ 그의 사정을 보니 딱하게 되었다.
④ 손님 주무실 자리를 봐 드려라.

Day 13 ··· ⑤ ㅎ

☆☆☆☆ 0순위 최빈출 어휘 **575. 회귀**(回歸)	**回** 돌아올 **회**, **歸** 돌아갈 **귀** 한 바퀴 돌아 제자리로 돌아오거나 돌아감. 예 무조건적인 과거로의 <u>회귀</u>는 바람직하지 않다.
576. 회생(回生)	**回** 돌아올 **회**, **生** 날 **생** 거의 죽어 가다가 다시 살아남.　예 <u>회생</u> 불능.
577. 회심(會心)	**會** 모일 **회**, **心** 마음 **심** 마음에 흐뭇하게 들어맞음. 또는 그런 상태의 마음. 예 <u>회심</u>의 한 방을 날리다.
☆☆☆☆ 0순위 최빈출 어휘 **578. 회의**(懷疑)	**懷** 품을 **회**, **疑** 의심할 **의** 의심을 품음. 또는 마음속에 품고 있는 의심. 예 <u>회의</u>를 품다.
☆☆☆☆ 0순위 최빈출 어휘 **579. 회한**(悔恨)	**悔** 뉘우칠 **회**, **恨** 한 **한** 뉘우치고 한탄함. 예 그렇다면 자식을 탓할 것이 아니라고 자기의 잘못을 다시금 뉘우친다. 　　그럴 때마다 그는 <u>회한</u>의 눈물을 남몰래 흘리었다. ≪이기영, 신개지≫
580. 횡행(橫行)	**橫** 가로 **횡**, **行** 다닐 **행** ① 나쁜 일이 이곳저곳에서 마구 벌어지거나 나타남. 　예 정치인들은 부정부패의 <u>횡행</u>을 반드시 근절하겠다고 자성의 목소 　　리를 높였다. ② 아무 거리낌 없이 제멋대로 행동함. 　예 사회 기강은 해이해지고 국민의 생활은 처참하여 각지에서 도적 　　이 <u>횡행</u>하였다.
581. 효험(效驗)	**效** 본받을 **효**, **驗** 시험 **험** 일의 좋은 보람. 또는 어떤 작용의 결과. 예 그 약은 꽤 <u>효험</u>이 있다.
☆☆ 중간 빈출 어휘 **582. 후덕**(厚德)	**厚** 두터울 **후**, **德** 덕 **덕** 덕이 후함. 또는 그런 덕. 예 그는 <u>후덕</u>이 있는 사람이다.

빈/칸/문/제

정답 및 해설 p. 357

1. (   )에 들어갈 말을 〈보기〉에서 찾아 문맥에 맞게 넣으시오.

㉠ 회귀   ㉡ 회생   ㉢ 회심   ㉣ 회의

❶ 그 지역의 식물들이 자연 재해 후에 (   )하며 푸른 숲을 이루었다.

❷ 과거의 정책으로 (   )하는 것이 현재 상황에 적절할지에 대한 논의가 필요하다.

❸ 회사는 재정 위기 속에서 새로운 경영 전략으로 (   )에 성공했다.

❹ 그는 얼굴에 (   )의 미소를 지었다.

❺ 그 제안이 실제로 실행 가능할지에 대해 (   )을/를 가지고 있는 사람들도 많았다.

빈/칸/문/제

정답 및 해설 p. 357

2. (   )에 들어갈 말을 〈보기〉에서 찾아 문맥에 맞게 넣으시오.

㉠ 회환   ㉡ 횡행   ㉢ 효험   ㉣ 후덕

❶ 새로운 교육 프로그램이 학생들의 성적 향상에 (   )을/를 보이기 시작했다.

❷ 불법적인 방법으로 권력을 (   )하는 정치인들은 사회적 비난을 받았다.

❸ 선생님은 (   )한 성격으로 어려움에 처한 친구들에게 항상 도움의 손길을 내민다.

❹ 이 도시에서는 범죄 조직이 (   )하여 주민들이 큰 불안에 시달리고 있다.

❺ 그는 과거의 실수를 (   )하며 그때의 선택을 다시 돌아보았다.

정답 및 해설 p. 357~358

[1~2] 다음 글을 읽고 물음에 답하시오.

1809년에 발표된 라마르크의 진화론은 1859년에 다윈의 진화론이 발표된 후에도 자연학자의 지지를 받았다. 그것은 자연의 합목적성에 ㉠ 토대를 둔다. 라마르크는 생물이 가장 열등한 것으로부터 가장 고등한 것으로 진화해나가며 자신이 노력하여 획득한 형질을 후손에게 물려주어 필연적인 진화가 일어난다고 말한다. 이는 다윈의 진화론의 진화가 우연적 산물일 뿐이며, 형질 간의 우열은 존재하지 않는다는 주장과 정면으로 ㉡ 맞서는 개념이었다.

더불어 라마르크의 진화론은 당시의 진보주의에 의해 ㉢ 뒷받침되었다. 진보주의에 입각하면 인간의 문명은 인간 개체의 연장선상에 놓여있으며, 이로써 고등한 문명의 식민 지배는 정당화되었다. 이러한 사상에 영향을 미친 것으로 알려진 스펜서는 다윈의 진화론을 토대로 적자 생존의 사회 진화론을 펼쳤다.

그러나 그의 이론은 제국주의와 파시즘을 정당화하는 도구적으로 이용되었을 뿐이다. 그가 주창했던 적자생존은 날것의 야만 사회에서나 가능한 것이었으며, 제국주의와 파시즘은 스펜서의 입장에서 야만으로 ㉣ 돌아옴에 불과했다. 더불어 다윈의 진화론은 인종, 국가 간의 우열을 설명하기에 불충분하다. 이러한 불명예는 라마르크의 진화론이 제국주의, 파시즘 이데올로기에 의해 선택적으로 발췌된 채 스펜서의 이론과 결합한 것에서 기인한 것이다.

1. 윗글을 통해 알 수 없는 것은?

① 다윈의 진화론이 인종, 국가 간의 우열을 설명할 수 없는 것은 그의 진화론이 형질 간의 우열을 부정했기 때문일 것이다.

② 제국주의와 파시즘이 스펜서의 이론을 도구적으로 이용한 것은 그의 적자생존의 논리를 통해 이데올로기를 정당화하고자 하는 의도 때문이었을 것이다.

③ 라마르크를 지지하는 자들은 생물이 열등한 것에서 고등한 것으로 향하는 방향성과 필연적 진화에 대해 자연의 합목적성에 부합한다는 평가를 내릴 것이다.

④ 제국주의와 파시즘을 지지하는 자들은 우연하게 발생한 국가, 인종 간의 우열이 식민 지배의 근거이며, 적자생존이 식민 지배를 합리화한다고 판단할 것이다.

2. ㉠~㉣과 바꿔쓸 수 있는 유사한 표현으로 적절하지 않은 것은?

① ㉠: 기반한다 ② ㉡: 감당하는

③ ㉢: 지지되었다 ④ ㉣: 회귀

정답 및 해설 p. 358

3. 문맥상 ⊙의 의미와 가장 가까운 것은?

> 경찰은 누구든 혐의가 ⊙ 드러날 경우 엄중 처벌하겠다고 밝혔다.

① 여름옷이지만 그 옷은 어깨가 너무 드러난다.
② 새로 지은 건물의 독특한 디자인이 주변에서 단연 드러났다.
③ 그녀의 미소는 모든 사진에서 항상 밝게 드러났다.
④ 사건의 전모는 드러났지만 아직 진상은 밝혀지지 않고 있다.

583. 황폐(荒廢)	荒 거칠 황, 廢 폐할 폐
	집, 토지, 삼림, 정신이나 생활 따위가 거칠어져 못 쓰게 됨.
	예 무분별한 개발로 농촌의 황폐가 심해지고 있다. 현대는 물질만능주의의 만연으로 정신의 황폐가 치유하기 힘들 정도로 심각하다.
584. 후생(厚生)	厚 두터울 후, 生 날 생
	사람들의 생활을 넉넉하고 윤택하게 하는 일.
	예 보건 후생의 보장.
585. 훼손(毀損)	毀 헐 훼, 損 덜 손
	① 체면이나 명예를 손상함.
	예 아들에게 설득당하기보다 남편에게 설득당했다는 편이 어미로서 위신의 훼손도 없을 것인즉, 길상도 모르지는 않았다.
	≪박경리, 토지≫
	② 헐거나 깨뜨려 못 쓰게 만듦.
	예 자연환경 훼손이 심하다.
586. 흉측(凶測)	凶 흉할 흉, 測 헤아릴 측
	몹시 흉악함.
	예 엉성궂게 말라빠진 고목은 밤이면 아주 흉측하게 보였다.
587. 희한(稀罕)	稀 드물 희, 罕 드물 한
	매우 드물거나 신기함.
	예 살다 보면 별 희한한 일이 다 생기지요.
588. 힐난(詰難)	詰 물을 힐, 難 어려울 난
	트집을 잡아 거북할 만큼 따지고 듦.
	예 왜 봉투를 열었느냐고 명욱을 힐난할 순 없었다.
	≪이병주, 행복어 사전≫
589. 힐문(詰問)	詰 물을 힐, 問 물을 문
	트집을 잡아 따져 물음.
	예 그는 월급을 어디다 다 썼냐는 아내의 힐문에 대답을 할 수가 없었다.

정답 및 해설 p. 358

1. (　　)에 들어갈 말을 〈보기〉에서 찾아 문맥에 맞게 넣으시오.

㉠ 힐난　　㉡ 후생　　㉢ 훼손　　㉣ 흉측

❶ 오래된 벽지와 먼지로 가득한 방의 모습이 (　　)하여 청소가 시급했다.

❷ 국가의 복지 정책이 향후 시민들의 (　　)을/를 증진시키는 데 크게 기여할 것이다.

❸ 공원에 설치된 조각상이 낙서로 (　　)되어 많은 사람들이 안타까워했다.

❹ 잘못된 결정으로 인해 그는 언론과 대중으로부터 많은 (　　)을/를 받았다.

정답 및 해설 p. 358

2. (　　)에 들어갈 말을 〈보기〉에서 찾아 문맥에 맞게 넣으시오.

㉠ 흡사　　㉡ 희한　　㉢ 황폐　　㉣ 힐문

❶ 이 두 제품은 디자인이 (　　)하여 소비자들은 구별하기 어려워한다.

❷ 그녀는 자신이 당한 불공정한 대우에 대해 인사팀에게 철저한 (　　)을/를 하였다.

❸ 오늘 날씨가 (　　)하게도 갑자기 더워졌다가 다시 추워졌다.

❹ 그녀의 꿈에서 본 장면은 너무 (　　)해서 아침에 일어나서도 그 장면이 기억에 남았다.

❺ 대규모 산불로 숲이 (　　)해졌고, 복구 작업이 시급히 필요하다.

※ **흡사(恰似 : 恰 흡사할 흡 似 같을 사) : 거의 같을 정도로 비슷한 모양.**

정답 및 해설 p. 359

[1~2] 다음 글을 읽고 물음에 답하시오.

존 파울즈의 '프랑스 중위의 여자'는 작가의 엄청난 독서량을 바탕으로 기존 작품을 변주, 작품 내에 ㉠ 넣어 문학적 성과를 이룬 작품이다. 이처럼 옛 텍스트를 변형, 작품 내 넣는 것을 '패러디'라고 한다. '패러디'가 표절과 다른 점은 '패러디'는 누구나 알아볼 수 있는 작품을 누구나 알아볼 수 있는 방식으로 넣어 변주한 구절에 새로운 의미를 ㉡ 지니게 하고 작품에도 새로운 의미 해석을 불러일으킨다는 것이다. 즉, 기존 작품의 '친밀성'을 이용하여 독자의 이해를 높이고, 그 내용을 비트는 '낯설게하기'를 통해 독자에게 '패러디'된 작품과 원작에 대한 더 강렬한 인상과 이해를 준다는 것에 의의가 있다.

'패러디'는 기발함을 그 특징으로 하기에 웃음을 유발하고 지적 호기심을 충족시키며 당대 사회를 희화화하여 풍자하기도 한다. 다만, 포스트모더니즘의 패러디는 언어의 형태와 진리 전달 여부에 대한 불확신을 이유로 풍자의 기능이 약하며 '패러디'와 ㉢ 차이를 두어 '패스티쉬'라 부른다. '패스티쉬'는 잘 알려진 작가의 문체나 기법을 ㉣ 따라하는 것이다. 패러디가 기존 작품과의 '차이점'에 중심을 두는데 반면, '패스티쉬'는 자신이 사용하는 언어에 대한 불신으로 기존 작품과의 '공통점'에 그 중점을 둔다.

1. 다음 제시문을 추론한 내용으로 옳은 것은?

① 패러디는 기발함을 위해 생소한 작품을 원작으로 하는 일이 잦다.

② 패러디로 인한 원작 의미 훼손으로 패러디를 거부하기도 한다.

③ '패스티쉬'는 '낯설게 하기'보다 '친밀성'에 더 중점을 두고 있다.

④ 언어에 대한 불신으로 존 파울즈는 '패스티쉬' 기법을 사용했다.

2. ㉠~㉣과 바꿔쓸 수 있는 유사한 표현으로 적절하지 않은 것은?

① ㉠: 삽입해   ② ㉡: 부여하고

③ ㉢: 분석하여   ④ ㉣: 모방하는

정답 및 해설 p. 359

3. 문맥상 ㉠의 의미와 가장 가까운 것은?

해방을 ㉠ 맞으면서 각 지역에서는 다양한 축제가 열려 자유를 기념했다.

① 그들은 우리를 반갑게 맞아 주었다.
② 그녀는 시집간 지 석 달 만에 남편에게 소박을 맞았다.
③ 우리는 10주년 기념일을 맞아 특별한 여행을 계획했다.
④ 그는 친구의 여동생을 아내로 맞았다.

천기누설 혜선팍
세트형 독해+어휘

정답
및 해설

Day 01 ··· ① ㄱ

빈/칸/문/제

p. 15

01. ❶ ㉡ 가시적 ❷ ㉢ 각축 ❸ ㉠ 가설 ❹ ㉣ 간과 ❺ ㉢ 각축
02. ❶ ㉢ 개진 ❷ ㉡ 개괄 ❸ ㉢ 개진 ❹ ㉣ 거국적 ❺ ㉠ 간헐적

독/해/문/제

p. 16~17

1. ③ [독해(비문학) − 내용 추론 긍정 발문]
비트겐슈타인은 '지구가 태양 주위를 돌고 있다'와 같이 실제 경험할 수 있는 사실과 비교하여 이 사실과 일치하는 명제를 참, 일치하지 않는 명제를 거짓이라고 보았다. 즉, 명제이기 위해서는 대응하는 사실이 있어야 하며, 대응하는 사실이 없는 명제는 명제가 아니다.

오답풀이
① 1문단의 두번째 문장에서 '종래의 철학자들'은 '정신이나 이성에 관심을 가졌다'고 언급하였다.
② 명제는 반드시 대응하는 사실이 있어야 한다. 대응하는 사실이 없는 명제는 거짓인 명제가 아니라 명제 자체가 성립되지 않는 것이다.
④ 비트겐슈타인은 하나의 명제는 '하나의' 사실과 대응하여 참 또는 거짓으로 판단할 수 있다고 보았다.

2. ③ [어휘 − 바꿔 쓸 수 있는 유사한 표현]
㉢의 '교대(交代: 交 사귈 교 代 대신할 대)하다'는 '어떤 일을 여럿이 나누어서 차례에 따라 맡아 하다.'의 뜻이므로 '견주어서'를 바꿔 쓰기에 적절하지 않다. 바꿔 쓸 수 있는 표현으로는 '둘 이상의 사물을 견주어 서로 간의 유사점, 차이점, 일반 법칙 따위를 고찰하다.'의 뜻을 가진 '비교(比較: 比 견줄 비 較 견줄 교)하다'가 적절하다.

오답풀이
① ㉠의 '간과(看過: 看 볼 간 過 지날 과)하다'는 '큰 관심 없이 대강 보아 넘기다.'의 뜻이므로 바꿔 쓰기에 적절하다.
② ㉡의 '설정(設定: 設 베풀 설 定 정할 정)하다'는 '새로 만들어 정해 두다.'의 뜻이므로 바꿔 쓰기에 적절하다.

천기누설 혜선팍 세트형 독해+어휘

④ ㉣의 '대응(對應: 對 대할 대 應 응할 응)하다'는 '어떤 일이나 사태에 맞추어 태도나 행동을 취하다.'의 뜻이므로 바꿔 쓰기에 적절하다.

3. ② [어휘 – 문맥적 의미 추론]
제시문의 ㉠의 '일어나다'는 '약하거나 희미하던 것이 성하여지다.'의 뜻으로 쓰였고, 이와 의미가 가장 가까운 것은 ②이다.

오답풀이

① '일어나다'는 '자연이나 인간 따위에게 어떤 현상이 발생하다.'의 뜻으로 쓰였다.
③ '일어나다'는 '소리가 나다.'의 뜻으로 쓰였다.
④ '일어나다'는 '몸과 마음을 모아 나서다.'의 뜻으로 쓰였다.

빈/칸/문/제

p. 19

01. ❶ ㉢ 결부 ❷ ㉡ 견지 ❸ ㉣ 결연 ❹ ㉠ 거시적 ❺ ㉢ 결부
02. ❶ ㉣ 고무적 ❷ ㉢ 경각심 ❸ ㉡ 계도 ❹ ㉠ 결탁 ❺ ㉣ 고무적

독/해/문/제

p. 20~21

1. ④ [독해(비문학) – 제목 추론]
해당 지문은 위협 소구가 마케팅과 결합하여 쓰였을 때의 부작용을 드러내고 있다. 위협 소구는 시청자들의 허구적 공포를 자극하여 상업적으로 마케팅하고 있으며 이에 따라 시청자들의 무분별한 광고 수용보다는 비판적 시각에서의 수용이 촉구되고 있다.

오답풀이

① 해당 내용은 위협 소구의 예시일 뿐 글 전체의 내용을 담지 못한다.
② 위협 소구의 효과는 설득으로 제시문에서 드러났으나 그에 대한 연구가 본문에 제시되어 있지 않다.
③ 공익 목적의 위협 소구 전략에 대한 간략한 소개는 있으나 이는 제시문에서 상업적 용도의 위협 소구를 이끌어내기 위함이다.

정답 및 해설 289

박혜선 국어

2. ③ [어휘 – 바꿔 쓸 수 있는 유사한 표현]

ⓒ의 '개선(改善: 改 고칠 개 善 착할 선)되다'는 '잘못된 것이나 부족한 것, 나쁜 것 따위가 고쳐져 더 좋게 되다.'의 뜻이므로 '바뀌었다'를 바꿔 쓰기에 적절하지 않다. 바꿔 쓸 수 있는 표현으로는 '다른 것으로 바뀌다.'의 뜻을 가진 '대체(代替: 代 대신할 대 替 바꿀 체)되다'가 적절하다.

오답풀이

① ㉠의 '경각심(警覺心: 警 경계할 경 覺 깨달을 각 心 마음 심)'은 '정신을 차리고 주의 깊게 살피어 경계하는 마음.'의 뜻이므로 바꿔 쓰기에 적절하다.

② ㉡의 '기인(起因: 起 일어날 기 因 인할 인)하다'는 '어떠한 것에 원인을 두다.'의 뜻이므로 바꿔 쓰기에 적절하다.

④ ㉣의 '촉구(促求: 促 재촉할 촉 求 구할 구)되다'는 '급하게 재촉하여 요구하다.'의 뜻이므로 바꿔 쓰기에 적절하다.

3. ④ [문맥적 의미 추론]

제시문의 ㉠의 '재생하다'는 '녹음·녹화한 테이프나 필름 따위로 본래의 소리나 모습을 다시 들려주거나 보여 주다.'의 뜻으로 쓰였고, 이와 의미가 가장 가까운 것은 ④이다.

오답풀이

① '재생하다'는 '죽게 되었다가 다시 살아나다.'의 뜻으로 쓰였다.

② '재생하다'는 '타락하거나 희망이 없어졌던 사람이 다시 올바른 길을 찾아 살아가다.'의 뜻으로 쓰였다.

③ '재생하다'는 '낡거나 못 쓰게 된 물건을 가공하여 다시 쓰게 하다.'의 뜻으로 쓰였다.

p. 23

01. ❶ ㉢ 과도기 ❷ ㉣ 과신 ❸ ㉠ 고소 ❹ ㉡ 공시적 ❺ ㉣ 과신
02. ❶ ㉡ 관념 ❷ ㉢ 괄시 ❸ ㉠ 과언 ❹ ㉣ 교착 ❺ ㉣ 교착

p. 24~25

1. ③ [독해(비문학) – 사례 적용]

공화제나 입헌군주제, 민주주의나 자본주의와 같은 관념이 등장하여 기존 체제를 대체한 것은, 이전까지 존재하지 않았던 관념을 만들어 낸 것이므로 발명의 사례로 볼 수 있으므로 발견의 사례를 강화한다고 볼 수 없다. 제시문에서 발명의 대상은 '종교나 관습과 같은 관념'일 수도 있다고 하였다.

오답풀이

① 신대륙은 이미 존재하고 있는 것이었으므로 이를 찾아낸 것은 발견의 사례를 강화하지만 인공섬은 존재하지 않았던 것을 만들어 낸 것이므로 발명의 사례를 강화한다.

② 세균은 파스퇴르가 그 존재를 확인하기 전부터 존재해 왔던 것이므로 이를 찾아낸 것은 발견의 사례이므로 발명의 사례를 강화하지 않는다.

④ 서양 음악에서 소나타 형식이 완성된 것은 세상에 없던 것을 만들어 낸 것이므로 '발명'에 해당한다. 또, 모차르트나 베토벤이 소나타 형식에 따라 작곡한 것은 세상에 없는 곡을 만들어 낸 것이므로, 소나타 형식을 토대로 한 2차 발명으로 볼 수 있으므로 발명의 사례를 강화한다.

2. ④ [어휘 – 바꿔 쓸 수 있는 유사한 표현]

ㄹ의 '조성(造成 : 造 지을 조 成 이룰 성)하다'는 '분위기나 정세 등을 생기게 함.'을 의미하므로 이 문맥에는 적절하지 않다. 이 문맥에는 '사물이 생겨남. 생겨 이루어지게 함.'을 의미하는 '생성(生成 : 生 날 생 成 이룰 성)하는'으로 고쳐야 한다.

오답풀이

① ㄱ의 '등장(登場 : 登 오를 등 場 마당 장)하다'는 '어떤 사건이나 분야에서 새로운 제품이나 현상, 인물 등이 세상에 처음으로 나오다.'의 뜻이므로 바꿔 쓰기에 적절하다.

② ㄴ의 '활발(活潑 : 活 살 활 潑 물 뿌릴 발)하다'는 '생기 있고 힘차며 시원스럽다.'의 뜻이므로 바꿔 쓰기에 적절하다.

③ ㄷ의 '해당(該當 : 該 갖출 해 當 마땅 당)하다'는 '어떤 범위나 조건 따위에 바로 들어맞다.'의 뜻이므로 바꿔 쓰기에 적절하다.

3. ③ [어휘 – 문맥적 의미 추론]

제시문의 ㄱ의 '짜다'는 '사람을 모아 무리를 만들다.'의 뜻으로 쓰였고, 이와 의미가 가장 가까운 것은 ③이다.

오답풀이

① '짜다'는 '어떤 부정적인 일을 하려고 몇 사람끼리만 비밀리에 의논하여 약속하다.'의 뜻으로 쓰였다.

② '짜다'는 '사람을 모아 무리를 만들다.'의 뜻으로 쓰였다.

④ '짜다'는 '계획이나 일정 따위를 세우다.'의 뜻으로 쓰였다.

p. 27

01. ❶ ㉢ 궁극적 ❷ ㉡ 국한 ❸ ㉠ 구체적 ❹ ㉡ 국한 ❺ ㉣ 금자탑
02. ❶ ㉣ 감식 ❷ ㉢ 감상 ❸ ㉠ 가공 ❹ ㉡ 각인 ❺ ㉢ 감상

독/해/문/제

p. 28~29

1. ② [독해(비문학) – 내용 추론 긍정 발문]
2문단에서 아미타불의 구원을 받더라도 죄에 따라 극락에서의 생활이 차이가 나며 긴 시간 동안
갇혀 있는 이들이 존재한다는 서술을 통해 죄의 대가를 극락에서 치르기도 한다는 것을 알 수
있다.

`오답풀이`
① 2문단 끝에서 극락은 윤회의 끝을 의미한다고 했으므로 설법을 통해 환생하기 위해 노력한다
  는 서술은 옳지 않다.
③ 1문단에서 '예토'를 현재 삶의 공간이라 지칭하고 있다. 극락을 철학적 사유의 비유적 표현이
  라 말하는 이들은 현실 세계를 지옥/극락과 동일시하는 것이다.
④ 생각에 따라 현실이 지옥이 될 수도 있다고 보는 이들은 현실과 '극락'을 동일하게 바라보는
  이들이다. 이들은 생각에 따라 현실이 지옥이 될 수도, '극락'이 될 수도 있다고 본다. 현실과
  '극락'이 분리돼 있다고 생각하는 이들이 이렇게 생각하는지는 글에서 근거를 찾을 수 없다.

2. ③ [어휘 – 바꿔 쓸 수 있는 유사한 표현]
㉢의 '복귀(復歸 : 復 회복할 복 歸 돌아갈 귀)하다'는 '본디의 자리나 상태로 되돌아가다.'의 뜻이
므로 '다시 살아난다'를 바꿔 쓰기에 적절하지 않다. 바꿔 쓸 수 있는 표현으로는 '다시 살아나다.'
의 뜻을 가진 '환생(還生 : 還 돌아올 환 生 날 생)하다'가 적절하다.

`오답풀이`
① ㉠의 '구원(救援 : 救 구원할 구 援 도울 원)'은 '어려움이나 위험에 빠진 사람을 구하여 줌.'의
  뜻이므로 바꿔 쓰기에 적절하다.
② ㉡의 '소멸(消滅 : 消 사라질 소 滅 다할 멸)하다'는 '사라져 없어지다.'의 뜻이므로 바꿔 쓰기
  에 적절하다.
④ ㉣의 '구체적(具體的 : 具 갖출 구 體 몸 체 的 과녁 적)'은 '사물이 직접 경험하거나 지각할
  수 있도록 일정한 형태와 성질을 갖추고 있는.'의 뜻이므로 바꿔 쓰기에 적절하다.

3. ① [어휘 – 문맥적 의미 추론]

제시문의 ㉠의 '쓰다'는 '어떤 일을 하는 데 시간이나 돈을 들이다.'의 뜻으로 쓰였고, 이와 의미가
가장 가까운 것은 ①이다.

오답풀이

② '쓰다'는 '몸의 일부분을 제대로 놀리거나 움직이다.'의 뜻으로 쓰였다.

③ '쓰다'는 '힘이나 노력 따위를 들이다.'의 뜻으로 쓰였다.

④ '쓰다'는 '다른 사람에게 베풀거나 내다.'의 뜻으로 쓰였다.

p. 31

01. ❶ ㉠ 감지 ❷ ㉡ 강단 ❸ ㉢ 개관 ❹ ㉣ 개안 ❺ ㉤ 강단

02. ❶ ㉤ 갱신 ❷ ㉢ 게시 ❸ ㉠ 개전 ❹ ㉡ 갱신 ❺ ㉣ 격상

p. 32~33

1. ① [독해(비문학) – 내용 추론 부정 발문]

유해균을 감지하는 것은 대식 세포이다. 또, 장내 유해균이 간문맥을 통해 간으로 유입되는 것이
아니라 장내 유해균이 발생시키는 독소가 간문맥을 통해 간으로 유입되는 것이며, 프로바이오틱
스는 이를 차단하는 것이 아니라 유해균의 증식을 줄이는 역할을 한다.

오답풀이

② '프로바이오틱스는 유해균과 당단백질의 결합을 막아 장내 염증을 일으키는 사이토카인 생성
을 억제'한다고 하였다. 즉, 유해균이 당단백질과 결합하면 사이토카인이 생성된다.

③ 장내 유익균과 유해균의 황금 비율은 약 8:2라고 하였으므로, 건강한 사람의 장내 미생물은
80%가 인체와 공생 관계인 유익균이다.

④ 장내 프로바이오틱스가 충분히 증식하지 못하면 유해균의 증식을 막지 못하므로 간의 해독
능력이 떨어질 수 있다.

2. ② [어휘 – 바꿔 쓸 수 있는 유사한 표현]
ⓛ의 '운집(雲集: 雲 구름 운 集 모을 집)되다'는 '많은 사람이 모여들게 되다.'의 뜻이므로 '들어오는'을 바꿔 쓰기에 적절하지 않다. 바꿔 쓸 수 있는 표현으로는 '병원균 따위가 들어오게 되다.'의 뜻을 가진 '유입(流入: 流 흐를 류(유) 入 들 입)되다'가 적절하다.

① ㉠의 '분비(分泌: 分 나눌 분 泌 물 졸졸 흐를 비)하다'는 '샘세포의 작용에 의하여 만든 액즙을 배출관으로 보내다.'의 뜻이므로 바꿔 쓰기에 적절하다.
③ ㉢의 '억제(抑制: 抑 누를 억 制 절제할 제)하다'는 '자극으로 흥분한 신경 세포의 활동을 다른 신경 세포가 억누르다.'의 뜻이므로 바꿔 쓰기에 적절하다.
④ ㉣의 '감지(感知: 感 느낄 감 知 알 지)하다'는 '느끼어 앎.'의 뜻이므로 바꿔 쓰기에 적절하다.

3. ④ [어휘 – 문맥적 의미 추론]
제시문의 ㉠의 '맡다'는 '어떤 일에 대한 책임을 지고 담당하다.'의 뜻으로 쓰였고, 이와 의미가 가장 가까운 것은 ④이다.

① '맡다'는 '증명에 필요한 자격을 얻다.'의 뜻으로 쓰였다.
② '맡다'는 '주문 따위를 받다.'의 뜻으로 쓰였다.
③ '맡다'는 '면허나 증명, 허가, 승인 따위를 얻다.'의 뜻으로 쓰였다.

Day 01 … ⑥ ㄱ

빈/칸/문/제
p. 35
01. ❶ ㉣ 경륜 ❷ ㉢ 결집 ❸ ㉡ 결손 ❹ ㉡ 결손 ❺ ㉠ 견지
02. ❶ ㉡ 경질 ❷ ㉣ 고루 ❸ ㉣ 고루 ❹ ㉠ 경주 ❺ ㉢ 경신

p. 36~37
1. ② [독해(비문학) – 사실적 독해]
마지막 문장에서 "그래서 역사적 시간과 공간적 배경 속에 놓여 있는 등장인물과 지금 현재를 살아가는 시청자들이 대화를 나누기도 하고, 시청자들이 역사드라마를 주제로 삼아 사회적 담론

의 장을 열기도 한다."라고 언급되어 있다. 즉, 시청자들은 역사드라마를 통해 사회적 화젯거리를 만들어 담론의 장을 열기도 함을 알 수 있다.

오답풀이

① 제시문에서 현재와 밀접하게 관련되는 소재로만 역사드라마를 만들어야 한다는 내용은 언급되지 않는다. 과거와 관련된 소재라도 시청자가 능동적으로 해석할 수 있는 소재라면 가능할 것이다.

③ 제시문에서는 역사 드라마 시청의 목적을 역사적 교훈을 배우기 위한 것으로 보지 않는다. 역사의 인물과 현재의 시청자들이 대화를 나누거나 시청자들이 사회적 담론의 장을 열기도 하는 목적이 있다.

④ 부정적 평가를 받는 인물이 역사드라마에서 항상 악인으로만 그려진다는 내용은 제시문만으로는 추측할 수 없는 정보이다. 오히려 그러한 인물이라도 긍정적으로 재해석될 가능성이 있다.

2. ③ [어휘 – 바꿔 쓸 수 있는 유사한 표현]

ⓒ의 '보호(保護: 保 지킬 보 護 도울 호)하다'는 '위험이나 곤란 따위가 미치지 않도록 보살펴 돌보다'를 의미하므로 이 문맥에는 적절하지 않다. 이 문맥에는 '굳게 지니거나 지킴.'을 의미하는 '견지(堅持: 堅 굳을 견 持 가질 지)하다'로 고쳐야 한다.

오답풀이

① ㉠의 '능동적(能動的: 能 능할 능 動 움직일 동 的 과녁 적)'은 '다른 것에 이끌리지 아니하고 스스로 일으키거나 움직이는 것.'의 뜻이므로 바꿔 쓰기에 적절하다.

② ㉡의 '수용(受容: 受 받을 수 容 얼굴 용)되다'는 '어떠한 것이 받아들여지다.'의 뜻이므로 바꿔 쓰기에 적절하다.

④ ㉣의 '지향(志向: 志 뜻 지 向 향할 향)하다'는 '어떤 목표로 뜻이 쏠리어 향하다.'의 뜻이므로 바꿔 쓰기에 적절하다.

3. ④ [어휘 – 문맥적 의미 추론]

제시문의 ㉠의 '재다'는 '여러모로 따져 보고 헤아리다.'의 뜻으로 쓰였고, 이와 의미가 가장 가까운 것은 ④이다.

오답풀이

① '재다'는 '잘난 척하며 으스대거나 뽐내다.'의 뜻으로 쓰였다.

② '재다'는 '물건을 차곡차곡 포개어 쌓아 두다'의 뜻으로 쓰였다.

③ '재다'는 '자, 저울 따위의 계기를 이용하여 길이, 너비, 높이, 깊이, 무게, 온도, 속도 따위의 정도를 알아보다.'의 뜻으로 쓰였다.

Day ◇2 정답 및 해설

Day ◇2 … ❶ ㄱ

빈/칸/문/제
p. 41

01. ❶ ⓛ 고충 ❷ ㄹ 공론 ❸ ㄷ 곤혹 ❹ ㄱ 고상 ❺ ㄷ 곤혹
02. ❶ ⓛ 관철 ❷ ㄷ 교란 ❸ ㄱ 관건 ❹ ⓛ 관철

독/해/문/제
p. 42~43

1. ③ [독해(비문학) – 내용 추론 부정 발문]
커브 구간에서 가속으로 중력의 4배에 가까운 압력을 받는 것은 맞지만, 트랙 초반부는 커브 구간이 아니다. 트랙 초반부에는 한 줄의 직선이 패어 있어서 이를 따라가며 초기 방향 안정성을 얻는다고 하였다.

오답풀이
① 제시문에서 '방향 조종이나 제동을 보조하기 위한 장비는 금지'되어 있다고 하였으며, '시속 100㎞가 넘는 속도로 활주'한다고 하였다.
② 선수는 출발대에서부터 전력 질주를 하며, 썰매를 밀고 가다 올라탄다고 하였다
④ 봅슬레이는 2인승 또는 4인승, 루지는 1인승 또는 2인승으로 진행하지만, 스켈레톤은 1인승 경기만 있다고 하였다.

2. ③ [어휘 – 바꿔 쓸 수 있는 유사한 표현]
ⓒ의 '도달(到達: 到 이를 도 達 통달할 달)하다'는 '목적한 곳이나 수준에 다다르다.'의 뜻이므로 '내달으며'를 바꿔 쓰기에 적절하지 않다. 바꿔 쓸 수 있는 표현으로는 '땅이나 물 위를 미끄러져 내닫다.'의 뜻을 가진 '활주(滑走: 滑 미끄러울 활 走 달릴 주)하다'가 적절하다.

오답풀이
① ㉠의 '보조(補助: 補 기울 보 助 도울 조)하다'는 '주되는 것에 상대하여 거들거나 돕다.'의 뜻이므로 바꿔 쓰기에 적절하다.
② ㉡의 '설치(設置: 設 베풀 설 置 둘 치)되다'는 '어떤 일을 하는 데 필요한 기관이나 설비 따위가 베풀어지다'의 뜻이므로 바꿔 쓰기에 적절하다.

④ ㄹ의 '관건(關鍵: 關 관계할 관 鍵 열쇠 건)'은 '어떤 사물이나 문제 해결의 가장 중요한 부분.' 의 뜻이므로 바꿔 쓰기에 적절하다.

3. ③ [어휘 – 문맥적 의미 추론]

제시문의 ㉠의 '메우다'는 '시간을 적당히 또는 그럭저럭 보내다.'의 뜻으로 쓰였고, 이와 의미가 가장 가까운 것은 ③이다.

오답풀이

① '메우다'는 '뚫려 있거나 비어 있는 곳을 막거나 채우다.'의 뜻으로 쓰였다.

② '메우다'는 '어떤 장소를 가득 채우다.'의 뜻으로 쓰였다.

④ '메우다'는 '부족하거나 모자라는 것을 채우다.'의 뜻으로 쓰였다.

빈/칸/문/제

p. 45

01. ❶ ㉠ 구가 ❷ ㉢ 구비 ❸ ㉡ 구휼 ❹ ㉢ 구비

02. ❶ ㉣ 굴절 ❷ ㉢ 귀착 ❸ ㉢ 규합 ❹ ㉢ 귀착 ❺ ㉠ 귀감

빈/칸/문/제

p. 47

01. ❶ ㉢ 귀납 ❷ ㉣ 극명 ❸ ㉠ 궤변 ❹ ㉢ 귀추

02. ❶ ㉢ 기만 ❷ ㉢ 기민 ❸ ㉣ 기제 ❹ ㉠ 기각 ❺ ㉠ 기각

p. 48~49

1. ① [독해(비문학) – 글쓴이의 견해]
3문단에서 '그러나 문화 전파의 기제를 설명하는 이론으로는 밈 이론보다 의사소통 이론이 더 적절해 보인다.'는 내용이 나오므로 이 선지가 옳다.

오답풀이
② 3문단에서 의사소통 이론을 설명할 때에 푸딩 요리법이 약간씩 차이를 보이는 이유는 수용 과정에서 수신자가 발신자가 전해 준 정보에다 자신의 생각을 덧붙였기 때문이라고 하고 있다. 따라서 의사소통 이론에 따르면 수용 주체의 주관이 개입되지 않는다는 설명은 옳지 않다.
③ '복제'를 통해 특정 공동체의 문화가 전파된다는 것은 의사소통 이론에 따른 것이 아니라 '밈(meme)'에 따른 것이므로 이 선지는 옳지 않다. 2문단 마지막 줄에 '밈 역시 유전자와 마찬가지로 공동체 내에서 복제를 통해 확산된다.'라는 부분을 통해 알 수 있다.
④ 요크셔 푸딩 요리법이 요크셔 지방의 가정이나 개인에 따라 세부적인 차이를 보이는 현상은 '밈(meme)'이 아니라 의사소통 이론에 의해 설명할 수 있는 것이므로 이 선지는 옳지 않다.

2. ① [어휘 – 바꿔 쓸 수 있는 유사한 표현]
㉠의 '인식(認識: 認 알 인 識 알 식)하다'는 '사물을 분별하고 판단해서 알다'를 의미하므로 이 문맥에는 적절하지 않다. 이 문맥에는 '어떤 일이나 사물에 대하여 깊이 있게 조사하고 생각하여 진리를 알아냄.'을 의미하는 '연구(研究: 硏 갈 연 究 연구할 구)하다'로 고쳐야 한다.

오답풀이
② ㉡의 '전파(傳播: 傳 전할 전 播 뿌릴 파)하다'는 '전하여 널리 퍼뜨리다.'의 뜻이므로 바꿔 쓰기에 적절하다.
③ ㉢의 '수용(受容: 受 받을 수 容 얼굴 용)하다'는 '어떠한 것을 받아들이다.'의 뜻이므로 바꿔 쓰기에 적절하다.
④ ㉣의 '변별(辨別: 辨 분별할 변 別 나눌 별)되다'는 '사물의 옳고 그름이나 좋고 나쁨이 가려지다.'의 뜻이므로 바꿔 쓰기에 적절하다.

3. ② [어휘 – 문맥적 의미 추론]
제시문의 ㉠의 '알다'는 '어떤 사실이나 존재, 상태에 대해 의식이나 감각으로 깨닫거나 느끼다.'의 뜻으로 쓰였고, 이와 의미가 가장 가까운 것은 ②이다.

오답풀이
① '알다'는 '교육이나 경험, 사고 행위를 통하여 사물이나 상황에 대한 정보나 지식을 갖추다.'의 뜻으로 쓰였다.
③ '알다'는 '심리적 상태를 마음속으로 느끼거나 깨닫다.'의 뜻으로 쓰였다.
④ '알다'는 '어떤 사람이나 사물에 대하여 소중히 생각하다.'의 뜻으로 쓰였다.

Day 2 … ④ ㄴ

빈/칸/문/제
p. 51
01. ❶ ㄹ 냉혹 ❷ ㄱ 낙오 ❸ ㄷ 내포 ❹ ㄱ 낙오 ❺ ㄴ 내구성
02. ❶ ㄱ 논박 ❷ ㄹ 논증 ❸ ㄷ 능동 ❹ ㄱ 논박 ❺ ㄴ 논변

독/해/문/제
p. 52~53
1. ③ [독해(비문학) − 밑줄 강화 약화]
해당 지문 내에서 딥 페이크는 인공지능에 의한 인물 이미지의 합성 방식으로 제시되어 있다. 따라서 ⓐ의 사례를 강화하기 위해서는 인물 이미지의 합성이 선지에서 제시되어야 한다. 또한 ⓑ의 기술이 적용되어야 하기 때문에 생성 모델과 분류 모델의 경쟁 역시 선지에 내포되어야 한다. 이러한 내용이 모두 들어간 것은 ①의 선지이다. 고인이 된 가수(인물 이미지)의 생전 모습(분류 모델)을 기반으로 만든 이미지(생성 모델)를 제3의 인물에 합성한 것은 딥페이크 기술이며, 생전 모습과 만든 이미지가 구분되지 않는다는 것은 적대적 관계 생성 신경망이 적용된 것으로 판단할 수 있다.

[오답풀이]
① 특수 투명 필름에 프로젝터를 쏘아 영상을 만들어 내는 것은 이미지의 합성과는 관련이 없다. 따라서 딥페이크 기술이 아니다. 해당 기술은 홀로그램의 예시에 해당한다.
② 인공지능에 의한 합성이 아니므로 이는 딥페이크 기술의 예시라고 볼 수 없다. 제작자는 실제의 산불의 내용을 잘라내어 덮어씌우는 방식으로 합성을 시도하고 있다.
④ 가상현실을 만들기 위해 딥페이크 기술이 적용되었는지 여부는 해당 선지를 통해 확인할 수 없다. 제시문에서 안내된 딥페이크 기술은 이미 존재하는 이미지에 합성할 이미지를 덧씌우는 것인데, 가상 현실은 해당 이미지를 일반적으로 완전히 창조하는 형식으로 이루어지기 때문이다. 또한 적대적 관계 생성 신경망이 적용되었는지 여부도 확인할 수 없다. 기술적으로 긍정적인 평가를 내린 것은 시청자들이며, 인공지능에 의해 분류 모델과 생성 모델이 구분되지 못한다는 평가를 받은 것이 아니다.

2. ④ [어휘 − 바꿔 쓸 수 있는 유사한 표현]
ⓔ의 '포용(包容: 包 쌀 포 容 얼굴 용)하다'는 '남을 너그럽게 감싸 주거나 받아들이다.'의 뜻이므로 '품고'를 바꿔 쓰기에 적절하지 않다. 바꿔 쓸 수 있는 표현으로는 '어떤 성질이나 뜻 따위를 속에 품다.'의 뜻을 가진 '내포(內包: 內 안 내 包 쌀 포)하다'가 적절하다.

박혜선 국어

오답풀이

① ㉠의 '기반(基盤: 基 터 기 盤 소반 반)'은 '기초가 되는 바탕. 또는 사물의 토대.'의 뜻이므로 바꿔 쓰기에 적절하다.

② ㉡의 '구분(區分: 區 구분할 구 分 나눌 분)하다'는 '일정한 기준에 따라 전체를 몇 개로 갈라 나누다.'의 뜻이므로 바꿔 쓰기에 적절하다.

③ ㉢의 '판별(判別: 判 판단할 판 別 나눌 별)하다'는 '옳고 그름이나 좋고 나쁨을 판단하여 구별하다.'의 뜻이므로 바꿔 쓰기에 적절하다.

3. ④ [어휘 – 문맥적 의미 추론]

제시문의 ㉠의 '이루다'는 '어떤 대상이 일정한 상태나 결과를 생기게 하거나 일으키거나 만들다.'의 뜻으로 쓰였고, 이와 의미가 가장 가까운 것은 ④이다.

오답풀이

① '이루다'는 '뜻한 대로 되게 하다.'의 뜻으로 쓰였다.

② '이루다'는 '몇 가지 부분이나 요소들을 모아 일정한 성질이나 모양을 가진 존재가 되게 하다.'의 뜻으로 쓰였다.

③ '이루다'는 '예식이나 계약 따위를 진행되게 하다.'의 뜻으로 쓰였다.

빈/칸/문/제

p. 55

01. ❶ ㉡ 단정 ❷ ㉣ 담론 ❸ ㉠ 단서 ❹ ㉡ 단정 ❺ ㉢ 당사자

02. ❶ ㉣ 대변 ❷ ㉢ 대담 ❸ ㉣ 대변 ❹ ㉡ 당착 ❺ ㉠ 단초

빈/칸/문/제

p. 57

01. ❶ ㉠ 대별 ❷ ㉢ 도외시 ❸ ㉣ 도태 ❹ ㉢ 도외시 ❺ ㉡ 도야

02. ❶ ㉡ 독보적 ❷ ㉢ 두둔 ❸ ㉣ 둔탁 ❹ ㉢ 두둔 ❺ ㉠ 도탄

Day**3** … **➊** □

01. ➊ ㉢ 말단 ➋ ㉣ 망실 ➌ ㉡ 만회 ➍ ㉠ 막후 ➎ ㉢ 말단

p. 61

02. ➊ ㉣ 모멸 ➋ ㉠ 맹목적 ➌ ㉣ 모멸 ➍ ㉢ 명징 ➎ ㉡ 멸절

독/해/문/제

p. 62~63

1. ② [독해(비문학) – 내용 추론 부정 발문]
아예 언급되지 않은 정보이다. 볼테르는 루소가 인간 문명은 부유층의 재산을 지키기 위한 일이라고 한 것에 비판을 하기는 했다. 하지만 볼테르가 직접 불평등은 인간 이성에 따른 것이므로 수용해야 한다고 한 적은 없다. 볼테르는 루소의 철학을 '거지의 철학'이라고 비판했으나 이는 문명에 대한 루소의 태도를 단순히 비판한 것일 뿐이다.

오답풀이
① '이런 그의 주장은 문명을 부정한다는 점에서 자연보다 문명을 강조하는 볼테르의 전형적 계몽주의와 충돌한다'를 통해 알 수 있다.
③ '그는 볼테르와는 달리, 도덕과 법률이 인간 불평등의 시작이자 불평등을 심화하는 행위하고 주장했다.'를 통해 알 수 있다.
④ 1문단에서 '루소와 볼테르로 대표되는 계몽주의자들은 문명과 이성에 반하는 맹목적인 종교적 믿음과 절대적 신분 체제를 비판하였다.'를 통해 알 수 있다.

2. ④ [어휘 – 바꿔 쓸 수 있는 유사한 표현]
㉣의 '직면(直面: 直 곧을 직 面 낯 면)하다'는 '어떤 일이나 사물을 직접 당하거나 접하다'를 의미하므로 이 문맥에는 적절하지 않다. 바꿔 쓸 수 있는 표현으로는 '서로 맞부딪치거나 맞서다.'의 뜻을 가진 '충돌(衝突: 衝 찌를 충 突 갑자기 돌)하다'가 적절하다.

오답풀이
① ㉠의 '맹목적(盲目的: 盲 맹인 맹 目 눈 목 的 과녁 적)'은 '주관이나 원칙이 없이 덮어놓고 행동하는 것.'의 뜻이므로 바꿔 쓰기에 적절하다.

② ⓛ의 '공고(鞏固 : 鞏 굳을 공 固 굳을 고)히'는 '단단하고 튼튼하게.'의 뜻이므로 바꿔 쓰기에
적절하다.
③ ⓒ의 '탈피(脫皮 : 脫 벗을 탈 皮 가죽 피)하다'는 '일정한 상태나 처지에서 완전히 벗어나다.'
의 뜻이므로 바꿔 쓰기에 적절하다.

3. ② [어휘 – 문맥적 의미 추론]
제시문의 ㉠의 '세우다'는 '질서나 체계, 규율 따위를 올바르게 하거나 짜다.'의 뜻으로 쓰였고, 이
와 의미가 가장 가까운 것은 ②이다.

오답풀이
① '세우다'는 '처져 있던 것을 똑바로 위를 향하여 곧게 하다.'의 뜻으로 쓰였다.
③ '세우다'는 '공로나 업적 따위를 이룩하다.'의 뜻으로 쓰였다.
④ '세우다'는 '계획, 방안 따위를 정하거나 짜다.'의 뜻으로 쓰였다.

p. 65
01. ❶ ⓛ 모해 ❷ ㉠ 모순 ❸ ⓒ 몰각 ❹ ㉠ 모순 ❺ ㉣ 몰두
02. ❶ ㉠ 몽매 ❷ ⓒ 무산 ❸ ⓛ 무구 ❹ ⓛ 무구 ❺ ⓒ 무산

p. 67
01. ❶ ⓛ 묵언 ❷ ㉠ 묵과　❸ ㉣ 미궁 ❹ ㉣ 미궁 ❺ ⓒ 미제
02. ❶ ⓛ 묵인 ❷ ㉠ 미시적·❸ ⓒ 미혹 ❹ ⓛ 묵인 ❺ ⓒ 미혹

p. 68~69

1. ② [독해(비문학) – 내용 추론 긍정 발문]

제시문의 2문단에서 '시간 여행자가 자신의 조부를 죽이기 위해 과거로 돌아간 시점에서 새로운 우주가 탄생한다.'라는 정보를 통해 평행 우주 이론이 복수의 우주를 전제로 한 설명이라는 정보를 획득할 수 있다. 또한 해당 제시문의 3문단에서 '에버렛 해석에 따르면 우주는 서로 다른 관측 결과가 중첩된 세계로 존재하며, 그 중첩이 양자적 결어긋남에 의해 서로 다른 우주로 분리된다.'라는 설명을 통해 다세계 해석 역시 복수의 우주를 전제로 한 해석이라는 것을 확인할 수 있다.

오답풀이

① '평행우주 이론'과 '다세계 해석' 모두 여러 개의 우주가 존재할 수 있음을 전제로 하므로 이는 적절하지 않다.

③ 양자적 결어긋남에 의해 여러 개의 우주가 존재하는 것은 '다세계 해석'에 해당한다.

④ 본문의 내용만으로 '다세계 해석'이 여러 개의 우주가 존재할 수 있음을 실제적으로 증명할 수 있는지 여부를 확인할 수는 없다. 또한 '평행 우주 이론' 역시 본문의 내용만으로 실제적 증명의 가능성 여부를 확인할 수가 없다.

2. ② [어휘 – 바꿔 쓸 수 있는 유사한 표현]

ⓒ의 '배분(配分: 配 짝 배 分 나눌 분)되다'는 '몫몫이 나뉘다.'의 뜻이므로 '나뉘어 떨어지는'을 바꿔 쓰기에 적절하지 않다. 바꿔 쓸 수 있는 표현으로는 '서로 나뉘어 떨어지다.'의 뜻을 가진 '분리(分離: 分 나눌 분 離 떠날 리(이))되다'가 적절하다.

오답풀이

① ㉠의 '해소(解消: 解 풀 해 消 사라질 소)하다'는 '이제까지의 일이나 관계를 해결하여 없애 버리다.'의 뜻이므로 바꿔 쓰기에 적절하다.

③ ㉢의 '미시적(微視的: 微 작을 미 視 볼 시 的 과녁 적)'은 '사물이나 현상을 전체적인 면에서가 아니라 개별적으로 포착하여 분석하는 것.'의 뜻이므로 바꿔 쓰기에 적절하다.

④ ㉣의 '존재(存在: 存 있을 존 在 있을 재)하다'는 '의식으로부터 독립하여 외계(外界)에 객관적으로 실재하다.'의 뜻이므로 바꿔 쓰기에 적절하다.

3. ④ [어휘 – 문맥적 의미 추론]

제시문의 ㉠의 '덮다'는 '어떤 사실이나 내용 따위를 따져 드러내지 않고 그대로 두거나 숨기다.'의 뜻으로 쓰였고, 이와 의미가 가장 가까운 것은 ④이다.

오답풀이

① '덮다'는 기세, '능력 따위에서 앞서거나 누르다.'의 뜻으로 쓰였다.

② '덮다'는 '일정한 범위나 공간을 빈틈없이 휩싸다.'의 뜻으로 쓰였다.

③ '덮다'는 '물건 따위가 드러나거나 보이지 않도록 넓은 천 따위를 얹어서 씌우다.'의 뜻으로 쓰였다.

Day 03 … 4

빈/칸/문/제
p. 71

01. ❶ ㄹ 반향 ❷ ㄴ 방증 ❸ ㄱ 반증 ❹ ㄴ 방증 ❺ ㄷ 반추
02. ❶ ㄱ 발산 ❷ ㄷ 발흥 ❸ ㄴ 발제 ❹ ㄴ 발제 ❺ ㄱ 발산

독/해/문/제
p. 72~73

1. ② [독해(비문학) – 내용 추론 부정 발문]
제시문에서는 뇌는 '인체의 기관 중 온도의 변화에 가장 민감'한 기관이며, '핵의 온도가 23℃까지 내려가는 저체온 현상이 일어난다면 대뇌피질의 세포가 죽는다. 이는 42~43℃까지 올라가는 고체온 현상이 생겨도 마찬가지'라고 하였다. 고체온 현상과 저체온 현상 중 무엇이 뇌에 더 큰 영향을 미치는지는 언급하지 않았으므로, 뇌가 고체온 현상보다 저체온 현상에 더 민감하게 반응할 것이라고 추론하는 것은 적절하지 않다.

오답풀이
① 효소작용은 37~37.5℃에서 일어난다고 했으며, 귓불은 30℃ 정도라고 했으므로 귓불은 효소 작용이 활발하게 일어나지 않는 신체 부위일 것이다.
③ 열은 '인체의 장기와 뼈, 근육 등'에서 만들어져 온몸으로 퍼지며, '열이 생성되는 부위로부터 상대적으로 먼 거리에 있는 손끝과 발끝, 코끝, 귓불 등은 30℃ 정도에 불과하다'고 하였으므로, 열이 생성되는 곳과 가까운 피부일수록 온도가 높다는 것을 알 수 있다.
④ 인체 내 효소작용은 37~37℃에서 일어난다고 했으므로, '핵의 온도가 23℃까지 내려가는 저체온 현상'이나 '42~43℃까지 올라가는 고체온 현상'을 겪는 동안에는 일어나지 않을 것이다.

2. ② [어휘 – 바꿔 쓸 수 있는 유사한 표현]
ⓛ의 '유보(留 머무를 류(유) 保 지킬 보)되다'는 '어떤 일이 당장 처리되지 아니하고 나중으로 미루어지다.'의 뜻이므로 '그대로 보존된다'를 바꿔 쓰기에 적절하지 않다. 바꿔 쓸 수 있는 표현으로는 '어떤 상태나 상황이 그대로 보존되거나 변함없이 계속되어 지탱되다.'의 뜻을 가진 '유지(維 벼리 유 持 가질 지)되다'가 적절하다.

오답풀이
① ㉠의 '발산(發 필 발 散 흩을 산)되다'는 '냄새, 빛, 열 따위가 사방으로 퍼져 나가다.'의 뜻이므로 바꿔 쓰기에 적절하다.

③ ㉢의 '현저(顯 나타날 현 著 나타날 저)하다'는 '뚜렷이 드러나 있다'의 뜻이므로 바꿔 쓰기에 적절하다.

④ ㉣의 '생성(生 날 생 成 이룰 성)되다'는 '사물이 생겨나다.'의 뜻이므로 바꿔 쓰기에 적절하다.

3. ① [어휘 – 문맥적 의미 추론]

제시문의 ㉠의 '죽다'는 '성질이나 기운 따위가 꺾이다.'의 뜻으로 쓰였고, 이와 의미가 가장 가까운 것은 ①이다.

오답풀이

② '죽다'는 '마음이나 의식 속에 남아 있지 못하고 잊히다'의 뜻으로 쓰였다.

③ '죽다'는 '움직이던 물체가 멈추어 제 기능을 하지 못하다.'의 뜻으로 쓰였다.

④ '죽다'는 '글이나 말 또는 어떤 현상의 효력 따위가 현실과 동떨어져 생동성을 잃다.'의 뜻으로 쓰였다.

p. 75

01. ❶ ㉡ 방자 ❷ ㉢ 방책 ❸ ㉣ 배임 ❹ ㉡ 방자 ❺ ㉠ 발의
02. ❶ ㉢ 백미 ❷ ㉠ 배포 ❸ ㉡ 배회 ❹ ㉢ 백미 ❺ ㉡ 배회

p. 77

01. ❶ ㉠ 범주 ❷ ㉢ 병폐 ❸ ㉣ 보육 ❹ ㉡ 변절 ❺ ㉢ 병폐
02. ❶ ㉢ 불하 ❷ ㉡ 불식 ❸ ㉡ 불식 ❹ ㉠ 부유 ❺ ㉢ 불하

정답 및 해설

 ... ❶ 📑

빈/칸/문/제

p. 81

01. ❶ ㉡ 분쟁 ❷ ㉠ 분발 ❸ ㉣ 불문 ❹ ㉢ 분절 ❺ ㉣ 불문
02. ❶ ㉣ 비방 ❷ ㉡ 불후 ❸ ㉠ 불손 ❹ ㉢ 비견 ❺ ㉡ 불후

독/해/문/제

p. 82~83

1. ① [독해(작문) − 내용 고쳐쓰기]
이 글의 중심 화제는 '천재'이다. 천재는 예술의 창조자이며, 예술의 창조는 과학처럼 원리나 법칙에 의거하지 않는다고 한다. 그런데 ㉠은 과학이 인간의 이성과 감성 사이에 분열을 가져왔다고 한다. 이것은 글의 중심화제나 글의 주제와 맞지 않아 통일성에 어긋난다.

오답풀이

② ㉡은 '예술은 비방(祕方)이 있을 수 없으며 있을 수 있다 하더라도 전수될 수 없다'라고 한다. 여기서 '비방(祕方)'은 '공개하지 않고 비밀리에 하는 방법.'을 의미한다. 이는 예술의 창조가 과학처럼 원리나 법칙에 의거하지 않음과 관련된 내용이므로 통일성에 어긋나지 않는다.
③ ㉢은 '예술가 스스로도 자신이 완성한 작품의 진정한 비밀이 무엇인지 명확히 알지 못한다.' 라고 한다. 이는 예술의 창조가 과학처럼 원리나 법칙에 의거하지 않음과 관련된 내용이므로 통일성에 어긋나지 않는다.
④ ㉣은 결국 천재라는 개념으로 예술 창조의 비밀을 표현하게 되었다는 결론을 나타내므로 통일성에 어긋나지 않는다.

2. ④ [어휘 − 바꿔 쓸 수 있는 유사한 표현]
ⓓ의 '조성(造成: 造 지을 조 成 이룰 성)하다'는 '분위기나 정세 등을 생기게 하다.'의 뜻이므로 '따르지'를 바꿔 쓰기에 적절하지 않다. 바꿔 쓸 수 있는 표현으로는 '완전히 이룸.'을 의미하는 '완성(완성: 據: 完 완전할 완 成 이룰 성)하다'가 적절하다.

오답풀이

① ⓐ의 '의거(依據: 依 의지할 의 據 근거 거)하다'는 '어떤 사실이나 원리 따위에 근거하다.'의 뜻이므로 바꿔 쓰기에 적절하다.

② ⓑ의 '분열(分裂: 分 나눌 분 裂 찢을 렬(열))'은 '집단이나 단체, 사상 따위가 갈라져 나뉨.'의 뜻이므로 바꿔 쓰기에 적절하다.

③ ⓒ의 '전수(傳授: 傳 전할 전 授 줄 수)되다'는 '기술이나 지식 따위가 전하여지다.'의 뜻이므로 바꿔 쓰기에 적절하다.

3. ① [어휘 - 문맥적 의미 추론]
제시문의 ㉠의 '거치다'는 '무엇에 걸리거나 막히다.'의 뜻으로 쓰였고, 이와 의미가 가장 가까운 것은 ①이다.

오답풀이

② '거치다'는 '마음에 거리끼거나 꺼리다.'의 뜻으로 쓰였다.

③ '거치다'는 '어떤 과정이나 단계를 겪거나 밟다.'의 뜻으로 쓰였다.

④ '거치다'는 '검사하거나 살펴보다.'의 뜻으로 쓰였다.

빈/칸/문/제

p. 85

01. ❶ ㉢ 박진감 ❷ ㉣ 백안시 ❸ ㉡ 부차적 ❹ ㉠ 비준 ❺ ㉡ 부차적
02. ❶ ㉠ 보편성 ❷ ㉢ 비탄 ❸ ㉡ 부수적 ❹ ㉡ 부수적 ❺ ㉢ 비탄

독/해/문/제

p. 86~87

1. ① [독해(비문학) - 내용 추론 부정 발문]
다수의 사례와 반론이 적음, 그리고 일반화가 용이하다는 성질은 귀납의 강도를 강화시키는 것이지 이 자체로 귀납법이 항상 정당화될 수 있다고 보기는 힘들다. 미래 세계에 반론이 나올 수도 있기 때문이다.

오답풀이

② 귀납은 전제가 결론을 개연적으로 뒷받침하기에 전제가 참이더라도 결론은 거짓일 수 있다.
③ 본문에 따르면 자연의 제일성은 '우리가 아직 경험하지 않은 미래의 세계가 우리가 일찍이 경험해온 세계와 본질적으로 동일할 것'이라는 성질이다.
④ 흄이 귀납 논증이 정당화될 수 없다고 생각한 이유는 귀납이 순환 논리에 빠지기 때문이다.

2. ③ [어휘 - 바꿔 쓸 수 있는 유사한 표현]
ⓒ의 '간편(簡便 : 簡 대쪽 간 便 편할 편)하다'는 '간단하고 편리하다.'의 뜻이므로 '매우 쉬워질수록'을 바꿔 쓰기에 적절하지 않다. 바꿔 쓸 수 있는 표현으로는 '어렵지 아니하고 매우 쉽다.'의 뜻을 가진 '용이(容易 : 容 얼굴 용 易 쉬울 이)하다'가 적절하다.

오답풀이

① ㉠의 '보편적(普遍的 : 普 넓을 보 遍 두루 편 的 과녁 적)'은 '모든 것에 두루 미치거나 통하는 것.'의 뜻이므로 바꿔 쓰기에 적절하다.
② ㉡의 '개연적(蓋然的 : 蓋 덮을 개 然 불탈 연 的 과녁 적)'은 '그럴 법한 것.'의 뜻이므로 바꿔 쓰기에 적절하다.
④ ㉢의 '예측(豫測 : 豫 미리 예 測 헤아릴 측)하다'는 '미리 헤아려 짐작하다.'의 뜻이므로 바꿔 쓰기에 적절하다.

3. ③ [어휘 - 문맥적 의미 추론]
제시문의 ㉠의 '지니다'는 '바탕으로 갖추고 있다.'의 뜻으로 쓰였고, 이와 의미가 가장 가까운 것은 ③이다.

오답풀이

① '지니다'는 '몸에 간직하여 가지다.'의 뜻으로 쓰였다.
② '지니다'는 '기억하여 잊지 않고 새겨 두다.'의 뜻으로 쓰였다.
④ '지니다'는 '어떠한 일 따위를 맡아 가지다.'의 뜻으로 쓰였다.

 Day 04 … ③

 빈/칸/문/제

p. 89

01. ❶ ㉢ 사주 ❷ ㉡ 사조 ❸ ㉢ 사주 ❹ ㉣ 사직 ❺ ㉠ 사료
02. ❶ ㉣ 상투적 ❷ ㉠ 산발적 ❸ ㉣ 상투적 ❹ ㉢ 상보적 ❺ ㉡ 삽시간

p. 91

01. ❶ ㉠ 상쇄 ❷ ㉡ 상정　❸ ㉣ 색인 ❹ ㉠ 상쇄 ❺ ㉢ 상접
02. ❶ ㉡ 생동 ❷ ㉢ 생득적 ❸ ㉣ 서식 ❹ ㉠ 상정 ❺ ㉡ 생동

독/해/문/제

p. 92~93

1. ③ [독해(비문학) – 빈칸 추론]
'관성이란 물체가 운동의 상태를 유지하려는 경향이자 운동의 상태가 변할 때 물체의 저항력'이
라고 하였다. 상승 운동하는 엘리베이터에 탄 사람의 몸에는 상승하지 않는 상태를 유지하려는
관성이 작용할 것이며, 그 방향은 엘리베이터가 올라가는 방향과 ㉠ '반대' 방향일 것이다. 한편,
자유낙하 하는 엘리베이터에 탄 사람의 몸에는 낙하 가속 운동에 저항하는 관성력이 작용할 것이
다. 이는 아래로 가지 않으려는 힘이므로 중력의 ㉡ '반대' 방향이다.

2. ④ [어휘 – 바꿔 쓸 수 있는 유사한 표현]
ⓓ의 '소멸(消滅: 消 사라질 소 滅 다할 멸)되다'는 '사라져 없어지거나 또는 자취도 남지 않도록
없애 버리다'를 의미하므로 이 문맥에는 적절하지 않다. 바꿔 쓸 수 있는 표현으로는 '상반되는
것이 서로 영향을 받아 효과가 없어지다.'의 뜻을 가진 '상쇄(相殺: 相 서로 상 殺 빠를 쇄)되다'
가 적절하다.

오답풀이

① ⓐ의 '유지(維持: 維 오직 유 持 가질 지)하다'는 '어떤 상태나 상황을 그대로 보존하거나 변
함없이 계속하여 지탱하다.'의 뜻이므로 바꿔 쓰기에 적절하다.
② ⓑ의 '가속(加速: 加 더할 가 速 빠를 속)하다'는 '점점 속도를 더하다.'의 뜻이므로 바꿔 쓰기
에 적절하다.
③ ⓒ의 '저항(抵抗: 抵 막을 저 抗 겨룰 항)하다'는 '어떤 힘이나 조건에 굽히지 아니하고 거스
르거나 버티다.'의 뜻이므로 바꿔 쓰기에 적절하다.

3. ② [어휘 – 문맥적 의미 추론]
제시문의 ㉠의 '나오다'는 '상품이나 인물 따위가 산출되다.'의 뜻으로 쓰였고, 이와 의미가 가장
가까운 것은 ②이다.

오답풀이
① '나오다'는 '안에서 밖으로 오다.'의 뜻으로 쓰였다.
③ '나오다'는 책, 신문 따위에 글, 그림 따위가 실리다.
④ '나오다'는 '소속된 단체나 직장 따위에서 물러나다.

빈/칸/문/제

p. 95

01. ❶ ㉣ 섬멸 ❷ ㉡ 선정적 ❸ ㉠ 선동 ❹ ㉠ 선동 ❺ ㉢ 선풍
02. ❶ ㉣ 소개 ❷ ㉡ 성쇠 ❸ ㉢ 세사 ❹ ㉡ 성쇠 ❺ ㉠ 섭리

빈/칸/문/제

p. 97

01. ❶ ㉠ 소거 ❷ ㉡ 소견 ❸ ㉣ 소진 ❹ ㉠ 소거 ❺ ㉢ 소지
02. ❶ ㉣ 쇠락 ❷ ㉡ 쇄도 ❸ ㉠ 소환 ❹ ㉡ 쇄도 ❺ ㉢ 쇄신

독/해/문/제

p. 98~99

1. ① [독해(비문학) – 내용 추론 긍정 발문] [2021년 고2 6월 모의고사 국어영역 21~25번 지문 발췌]
두 번째 문단에서 내용증명은 '구매 계약을 철회 기간 내에 취소하고 싶을 때' 사용할 수 있다고
하였으며, '판매자와 연락이 되지 않는 등의 사유로 계약을 철회할 수 있는 기간 내에 철회가 불
가능한 경우에도 사용'한다고 하였다. 따라서 계약을 철회할 수 있는 기간 내에 취소하고 싶을
때 내용증명을 사용할 수 있다는 것은 적절하다.

② 첫 문장에서 내용증명은 '분쟁이 예견되거나 진행 중인 상황에서' 활용할 수 있다고 했다. 분쟁이 진행되기 전에 미리 활용해야 하는 것은 아니다.
③ 내용증명을 이용할 때는 발신인, 수신인, 우체국 제3자가 각각 동일한 내용의 문서를 소지한다. 그러나 마지막 문단에 의하면 '문서 내용의 진위까지 입증하는 것은 아니'라고 하였으므로 적절하지 않다.
④ 두 번째 문단에서 '내용증명은 개인 간 채권·채무 관계나 권리·의무를 더욱 명확하게 할 필요가 있을 때 주로 이용된다'라고 했으므로 적절하지 않다.

2. ④ [어휘 – 바꿔 쓸 수 있는 유사한 표현]
ㄹ의 '접수(接受 : 接 이을 접 受 받을 수)하다'는 '관청이나 공공 단체가 서류나 구두로 제출되는 신청 사실을 처리하기 위해 받아들이다.'의 뜻이므로 '내야'를 바꿔 쓰기에 적절하지 않다. 바꿔 쓸 수 있는 표현으로는 '문안(文案)이나 의견, 법안(法案) 따위를 내다.'의 뜻을 가진 '제출(提出 : 提 끌 제 出 날 출)하다'가 적절하다.

① ㄱ의 '번복(飜覆 : 飜 뒤집을 번 覆 다시 복)하다'는 '이리저리 뒤쳐 고치다.'의 뜻이므로 바꿔 쓰기에 적절하다.
② ㄴ의 '고지(告知 : 告 고할 고 知 알 지)하다'는 '소송법에서, 법원이 결정 사항이나 명령을 당사자에게 알림.'의 뜻이므로 바꿔 쓰기에 적절하다.
③ ㄷ의 '소지(素地 : 素 본디 소 地 땅 지)'는 '문제가 되거나 부정적인 일 따위를 생기게 하는 원인. 또는 그렇게 될 가능성.'의 뜻이므로 바꿔 쓰기에 적절하다.

3. ② [어휘 – 문맥적 의미 추론]
제시문의 ㄱ의 '떨어지다'는 '급한 일이나 임무가 맡겨지다.'의 뜻으로 쓰였고, 이와 의미가 가장 가까운 것은 ②이다.

① '떨어지다'는 '진지나 성 따위가 적에게 넘어가게 되다.'의 뜻으로 쓰였다.
③ '떨어지다'는 '정이 없어지거나 멀어지다.'의 뜻으로 쓰였다.
④ '떨어지다'는 '명령이나 허락 따위가 내려지다.'의 뜻으로 쓰였다.

빈/칸/문/제

p. 103

01. ❶ ㉣ 수반 ❷ ㉠ 수렴 ❸ ㉡ 수령 ❹ ㉣ 수반 ❺ ㉢ 수뢰
02. ❶ ㉡ 수척 ❷ ㉣ 숙의 ❸ ㉢ 수혜 ❹ ㉠ 수용 ❺ ㉣ 숙의

독/해/문/제

p. 104~105

1. ② [독해(비문학) - 내용 추론 부정 발문]
'기계는 인간의 노동을 완전히 바꾸는 것이 아니라 에우는 수준'이었고, 노동자들의 노동 시간을 줄여주었다고 했다. 따라서 '완전히 대체'했다는 것은 극단의 오류이다.

오답풀이

① 기술 진보는 '소비자에게는 선택의 폭을 넓혀주었고, 노동자가 이전보다 더 빠르고 정확하게 일을 처리할 수 있게 해 주었다.' 즉, 소비자와 노동자 모두에게 긍정적인 결과를 낳았다.
③ 기술 진보는 '실업에 대한 불안 또한 수반'하여 '산업 혁명 시기에 일어났던 기계 파괴 운동'과 같이 표출되기도 한다고 하였다.
④ 기술 진보로 '산업 구조가 변화하면서 새로운 일자리들이 생겨났'으며, 노동자들은 더 적은 시간을 일하면서도 더 높은 소득을 받을 수 있게 되었다.

2. ④ [어휘 - 바꿔 쓸 수 있는 유사한 표현]
㉣의 '전이(轉移: 轉 구를 전 移 옮길 이)하다'는 '자리나 위치 따위를 다른 곳으로 옮기다.'의 뜻이므로 '메우는'을 바꿔 쓰기에 적절하지 않다. 바꿔 쓸 수 있는 표현으로는 '모자라거나 부족한 것을 보충하여 완전하게 하다.'의 뜻을 가진 '보완(補完: 補 기울 보 完 완전할 완)하다'가 적절하다.

오답풀이

① ㉠의 '수반(隨伴: 隨 따를 수 伴 짝 반)하다'는 '어떤 일과 더불어 생기다. 또는 그렇게 되게 하다.'의 뜻이므로 바꿔 쓰기에 적절하다.

② ⓛ의 '표출(表出: 表 겉 표 出 날 출)되다'는 '겉으로 나타나다.'의 뜻이므로 바꿔 쓰기에 적절하다.

③ ⓒ의 '대체(代替: 代 대신할 대 替 바꿀 체)하다'는 '다른 것으로 대신하다.'의 뜻이므로 바꿔 쓰기에 적절하다.

3. ④ [어휘 – 문맥적 의미 추론]
제시문의 ⓐ의 '지다'는 '책임이나 의무를 맡다.'의 뜻으로 쓰였고, 이와 의미가 가장 가까운 것은 ④이다.

[오답풀이]

① '지다'는 '어떤 현상이나 상태가 이루어지다.'의 뜻으로 쓰였다.

② '지다'는 '(('…과'가 나타나지 않을 때는 여럿임을 뜻하는 말이 주어로 온다)) 어떤 좋지 아니한 관계가 되다.'의 뜻으로 쓰였다.

③ '지다'는 '빌린 돈을 갚아야 할 의무가 있다.'의 뜻으로 쓰였다.

빈/칸/문/제

p. 107

01. ❶ ㉣ 승복 ❷ ㉡ 순탄 ❸ ㉢ 순화 ❹ ㉠ 순차적 ❺ ㉡ 순탄
02. ❶ ㉢ 시사 ❷ ㉠ 승화 ❸ ㉣ 신랄 ❹ ㉡ 시비   ❺ ㉡ 시비

독/해/문/제

p. 108~109

1. ③ [독해(비문학) – 밑줄 강화 약화]
AI(인공지능)는 비교적 널리 알려진 개념이므로 ㉢을 강화한다고 볼 수 있다.

[오답풀이]

① 뉴딜은 경제 운영 체계의 전면적 개편과 같은 강력한 정책을 의미하는 용어로 쓰이고 있다. '뉴딜일자리팀'은 여러 계층의 시민들을 지원하는 부서의 성격을 드러내기 어려운 표현이므로 ㉠을 오히려 약화하는 사례이다.

② '스마트 그리드'는 정보통신 기술 분야의 전문용어이며 일반적인 국민들이 명확한 의미를 파악하기 어렵다. 따라서 ㉡을 오히려 약화하는 사례이다.

④ '케어'는 정책 목표와 대상 등을 고려한 구체적이고 명확한 표현이라고 보기 어려우므로 ㉣을 강화하는 사례로 볼 수 없다.

2. ③ [어휘 – 바꿔 쓸 수 있는 유사한 표현]

'개재(介在: 介 낄 개 在 있을 재)하다'는 '이것과 저것의 사이에 끼어 있다.'의 뜻이므로 '보여주는'을 바꿔 쓰기에 적절하지 않다. 바꿔 쓸 수 있는 표현으로는 '어떠한 뜻을 글이나 말로 드러내어 보이거나 가리키다.'의 뜻을 가진 '제시(提示: 提 끌 제 示 보일 시)하다'가 적절하다.

오답풀이

① ⓐ의 '대두(擡頭: 擡 들 대 頭 머리 두)되다'는 '어떤 세력이나 현상이 나타나다'의 뜻이므로 바꿔 쓰기에 적절하다.

② ⓑ의 '파악(把握: 把 잡을 파 握 쥘 악)하다'는 '어떤 대상의 내용이나 본질을 확실히 이해하다.'의 뜻이므로 바꿔 쓰기에 적절하다.

④ ⓓ의 '도모(圖謀: 圖 그림 도 謀 꾀 모)하다'는 '어떤 일을 이루려고 수단과 방법을 꾀하다'의 뜻이므로 바꿔 쓰기에 적절하다.

3. ③ [어휘 – 문맥적 의미 추론]

제시문의 ㉠의 '가리다'는 '잘잘못이나 좋은 것과 나쁜 것 따위를 따져서 분간하다.'의 뜻으로 쓰였고, 이와 의미가 가장 가까운 것은 ③이다.

오답풀이

① '가리다'는 '여럿 가운데서 하나를 구별하여 고르다.'의 뜻으로 쓰였다.

② '가리다'는 '똥오줌을 눌 곳에 누다.'의 뜻으로 쓰였다.

④ '가리다'는 '자기 일을 알아서 스스로 처리하다.'의 뜻으로 쓰였다.

p. 111

01. ❶ ㉢ 실증 ❷ ㉡ 실존 ❸ ㉣ 실추 ❹ ㉠ 신빙성 ❺ ㉢ 실추

02. ❶ ㉢ 심취 ❷ ㉠ 심미적 ❸ ㉡ 심연 ❹ ㉡ 심연 ❺ ㉢ 심취

p. 113

01. ❶ ㉡ 아집 ❷ ㉢ 애상적 ❸ ㉡ 아집 ❹ ㉠ 아성 ❺ ㉣ 약관
02. ❶ ㉡ 어눌 ❷ ㉠ 애환 ❸ ㉠ 애환 ❹ ㉢ 어용 ❺ ㉡ 어눌

p. 115

01. ❶ ㉢ 역설 ❷ ㉢ 역설 ❸ ㉠ 여한 ❹ ㉡ 역린 ❺ ㉣ 역점
02. ❶ ㉣ 영속 ❷ ㉠ 열악 ❸ ㉡ 영달 ❹ ㉢ 영세 ❺ ㉠ 열악

독/해/문/제

p. 116~117

1. ① [독해(비문학) – 내용 추론 부정 발문]
노동을 통한 주객 통일은 사회 구조로 인해 한계에 부딪힌다고 한 것은 '헤겔'이 아니라 '마르크스'이므로 이 선지는 적절하지 않다. 헤겔은 노동을 통한 주객 통일이 한계가 있는 이유가 노동이 주체와 분리되어 있고 주체를 완전히 표현하지 못하는 것 때문이라고 하였다.

오답풀이

② 1문단의 '헤겔은 노동을 사적 소유권의 근거를 넘어 주체와 객체가 통일되는 과정이며, 자기의식과 자기 정체성을 통일하는 과정이자 확보하는 계기라고 주장했다.'와 일치하는 정보이다.
③ 2문단의 '다만 그는 노동을 통한 주객 통일의 한계가 사회적 구조의 한계에서 비롯된다고 분석하며, 노동을 통한 인간의 자아실현을 완성하기 위해서 사회 구조를 변혁해야 한다고 역설했다.'와 일치하는 정보이다.
④ 2문단의 '이에 비해 마르크스는 헤겔의 노동관을 수용하면서도 노동 자체가 한계를 지닌다는 주장에는 동의하지 않았다.'와 일치하는 정보이다.

2. ④ [어휘 - 바꿔 쓸 수 있는 유사한 표현]

㉣의 '논박(論駁: 論 논할 론(논) 駁 논박할 박)하다'는 '어떤 주장이나 의견에 대하여 그 잘못된 점을 조리 있게 공격하여 말하다.'의 뜻이므로 '힘주어 말했다'를 바꿔 쓰기에 적절하지 않다. 바꿔 쓸 수 있는 표현으로는 '자기의 뜻을 힘주어 말하다.'의 뜻을 가진 '역설(力說: 力 힘 력(역) 說 말씀 설)하다'가 적절하다.

오답풀이

① ㉠의 '고립(孤立: 孤 외로울 고 立 설 립(입))되다'는 '다른 사람과 어울리어 사귀지 아니하거나 다른 사람의 도움을 받지 못하여 외따로 떨어지게 되다.'의 뜻이므로 바꿔 쓰기에 적절하다.
② ㉡의 '개발(開發: 開 열 개 發 필 발)하다'는 '지식이나 재능 따위를 발달하게 하다.'의 뜻이므로 바꿔 쓰기에 적절하다.
③ ㉢의 '획득(獲得: 獲 얻을 획 得 얻을 득)하다'는 '얻어 내거나 얻어 가지다.'의 뜻이므로 바꿔 쓰기에 적절하다.

3. ① [어휘 - 문맥적 의미 추론]

제시문의 ㉠의 '줄이다'는 '힘이나 세력 따위를 본디보다 약하게 하다.'의 뜻으로 쓰였고, 이와 의미가 가장 가까운 것은 ①이다.

오답풀이

② '줄이다'는 '시간이나 기간을 짧아지게 하다.'의 뜻으로 쓰였다.
③ '줄이다'는 '수나 분량을 본디보다 적게 하거나 무게를 덜 나가게 하다.'의 뜻으로 쓰였다.
④ '줄이다'는 '말이나 글의 끝에서, 할 말은 많으나 그만하고 마친다는 뜻으로 하는 말.'의 뜻으로 쓰였다.

p. 119

01. ❶ ㉣ 오열 ❷ ㉡ 영합 ❸ ㉢ 예단 ❹ ㉢ 예단 ❺ ㉠ 영악
02. ❶ ㉠ 오판 ❷ ㉢ 온유 ❸ ㉣ 와중 ❹ ㉡ 예지 ❺ ㉠ 오판

Day **05** … **①**

빈/칸/문/제

p. 123

01. ❶ ㉠ 완강 ❷ ㉡ 완곡 ❸ ㉣ 완연 ❹ ㉠ 완강 ❺ ㉢ 완급
02. ❶ ㉡ 요망 ❷ ㉠ 요량 ❸ ㉢ 요체 ❹ ㉢ 요체 ❺ ㉡ 요망

Day **05** … **②**

빈/칸/문/제

p. 125

01. ❶ ㉡ 용이 ❷ ㉣ 원동력 ❸ ㉡ 용이 ❹ ㉠ 용렬 ❺ ㉢ 운치
02. ❶ ㉢ 위배 ❷ ㉡ 원형 ❸ ㉣ 위상 ❹ ㉢ 위배 ❺ ㉠ 원초적

독/해/문/제

p. 126~127

1. ③ [독해(비문학) – 밑줄 추론]
본문은 SNS가 등장하면서 과거와는 달리 작가들이 등단 여부와 관계없이 정보 교환을 할 수 있게 되었음을 소개하고 있다. 따라서 '비등단 작가라도 문학을 이야기할 수 있는 가상의 공간이 조성되었기 때문이다.'가 가장 적절하다.

오답풀이
① '과거와는 달리 SNS는 비등단 문인들이 출간할 수 있는'이라는 표현을 통해 적절하지 않은 선지임을 확인할 수 있다.
② 본문은 과거와 달라진 문학장의 양상을 서술하고 있으므로 '1900년대 초반과 마찬가지로'라는 표현은 적절하지 않음을 알 수 있다.
④ '우리는 문학인들의 삶을 아주 가까이에서 들여다볼 수 있게 되었다.'를 통해 적절하지 않음을 알 수 있다.

2. ④ [어휘 - 바꿔 쓸 수 있는 유사한 표현]
ⓒ의 '선동(煽動: 煽 부채질할 선 動 움직일 동)하다'는 '남을 부추겨 어떤 일이나 행동에 나서도
록 하다.'의 뜻이므로 '이끌기도'를 바꿔 쓰기에 적절하지 않다. 바꿔 쓸 수 있는 표현으로는 '앞장
서서 조직이나 무리를 이끌다.'의 뜻을 가진 '주도(主導: 主 임금 주 導 인도할 도)하다'가 적절하다.

오답풀이
① ⊙의 '등단(登壇: 登 오를 등 壇 단 단)하다'는 '어떤 사회적 분야에 처음으로 등장하다.'의 뜻
   이므로 바꿔 쓰기에 적절하다.
② ⓒ의 '구성(構成: 構 얽을 구 成 이룰 성)되다'는 '몇 가지 부분이나 요소들이 모여 일정한 전
   체가 짜여 이루어지다.'의 뜻이므로 바꿔 쓰기에 적절하다.
③ ⓒ의 '위상(位相: 位 자리 위 相 서로 상)'은 '어떤 사물이 다른 사물과의 관계 속에서 가지는
   위치나 상태.'의 뜻이므로 바꿔 쓰기에 적절하다.

3. ③ [어휘 - 문맥적 의미 추론]
제시문의 ⊙의 '펼치다'는 '(사람이나 단체가 행동이나 행사를) 실제로 행하다.'의 뜻으로 쓰였고,
이와 의미가 가장 가까운 것은 ③이다.

오답풀이
① '펼치다'는 '접히거나 개킨 것 따위를 널찍하게 펴다.'의 뜻으로 쓰였다.
② '펼치다'는 '보고 듣거나 감상할 수 있도록 사람들 앞에 주의를 끌 만한 상태로 나타내다.'의
   뜻으로 쓰였다.
④ '펼치다'는 '꿈, 계획 따위를 이루기 위해 행동하다.'의 뜻으로 쓰였다.

 … ③ ⃝

p. 129

01. ❶ ⓒ 유보 ❷ ⊙ 위선 ❸ ⓒ 위화감 ❹ ⓒ 유기 ❺ ⓒ 유보
02. ❶ ⓒ 유인 ❷ ⊙ 유실 ❸ ⓒ 유연 ❹ ⊙ 유실 ❺ ⓒ 유인

p. 131

01. ❶ ㉡ 유장 ❷ ㉢ 유지 ❸ ㉣ 유한 ❹ ㉣ 유한 ❺ ㉠ 유인
02. ❶ ㉡ 윤색 ❷ ㉣ 은둔 ❸ ㉠ 유화적 ❹ ㉣ 은둔 ❺ ㉢ 융합

p. 133

01. ❶ ㉡ 응분 ❷ ㉠ 음해 ❸ ㉠ 음해 ❹ ㉢ 응축 ❺ ㉣ 의구심
02. ❶ ㉠ 의연 ❷ ㉡ 의탁 ❸ ㉠ 의연 ❹ ㉣ 이견 ❺ ㉢ 의향

p. 134~135

1. ② [독해(화법) − 말하기 방식]
이 토의는 학술적, 전문적인 특정 주제에 대해 그 분야의 전문가나 권위자(3~6명)가 강연식으로 발표한 후 청중과 질의 응답하는 심포지엄이다. 심포지엄은 특정 주제를 여러 측면에서 발표하는 것이기 때문에 사회자가 발표자 간의 이견을 조정할 필요가 없다. 실제로 제시문에서도 사회자가 발표자 간의 이견을 조정하여 의사 결정을 유도하는 부분은 나오지 않는다.

오답풀이

① '통일 시대의 남북한 언어가 나아갈 길'이라는 학술 주제에 대해 발표 형식으로 진행하여 최 교수와 정 박사가 각각 발표를 하고 있다.
③ 정 박사는 '남북한 언어의 동질성 회복 방안'이라는 자신의 발표에서 앞으로 통일을 대비해 남북한 언어의 다른 점을 줄여 나가야 한다는 견해를 밝히고 그 뒤에 청중에게 정보를 제공하고 있다.
④ 청중은 "남북한 언어의 차이와 이를 극복하는 방안을 말씀하셨는데요"라며 발표 내용을 확인하고 있다. 또한 "그렇다면 통일 시대에 대비한 언어 정책에는 무엇이 있을까요?"라며 주제와 관련된 질문을 제기하고 있다.

2. ④ [어휘 – 문맥적 의미 추론]

제시문의 ㉠의 '모이다'는 '여러 사람이 한곳에 오게 되거나 한 단체에 들게 되다.'의 뜻으로 쓰였고, 이와 의미가 가장 가까운 것은 ④이다.

오답풀이

① '모이다'는 '특별한 물건이 구해져 갖춰지다.'의 뜻으로 쓰였다.
② '모이다'는 '한데 합쳐지다.'의 뜻으로 쓰였다.
③ '모이다'는 '다른 이들의 관심이나 흥미가 끌리다.'의 뜻으로 쓰였다.

p. 137

01. ❶ ㉣ 인멸 ❷ ㉠ 이념 ❸ ㉤ 인식 ❹ ㉢ 이재민 ❺ ㉡ 이론
02. ❶ ㉢ 임상 ❷ ㉡ 인지 ❸ ㉣ 입안 ❹ ㉠ 인용 ❺ ㉠ 인용

p. 138~139

1. ③ [독해(비문학) – 일반 강화 약화]

버클리는 '어떠한 대상과 관련된 감각 경험들은 큰 변화 없이 반복'된다고 하였으므로 버클리의 주장은 강화되는 것이 적절하다.

오답풀이

① 데카르트는 감각 경험으로 실재를 인식할 수 없다고 보았으며, '모든 주체는 이성을 통한 정신 활동만으로 자신과 외부 대상의 실체를 인식'한다고 하였으므로 이 사례는 데카르트의 주장을 '약화'하는 것이 아니라 '강화'한다.
② 데카르트는 감각 경험으로 실재를 인식할 수 없다고 보았다. '어둠 속일지라도 코끼리의 몸을 전체적으로 만져'보는 것 또한 감각 경험에 불과하므로, 데카르트는 이러한 경험을 통해서는 코끼리의 실재를 인식할 수 있다고 하는 주장은 데카르트의 주장을 '강화'하는 것이 아니라 '약화'한다.
④ 버클리는 감각 경험들의 관계를 통해 외부 대상을 인식할 수 있다고 하였으므로 코끼리를 제대로 인식하기 위해서는 다른 감각 경험이 필요하다고 하는 주장은 버클리의 주장을 '약화'하는 것이 아니라 '강화'한다.

2. ① [어휘 – 바꿔 쓸 수 있는 유사한 표현]
㉠의 '본능적(本能的 : 本 근본 본 能 능할 능 的 과녁 적)'은 '본능에 따라 움직이려고 하는 것.'의 뜻이므로 '태어날 때부터 지니고 있는'을 바꿔 쓰기에 적절하지 않다. 바꿔 쓸 수 있는 표현으로는 '태어날 때부터 지니고 있는 것.'의 뜻을 가진 '선천적(先天的 : 先 먼저 선 天 하늘 천 的 과녁 적)'이 적절하다.

오답풀이

② ㉡의 '독립적(獨立的 : 獨 홀로 독 立 설 립(입) 的 과녁 적)'은 '남에게 의존하거나 예속되지 아니한 것.'의 뜻이므로 바꿔 쓰기에 적절하다.
③ ㉢의 '형성(形成 : 形 모양 형 成 이룰 성)되다'는 '어떤 형상이 이루어지다.'의 뜻이므로 바꿔 쓰기에 적절하다.
④ ㉣의 '국한(局限 : 局 판 국 限 한할 한)되다'는 '범위가 일정한 부분에 한정되다.'의 뜻이므로 바꿔 쓰기에 적절하다.

3. ① [어휘 – 문맥적 의미 추론]
제시문의 ㉠의 '따르다'는 '관례, 유행이나 명령, 의견 따위를 그대로 실행하다.'의 뜻으로 쓰였고, 이와 의미가 가장 가까운 것은 ①이다.

오답풀이

② '따르다'는 '다른 사람이나 동물의 뒤에서, 그가 가는 대로 같이 가다.'의 뜻으로 쓰였다.
③ '따르다'는 '좋아하거나 존경하여 가까이 좇다.'의 뜻으로 쓰였다.
④ '따르다'는 '남이 하는 대로 같이 하다.'의 뜻으로 쓰였다.

Day 07 … ❶ ㅈ

빈/칸/문/제

p. 143

01. ❶ ⓛ 자문 ❷ ⓒ 자생적 ❸ ⓛ 자문 ❹ ⊙ 자괴 ❺ ⓔ 자성
02. ❶ ⊙ 자양분 ❷ ⓛ 자정 ❸ ⓒ 자조 ❹ ⓛ 자정

Day 07 … ❷ ㅈ

빈/칸/문/제

p. 145

01. ❶ ⓛ 쟁점 ❷ ⓔ 잠정적 ❸ ⓔ 잠정적 ❹ ⓒ 잔학 ❺ ⊙ 작위적
02. ❶ ⓛ 재고 ❷ ⊙ 장황 ❸ ⓔ 작태 ❹ ⊙ 장황 ❺ ⓒ 재야

독/해/문/제

p. 146~147

1. ③ [독해(화법) – 말하기 방식]
원료를 A시에서 구매해달라는 제안과 3년 간 50명의 채용 약속은 제안 측의 손실이 발생하지
않으면서도 상대방도 이득을 볼 수 있는 제안에 해당한다.

오답풀이
① ⊙, ⓛ은 제안 측에 손실을 일으킨다고 볼 수 없다.
② ⊙, ⓛ은 제안 측이 양보하지 않아 상대가 피해를 입는 발언이 아니다.
④ ⊙은 제안 측 손실을 막기 위한 말이 아니다.

2. ④ [어휘 − 문맥적 의미 추론]

제시문의 ㉠의 '넘치다'는 '느낌이나 기운이 정도를 벗어나도록 강하게 일어나다.'의 뜻으로 쓰였고, 이와 의미가 가장 가까운 것은 ④이다.

오답풀이

① '넘치다'는 '가득 차서 밖으로 흘러나오거나 밀려나다.'의 뜻으로 쓰였다.

② '넘치다'는 '일정한 정도를 훨씬 넘다.'의 뜻으로 쓰였다.

③ '넘치다'는 '어떤 기준을 벗어나 지나다.'의 뜻으로 쓰였다.

Day **07** ··· ③ **ㅈ**

p. 149

01. ❶ ㉢ 저해　❷ ㉡ 저촉　❸ ㉡ 저촉　❹ ㉣ 적격　❺ ㉠ 저의

02. ❶ ㉢ 전유물　❷ ㉣ 전이　❸ ㉠ 전락　❹ ㉡ 전리품　❺ ㉠ 전락

Day **07** ··· ④ **ㅈ**

p. 151

01. ❶ ㉢ 절감　❷ ㉠ 전수　❸ ㉡ 전제　❹ ㉢ 절감　❺ ㉣ 절실

02. ❶ ㉠ 절의　❷ ㉢ 절취　❸ ㉢ 절취　❹ ㉡ 절충　❺ ㉡ 절충

p. 152~153

1. ③ [독해(비문학) − 내용 전개 방식]

시간의 흐름에 따른 내용 전개 방식을 '통시적 내용 전개', 그렇지 않은 것을 '공시적 내용 전개'라 하는데, 위 글은 통시적 내용 전개 방식을 가지고 있고 에스페란토어에 상반된 인식이 나타나는 것은 맞으나 이를 절충하고 있는 것은 아니다.

① 시오니즘에 대한 자멘호프의 태도변화가 나타나 있고, 시오니즘의 선민사상에 반감을 가지고
인류 통합을 목적으로 에스페란토어를 창작했다고 했으므로 적절하다.
② 1문단 끝에서 유럽이 전제주의의 광풍에 혼란을 겪고 있다고 했으므로 적절하다.
④ 1인 2개 국어 운동 등의 자멘호프의 사상이 명시적으로 나타나고 있고 이를 통해 인류 통합을
이루려 했다고 했으므로 옳다.

2. ② [어휘 – 바꿔 쓸 수 있는 유사한 표현]
ⓒ의 '회개(悔改: 悔 뉘우칠 회 改 고칠 개)하다'는 '잘못을 뉘우치고 고치다.'의 뜻이므로 '돌아서
서'를 바꿔 쓰기에 적절하지 않다. 바꿔 쓸 수 있는 표현으로는 '종래의 사상이나 이념을 바꾸어
서 그와 배치되는 사상이나 이념으로 돌리다.'의 뜻을 가진 '전향(轉向: 轉 구를 전 向 향할 향
)하다'가 적절하다.

① ㉠의 '능통(能通: 能 능할 능 通 통할 통)하다'는 '사물의 이치에 훤히 통달하다.'의 뜻이므로
바꿔 쓰기에 적절하다.
③ ㉢의 '배포(配布: 配 짝 배 布 베 포)하다'는 '신문이나 책자 따위를 널리 나누어 주다.'의 뜻이
므로 바꿔 쓰기에 적절하다.
④ ㉣의 '보급(普及: 普 넓을 보 及 미칠 급)하다'는 '널리 펴서 많은 사람들에게 골고루 미치게
하여 누리게 하다.'의 뜻이므로 바꿔 쓰기에 적절하다.

3. ① [어휘 – 문맥적 의미 추론]
제시문의 ㉠의 '다루다'는 '어떤 물건이나 일거리 따위를 어떤 성격을 가진 대상 혹은 어떤 방법으
로 취급하다.'의 뜻으로 쓰였고, 이와 의미가 가장 가까운 것은 ①이다.

② '다루다'는 '일거리를 처리하다.'의 뜻으로 쓰였다.
③ '다루다'는 '어떤 물건을 사고파는 일을 하다.'의 뜻으로 쓰였다.
④ '다루다'는 '기계나 기구 따위를 사용하다.'의 뜻으로 쓰였다.

 … ⑤ ㅈ

p. 155

01. ❶ ㉢ 점철 ❷ ㉠ 점거 ❸ ㉣ 정곡 ❹ ㉤ 정곡 ❺ ㉡ 점유
02. ❶ ㉠ 정립 ❷ ㉢ 정설 ❸ ㉡ 정색 ❹ ㉤ 정색 ❺ ㉣ 정수

 … ⑥ ㅈ

p. 157

01. ❶ ㉡ 정진 ❷ ㉤ 정회 ❸ ㉠ 정의 ❹ ㉢ 정취 ❺ ㉣ 정한
02. ❶ ㉢ 조소 ❷ ㉣ 조언 ❸ ㉡ 조감 ❹ ㉠ 정황 ❺ ㉠ 정황

Day 08 … ① ㅈ

빈/칸/문/제

p. 161

01. ① ㉡ 조율 ② ㉡ 조율 ③ ㉣ 족쇄 ④ ㉢ 조장 ⑤ ㉠ 조우
02. ① ㉡ 졸렬 ② ㉢ 졸속 ③ ㉠ 족적 ④ ㉠ 족적 ⑤ ㉢ 졸속

독/해/문/제

p. 162~163

1. ① [독해(비문학) - 내용 추론 부정 발문]
'불쾌함은 주관적인 감정이므로 법적 규제의 근거가 되기 힘들다'는 것은 혐오 표현 규제에 반대하는 사람들의 주장이다. 글쓴이는 '혐오 표현이 유발하는 불쾌함은 사회 구성원들이 공감할 수 있는 보편적 감정이며, 그 정도가 과하다면 규제되어야 한다.'라고 하였다.

오답풀이

②, ③ '자유는 타인의 자유를 침해하지 않는 한에서 보장되어야 한다. 혐오 표현이 법으로 규제되어야 하는 이유가 여기에 있다.'에서 확인할 수 있는 내용이다.

④ 글쓴이는 '권력의 견제 수단으로서 표현의 자유는 순기능을 수행'한다고 하였다. 다만 '권력을 갖지 않는 대상을 향한 혐오 표현은 사회적 차별 또한 조장할' 수 있다고 하였다.

2. ② [어휘 - 바꿔 쓸 수 있는 유사한 표현]
㉡의 '장려(獎勵: 獎 장려할 장 勵 힘쓸 려(여))하다'는 '좋은 일에 힘쓰도록 북돋아 주다.'의 뜻이므로 '부추길'을 바꿔 쓰기에 적절하지 않다. 바꿔 쓸 수 있는 표현으로는 '바람직하지 않은 일을 더 심해지도록 부추기다.'의 뜻을 가진 '조장(助長: 助 도울 조 長 길 장)하다'가 적절하다.

오답풀이

① ㉠의 '치부(置簿: 置 둘 치 簿 문서 부)하다'는 '마음속으로 그러하다고 보거나 여기다.'의 뜻이므로 바꿔 쓰기에 적절하다.

③ ㉢의 '견제(牽制: 牽 이끌 견 制 절제할 제)'는 '일정한 작용을 가함으로써 상대편이 지나치게 세력을 펴거나 자유롭게 행동하지 못하게 억누름.'의 뜻이므로 바꿔 쓰기에 적절하다.

④ ㉣의 '내재(內在: 內 안 내 在 있을 재)하다'는 '어떤 사물이나 범위의 안에 들어 있다.'의 뜻이므로 바꿔 쓰기에 적절하다.

3. ④ [어휘 – 문맥적 의미 추론]
제시문의 ⑦의 '흐르다'는 '어떤 한 방향으로 치우쳐 쏠리다.'의 뜻으로 쓰였고, 이와 의미가 가장 가까운 것은 ④이다.

오답풀이
① '흐르다'는 '공중이나 물 위에 떠서 미끄러지듯이 움직이다.'의 뜻으로 쓰였다.
② '흐르다'는 '시간이나 세월이 지나가다.'의 뜻으로 쓰였다.
③ '흐르다'는 '기운이나 상태 따위가 겉으로 드러나다.'의 뜻으로 쓰였다.

빈/칸/문/제

p. 165

01. ❶ ㉠ 종언 ❷ ㉤ 종용 ❸ ㉣ 좌초 ❹ ㉥ 종용 ❺ ㉢ 종횡
02. ❶ ㉢ 주의 ❷ ㉤ 주선 ❸ ㉥ 주선 ❹ ㉣ 주재 ❺ ㉠ 조망

빈/칸/문/제

p. 167

01. ❶ ㉢ 주창 ❷ ㉤ 주지 ❸ ㉠ 주조 ❹ ㉥ 중재 ❺ ㉣ 중용
02. ❶ ㉣ 중첩 ❷ ㉤ 증진 ❸ ㉠ 증정 ❹ ㉢ 증후

독/해/문/제

p. 168~169

1. ③ [독해(비문학) – 내용 추론 부정 발문]
하천 주변이 자동차 도로가 된 것은 상하수도 시설 때문이 아니라 인구밀도와 자동차 급증으로 인한 것이기 때문이다. 도시주거의 기본요건 중 하나가 상하수도 시설이었던 것은 조선시대였으므로 이 답은 적절하지 않다.

① 1문단 2번째 문장인 "종이가 발명되기 전에는 양피지에 글을 썼는데 양피지는 귀했기 때문에 이를 재활용하기 위해 이미 쓰여 있는 글자를 지우고 그 위에 다시 글자를 쓰는 일이 빈번했다."를 통해 알 수 있다.

② 조선시대 한양에서는 상하수도 시설이 부재하여 하천이 커뮤니티의 중심이었지만, 지금은 간선도로가 커뮤니티를 이루고 있다. 맨 마지막 문장인 "산업화 이후 대형 간선도로의 등장이 본격화되면서 하천을 중심으로 형성되었던 기존 커뮤니티는 간선도로에 의해 나눠지게 된 것이다."를 통해 알 수 있다.

④ 상하수도가 없었던 시절에는 하천을 따라 구불구불하게 도로가 형성되었기 때문에 현재 간선도로까지 등장하게 되면서 강북의 도로망이 더 복잡하게 된 것이다. 따라서 이는 역사적 흔적이 현재의 공간에 영향을 미치므로 팰림시스트의 예라고 볼 수 있다.

2. ③ [어휘 – 바꿔 쓸 수 있는 유사한 표현]
ⓒ의 '도용(盜用: 盜 도둑 도 用 쓸 용)하다'는 '남의 물건이나 명의를 몰래 쓰다.'의 뜻이므로 '끌어다 쓰고'를 바꿔 쓰기에 적절하지 않다. 바꿔 쓸 수 있는 표현으로는 '자기의 주장이나 학설을 세우기 위하여 문헌이나 관례 따위를 끌어다 쓰다.'의 뜻을 가진 '원용(援用: 援 도울 원 用 쓸 용)하다'가 적절하다.

① ⊙의 '발명(發明: 發 필 발 明 밝을 명)되다'는 '아직까지 없던 기술이나 물건이 새로 생각되어 만들어지다.'의 뜻이므로 바꿔 쓰기에 적절하다.

② ⓛ의 '중첩(重疊: 重 무거울 중 疊 겹쳐질 첩)되다'는 '거듭 겹쳐지거나 포개어지다.'의 뜻이므로 바꿔 쓰기에 적절하다.

④ ⓔ의 '부재(不在: 不 아닐 부 在 있을 재)하다'는 '그곳에 있지 아니하다.'의 뜻이므로 바꿔 쓰기에 적절하다.

3. ④ [어휘 – 문맥적 의미 추론]
제시문의 ⊙의 '나누다'는 '몫을 분배하다.'의 뜻으로 쓰였고, 이와 의미가 가장 가까운 것은 ④이다.

① '나누다'는 '여러 가지가 섞인 것을 구분하여 분류하다.'의 뜻으로 쓰였다.
② '나누다'는 즐거움이나 고통, 고생 따위를 함께하다.'의 뜻으로 쓰였다.
③ '나누다'는 '나눗셈을 하다.'의 뜻으로 쓰였다.

Day **08** … **④** **ㅈ**

01. ❶ ㄹ 지양 ❷ ㄱ 중추 ❸ ㅁ 지엽적 ❹ ㄷ 지분 ❺ ㄴ 지명도
02. ❶ ㄴ 지표 ❷ ㄷ 지체 ❸ ㄹ 지향 ❹ ㄱ 지조 ❺ ㄷ 지체

1. ④ [독해(작문) – 문장 고쳐쓰기]
고쳐쓰기 문제는 매년 나오는 단골 유형이므로 반드시 완벽하게 정복해야 하는 유형이다. 문제를 보는 순서는 "제시된 문장 → 선택지" 순으로 하나하나 참, 거짓을 판별해 내면 된다. '납부'란 '세금·공과금 따위를 냄.'을 의미하는 것이므로 이 문맥에 잘 어울리는 단어이다. 따라서 금융 기관이 돈이나 물품 따위를 받아 거두어들인다는 '수납'으로 고치면 오히려 어색한 문장이 된다.

오답풀이
① '현재'라는 부사어를 통해, 시제가 현재임을 알 수 있다. 서술어 "있었다"는 과거형이므로 적절 하지 않다. 따라서 '있었다'는 문맥상 시제 표현이 적절하지 않으므로 현재형 '있다'로 고쳐 쓰는 것은 옳다.
② '지양'은 어떤 행위를 하지 않는 것이고 "지향"은 어떤 행위를 추구하는 것이므로 두 단어의 의미가 상반된다. '지양(止揚)'이란 '더 높은 단계로 오르기 위하여 어떤 것을 하지 않음.'을 의미한다. 하지만 문맥으로 보면, '누구나 행복한 ○○시'는 우리 시청이 추구하는 가치이므 로 어떤 목표로 뜻이 쏠리어 향한다는 의미인 '지향(志向)'으로 고쳐 쓰는 것이 옳다.
③ 수식어의 경우에는 반드시 그 수식어가 무엇을 수식하는지를 확인해야 한다. '지난달 수해로 인한'이 뒤에 있는 '준비 기간'을 수식하면 문장이 어색해진다. 따라서 '지난달 수해로 인하여' 로 고쳐야 한다. 그렇게 되면 '지난달 수해로 인하여 준비 기간이 짧았다'라는 자연스러운 문 장이 만들어 질 수 있다.

2. ① [어휘 – 문맥적 의미 추론]
제시문의 ㉠의 '생기다'는 '없던 것이 새로 있게 되다.'의 뜻으로 쓰였고, 이와 의미가 가장 가까운 것은 ①이다.

오답풀이
② '생기다'는 '자기의 소유가 아니던 것이 자기의 소유가 되다.'의 뜻으로 쓰였다.
③ '생기다'는 '어떤 일이 일어나다.'의 뜻으로 쓰였다.
④ '생기다'는 '사람이나 사물의 생김새가 어떠한 모양으로 되다.'의 뜻으로 쓰였다.

Day **08** … ⑤ ㅈ

빈/칸/문/제

p. 175

01. ❶ ㉡ 직시 ❷ ㉣ 진면목 ❸ ㉠ 지향 ❹ ㉢ 진가 ❺ ㉤ 진부
02. ❶ ㉠ 진상 ❷ ㉢ 진작　❸ ㉣ 진척 ❹ ㉡ 진위 ❺ ㉡ 진위

Day **08** … ⑥ ㅈ

빈/칸/문/제

p. 177

01. ❶ ㉢ 질타 ❷ ㉡ 질의 ❸ ㉢ 질타 ❹ ㉠ 질색 ❺ ㉣ 징발
02. ❶ ㉡ 집약 ❷ ㉣ 징표 ❸ ㉢ 징수 ❹ ㉡ 집약 ❺ ㉠ 집요

정답 및 해설

빈/칸/문/제

p. 181

01. ❶ ⓒ 착안 ❷ ㄱ 차질 ❸ ㄱ 차질 ❹ ⓒ 착오 ❺ ㄴ 착란
02. ❶ ㄱ 찬동 ❷ ㄴ 참상 ❸ ㄹ 참회 ❹ ㄹ 참회 ❺ ⓒ 참작

독/해/문/제

p. 182~183

1. ④ [독해(비문학) − 내용 추론 긍정 발문]
방사능물질은 분열하며 방사선과 열을 방출한다. 방사선은 '알파파와 베타파의 방출'임을 처음 부분에서 알 수 있다. 그런데 현재 붕소를 이용해 방사능물질의 분열을 막고 있다고 했으므로 붕소가 알파파와 베타파의 방출을 억제한다는 서술은 타당하다.

오답풀이

① 방사선은 '고열'이 아니라 '충돌'로 인해 인체 구성 원자의 핵과 전자를 파괴한다고 하였다.
② 플루토늄은 방사선을 내뿜는 방사선 물질이다.
③ 핵폐기물 역시 방사능 물질이며, 방사선을 방출한다. 따라서 인체 구성 원자의 핵자도 파괴할 수 있다.

2. ④ [어휘 − 바꿔 쓸 수 있는 유사한 표현]
ⓔ의 '방관(傍觀: 傍 곁 방 觀 볼 관)하다'는 '어떤 일에 직접 관여하지 않고 곁에서 보기만 하다'를 의미하므로 이 문맥에는 적절하지 않다. 바꿔 쓸 수 있는 표현으로는 '돌보거나 간섭하지 않고 그대로 두다.'의 뜻을 가진 '방치(放置: 放 놓을 방 置 둘 치)하다'가 적절하다.

오답풀이

① ㄱ의 '구성(構成: 構 얽을 구 成 이룰 성)되다'는 '몇 가지 부분이나 요소들이 모여 일정한 전체가 짜여 이루어지다.'의 뜻이므로 바꿔 쓰기에 적절하다.
② ㄴ의 '착안(着眼: 着 붙을 착 眼 눈 안)하다'는 '어떤 일을 주의하여 보다. 또는 어떤 문제를 해결하기 위한 실마리를 잡다.'의 뜻이므로 바꿔 쓰기에 적절하다.
③ ⓒ의 '생성(生成: 生 날 생 成 이룰 성)되다'는 '사물이 생겨나다.'의 뜻이므로 바꿔 쓰기에 적절하다.

3. ④ [어휘 - 문맥적 의미 추론]

제시문의 ㉠의 '찾다'는 '잃거나 빼앗기거나 맡기거나 빌려주었던 것을 돌려받아 가지게 되다.'의 뜻으로 쓰였고, 이와 의미가 가장 가까운 것은 ④이다.

오답풀이

① '찾다'는 '어떤 사람이나 기관 따위에 도움을 요청하다.'의 뜻으로 쓰였다.

② '찾다'는 '모르는 것을 알아내고 밝혀내려고 애쓰다. 또는 그것을 알아내고 밝혀내다.'의 뜻으로 쓰였다.

③ '찾다'는 '모르는 것을 알아내기 위하여 책 따위를 뒤지거나 컴퓨터를 검색하다.'의 뜻으로 쓰였다.

빈/칸/문/제

p. 185

01. ❶ ㉣ 채산 ❷ ㉡ 창안 ❸ ㉠ 창달 ❹ ㉢ 척박 ❺ ㉢ 척박

02. ❶ ㉢ 창출 ❷ ㉠ 책정 ❸ ㉣ 첨언 ❹ ㉠ 책정 ❺ ㉡ 척결

독/해/문/제

p. 186~187

1. ③ [독해(비문학) - 일반 강화 약화]

칼뱅은 '구원에 대한 확신을 가지고 근면 성실한 생활을 함으로써 신의 소명인 직업에서 성공하는 것이 구원의 현세적 징표'라고 보았다. 하지만 양심의 자유가 개인의 신앙을 해치고 교회의 권위를 강화하는 것은 이와 무관한 사례이므로 칼뱅의 주장을 약화하지 않는다.

오답풀이

① 루터는 '성서만이 최고의 권위임'을 강조했으므로 교회의 전통보다 성서가 최고의 권위임이 확정된다면, 이는 루터의 주장을 강화함은 적절하다.

② 칼뱅은 '인간의 구원이 신의 의지에 의해 예정되어 있으며, 사제나 교황이 신의 예정된 구원을 바꿀 수 없다'고 주장했으므로 사제나 교황이 인간의 구원을 바꿀 수 없다는 연구 결과가 나온다면, 이는 칼뱅의 주장을 강화함을 알 수 있다.

④ 루터는 '교회의 권위와 예배 의식보다 개인의 신앙이 중요하다'고 주장하고 있으므로 개인의 신앙보다 교회의 집단적 의식이 더 중요하다고 하는 것은 루터의 주장을 약화한다.

2. ① [어휘 – 바꿔 쓸 수 있는 유사한 표현]
㉠의 '확정(確定 : 確 굳을 확 定 정할 정)하다'는 '틀림없이 정하다.'의 뜻이므로 '세우는'을 바꿔 쓰기에 적절하지 않다. 바꿔 쓸 수 있는 표현으로는 '바람직하지 않은 일을 더 심해지도록 부추기 다.'의 뜻을 가진 '확립(確立 : 確 굳을 확 立 설 립(입))하다'가 적절하다.

오답풀이
② ㉡의 '옹호(擁護 : 擁 낄 옹 護 도울 호)하다'는 '두둔하고 편들어 지키다.'의 뜻이므로 바꿔 쓰 기에 적절하다.
③ ㉢의 '기여(寄與 : 寄 부칠 기 與 더불 여)하다'는 '도움이 되도록 이바지하다.'의 뜻이므로 바 꿔 쓰기에 적절하다.
④ ㉣의 '형성(形成 : 形 모양 형 成 이룰 성)'은 '어떤 모양을 이룸'의 뜻이므로 바꿔 쓰기에 적절 하다.

3. ③ [어휘 – 문맥적 의미 추론]
제시문의 ㉠의 '내리다'는 '판단, 결정을 하거나 결말을 짓다.'의 뜻으로 쓰였고, 이와 의미가 가장 가까운 것은 ③이다.

오답풀이
① '내리다'는 '위에 올려져 있는 물건을 아래로 옮기다.'의 뜻으로 쓰였다.
② '내리다'는 '윗사람으로부터 아랫사람에게 상이나 벌 따위가 주어지다. 또는 그렇게 하다.'의 뜻으로 쓰였다.
④ '내리다'는 '명령이나 지시 따위를 선포하거나 알려 주다. 또는 그렇게 하다.'의 뜻으로 쓰였다.

 … ❸ 大

p. 189
01. ❶ ㉡ 천부적 ❷ ㉠ 첨예 ❸ ㉢ 치명적 ❹ ㉢ 치명적 ❺ ㉠ 첨예
02. ❶ ㉢ 체득 ❷ ㉠ 청산 ❸ ㉠ 청산 ❹ ㉡ 체감 ❺ ㉢ 체득

빈/칸/문/제

p. 191

01. ❶ ㉡ 초래 ❷ ㉢ 초미 ❸ ㉣ 초빙 ❹ ㉠ 체화 ❺ ㉡ 초래
02. ❶ ㉣ 촉발 ❷ ㉡ 초췌 ❸ ㉢ 초탈 ❹ ㉡ 초췌 ❺ ㉠ 초연

독/해/문/제

p. 192~193

1. ② [독해(비문학) − 내용 추론 긍정 발문]
ㄱ. 본문에서 근거를 찾아 재조합해야 하는 문제다. 1문단 하단의 '이때의 노동운동은 새로운 종류의 급진주의적 노동이 생겨나는 계기'라는 표현을 통해 선지 앞부분이 옳음을, 또한 1문단 앞부분의 '실존 인물인지조차 분명하지 않은'이라는 표현을 통해 운동을 촉진한 인물이 밝혀지지 않았음을 확인할 수 있다.
ㄷ. 2문단의 '지배 계급의 입장에서 노동자들의 쟁의는 사회적 안정을 무너뜨리는 지표가 될 수 있기 때문에 제거되어야 하는 것'이라는 표현을 통해 옳은 선지임을 추론할 수 있다.

오답풀이

ㄴ. 역접이 나타날 때는 뒷부분을 주의해서 확인해야 한다. 2문단 하단의 '직접적으로 폭동을 촉발한 원인은 곡물 가격의 상승으로 인한 굶주림'이라는 표현을 통해 적절하지 않음을 알 수 있다.

2. ③ [어휘 − 문맥적 의미 추론]
제시문의 ㉠의 '안다'는 '손해나 빚 또는 책임을 맡다.'의 뜻으로 쓰였고, 이와 의미가 가장 가까운 것은 ③이다.

오답풀이

① '안다'는 '두 팔을 벌려 가슴 쪽으로 끌어당기거나 그렇게 하여 품 안에 있게 하다.'의 뜻으로 쓰였다.
② '안다'는 '바람이나 비, 눈, 햇빛 따위를 정면으로 받다.'의 뜻으로 쓰였다.
④ '안다'는 '생각이나 감정 따위를 마음속에 가지다.'의 뜻으로 쓰였다.

 ⋯ ⑤ 大

p. 195

01. ❶ ㉠ 촌음 ❷ ㉣ 추심 ❸ ㉢ 추상적 ❹ ㉡ 추론 ❺ ㉣ 추심
02. ❶ ㉢ 취하 ❷ ㉠ 추이 ❸ ㉡ 추종　❹ ㉠ 추이 ❺ ㉣ 취합

 ⋯ ⑥ 大

p. 197

01. ❶ ㉠ 치장 ❷ ㉡ 치중 ❸ ㉢ 치하 ❹ ㉢ 치하
02. ❶ ㉡ 치환 ❷ ㉡ 치환 ❸ ㉣ 침잠 ❹ ㉠ 치부(置簿) ❺ ㉢ 침윤

Day 1◆ ··· ① ㅋ~ㅌ

빈/칸/문/제
p. 201

01. ❶ ㄹ 타결 ❷ ㄱ 쾌거 ❸ ㅁ 타도 ❹ ㄴ 쾌척 ❺ ㄷ 타개
02. ❶ ㅁ 타파 ❷ ㄹ 타협 ❸ ㄴ 타진 ❹ ㄱ 타성 ❺ ㄷ 타파

독/해/문/제
p. 202~203

1. ④ [독해(화법) – 말하기 방식]
각 토의 참여자의 말하기 방식이 어떠한지 파악하는 문제이다. 이 문제는 선택지를 먼저 보고 토의 참여자 각각의 발화를 보면서 선택지를 고르면 쉽게 풀 수 있는 문제이다. 박위원은 "버스 전용 차로제가 어떨까요?"라며 구체적인 제안을 제시하고 있다. 또한 "두 분 말씀 모두 일리가 있다고 생각합니다."라고 하며 참여자의 의견을 경청하고 있다.

오답풀이
① 사회자는 "우리나라의 교통 체증 문제의 해결방안"이라는 주제에서 벗어나지 않은 채 토의를 진행하고 있다.
② 김 국장은 "승용차 10부제 실시"라는 자신의 생각을 적극적으로 관철하고는 있지만, 상대방의 주장을 수긍하는 부분은 나오지 않는다. 오히려 "어려움을 같이 감수해야 합니다. 모두 손해를 보지 않겠다고 한다면 어떤 해결방안도 찾기 어렵습니다."라고 하며 자신의 주장을 관철하려고 노력하고 있다.
③ 윤 사장은 김 국장이 제시한 "승용차 10부제"에 대해 사업자 입장에서 아주 불만스러운 제도라고 하면서 "자본주의 국가에서 재산권의 침해가 과연 옳은지 생각해 봐야 합니다."라고 하며 타협의 가능성을 열지 않고 있다. 결국엔 끝까지 타협하려 하지 않았다.

2. ③ [어휘 - 문맥적 의미 추론]

제시문의 ㉠의 '굳다'는 '표정이나 태도 따위가 부드럽지 못하고 딱딱하여지다.'의 뜻으로 쓰였고, 이와 의미가 가장 가까운 것은 ③이다.

오답풀이

① '굳다'는 '근육이나 뼈마디가 뻣뻣하게 되다.'의 뜻으로 쓰였다.
② '굳다'는 '무른 물질이 단단하게 되다.'의 뜻으로 쓰였다.
④ '굳다'는 '몸에 배어 버릇이 되다.'의 뜻으로 쓰였다.

 **ㅋ~ㅌ**

빈/칸/문/제

p. 205

01. ❶ ㉠ 탄로 ❷ ㉢ 탈속 ❸ ㉣ 탈피 ❹ ㉤ 탈취 ❺ ㉡ 탄원
02. ❶ ㉣ 토로 ❷ ㉡ 탐문 ❸ ㉢ 탐문 ❹ ㉠ 탈환 ❺ ㉢ 태동

독/해/문/제

p. 206~207

1. ③ [독해(비문학) - 서술 방식]

2문단 첫 부분에서 "고전파 음악은 음악적 형식과 내용의 완숙을 이룬 음악이기도 하다."라고 나오기는 하지만 고전파 음악의 특징이 형식과 내용의 분리에 있음을 강조하는 부분은 아예 나오지 않는다. 오히려 1문단에서 "형식과 내용의 일체화를 꾀하고 균형 잡힌 절대 음악을 추구하였다."라고 나온다.

오답풀이

① 3문단의 첫 부분에서 "이렇듯 역사적으로 고전파 음악은 종교의 영역에서 음악 자체의 영역을 확보하였으며 최고 수준의 음악적 내용과 형식을 수립하였다."라는 음악사적 의의가 언급되어 있으므로 글쓰기 전략이라고 볼 수 있다.
② 2문단에서 "하이든, 모차르트, 베토벤 등 음악의 역사에서 가장 위대한 작곡가"에 대한 언급이 있으므로 글쓰기 전략이라고 볼 수 있다.
④ 1문단의 첫 부분에서 "고전파 음악은 어떤 음악인가?"라는 질문을 통해 화제를 제시함으로써 호기심을 유발하고 있다.

2. ④ [어휘 - 바꿔 쓸 수 있는 유사한 표현]

②의 '재편(再編 : 再 두 재 編 엮을 편)되다'는 '다시 편성되다.'의 뜻이므로 '바로잡힌'을 바꿔 쓰기에 적절하지 않다. 바꿔 쓸 수 있는 표현으로는 '어지럽게 흩어진 것이 규모 있게 고쳐져 놓이거나 가지런히 바로잡혀 정리되다.'의 뜻을 가진 '정돈(整頓 : 整 가지런할 정 頓 조아릴 돈)되다'가 적절하다.

오답풀이

① ⑤의 '탈피(脫皮 : 脫 벗을 탈 皮 가죽 피)하다'는 '일정한 상태나 처지에서 완전히 벗어나다.'의 뜻이므로 바꿔 쓰기에 적절하다.
② ⑥의 '추구(追求 : 追 쫓을 추 求 구할 구)하다'는 '목적을 이룰 때까지 뒤쫓아 구하다.'의 뜻이므로 바꿔 쓰기에 적절하다.
③ ⑥의 '배출(輩出 : 輩 무리 배 出 날 출)되다'는 '인재(人材)가 계속하여 나오다.'의 뜻이므로 바꿔 쓰기에 적절하다.

3. ② [어휘 - 문맥적 의미 추론]

제시문의 ⑤의 '듣다'는 '다른 사람의 말을 받아들여 그렇게 하다.'의 뜻으로 쓰였고, 이와 의미가 가장 가까운 것은 ②이다.

오답풀이

① '듣다'는 '다른 사람의 말이나 소리에 스스로 귀 기울이다.'의 뜻으로 쓰였다.
③ '듣다'는 '수업이나 강의 따위에 참여하여 어떤 내용을 배우다.'의 뜻으로 쓰였다.
④ '듣다'는 '기계, 장치 따위가 정상적으로 움직이다.'의 뜻으로 쓰였다.

Day 10 … ❸ ㅋ~ㅌ

빈/칸/문/제

p. 209

01. ❶ ⑤ 토속적 ❷ ⑥ 통솔 ❸ ② 통달 ❹ ⑥ 통념 ❺ ⑥ 토착
02. ❶ ⑥ 통용 ❷ ② 퇴폐 ❸ ⑥ 통지 ❹ ⑥ 통용 ❺ ⑤ 통시적

독/해/문/제

p. 210~211

1. ④ [독해(비문학) - 내용 추론 긍정 발문]

아방가르드는 '새로운 미적 기준을 제시함으로써 감상자들에게 충격을 주고자'한 예술 유파를 말

한다. 아방가르드 작가인 뒤샹은 변기인 '샘'을 작품으로 제출함으로서 '예술가의 과제가 재료의 선택에 있다는 점을 강조하고자 했으며, 예술 작품이 예술가의 의지를 반영하기만 하는 수동적 대상이 아니라는 것을 보여주고자 했다.' 이것이 기존의 예술관에 반하는 충격적 시도라는 것을 고려할 때, 20세기 이전의 예술가들은 예술 작품의 재료보다 예술가의 의지가 중요한 것이라고 생각했을 것이라고 추론할 수 있다.

오답풀이

① 아방가르드 유파는 일상 속의 예술을 구현함으로써 대중에게 충격을 주고자 했으므로, 이 둘을 비교의 대상에 놓지 않았다.
② 20세기의 대중은 기존 예술가의 권위에 대한 도전 등을 시도한 아방가르드 유파를 달가워하지 않았는데, 이는 예술 작품이 주는 위안과 즐거움을 더 추구했기 때문이다.
③ 뒤샹과 존 하트필드는 아방가르드 예술가로, 1문단을 보면 아방가르드는 일상 속의 예술을 구현하고자 하는 움직임을 말한다.

2. ③ [어휘 – 바꿔 쓸 수 있는 유사한 표현]
ⓒ의 '건의(建議 : 建 세울 건 議 의논할 의)하다'는 '개인이나 단체가 의견이나 희망을 내놓다.'의 뜻이므로 '보여줌으로써'를 바꿔 쓰기에 적절하지 않다. 바꿔 쓸 수 있는 표현으로는 '어떠한 의사를 말이나 글로 나타내어 보이게 하다.'의 뜻을 가진 '제시(提示 : 提 끌 제 示 보일 시)하다'가 적절하다.

오답풀이

① ⓐ의 '구현(具現 : 具 갖출 구 現 나타날 현)하다'는 '어떤 내용을 구체적인 사실로 나타나게 하다.'의 뜻이므로 바꿔 쓰기에 적절하다.
② ⓑ의 '통념(通念 : 通 통할 통 念 생각 념(염))'은 '일반적으로 널리 통하는 개념.'의 뜻이므로 바꿔 쓰기에 적절하다.
④ ⓓ의 '반영(反映 : 反 돌이킬 반 映 비칠 영)하다'는 '다른 것에 영향을 받아 어떤 현상을 나타내다.'의 뜻이므로 바꿔 쓰기에 적절하다.

3. ④ [어휘 – 문맥적 의미 추론]
제시문의 ⓐ의 '받다'는 '요구, 신청, 질문, 공격, 도전, 신호 따위의 작용을 당하거나 거기에 응하다.'의 뜻으로 쓰였고, 이와 의미가 가장 가까운 것은 ④이다.

오답풀이

① '받다'는 '다른 사람이 바치거나 내는 돈이나 물건을 책임 아래 맡아 두다.'의 뜻으로 쓰였다.
② '받다'는 '다른 사람이나 대상이 가하는 행동, 심리적인 작용 따위를 당하거나 입다.'의 뜻으로 쓰였다.
③ '받다'는 '여러 사람에게 팔거나 대어 주기 위해 한꺼번에 많은 양의 물품을 사다.'의 뜻으로 쓰였다.

p. 213

01. ❶ ㉠ 통찰 ❷ ㉢ 투기 ❸ ㉣ 투여 ❹ ㉡ 통첩 ❺ ㉢ 투기
02. ❶ ㉡ 투척 ❷ ㉠ 투영 ❸ ㉡ 투척 ❹ ㉣ 특화 ❺ ㉢ 특채

p. 214~215

1. ② [독해(비문학) – 일반 강화 약화]
데카르트의 이성주의는 확실한 진리를 찾기 위해 모든 것을 의심해보는 방법적 회의를 강조한다. 이 방법은 이성적 추론을 통해 확실한 원리를 발견하는 데 중점을 두고 있다. 그러나 이 방법적 회의가 불필요한 혼란을 초래한다는 사례가 많아진다면, 이는 데카르트의 방법적 회의와 이성주의를 약화하는 근거가 된다.

`오답풀이`
① 베이컨의 경험주의는 개별적 경험에서 일반적 원리를 도출하는 귀납적 방법을 중시한다. 따라서 다양한 실험을 통해 관찰된 경험적 자료가 일반적 원리를 입증할 수 있다는 것은 베이컨의 경험주의를 강화하는 근거가 된다. 이는 이성주의가 아니라 경험주의를 강화하는 예이므로 이성주의를 강화하는 것이 아니다.
③ 연역적 방법은 데카르트의 이성주의에서 강조하는 방법이며, 경험적 방법은 베이컨의 경험주의에서 중시하는 방법이다. 따라서 연역적 방법을 통해 얻은 지식이 더 정확하다는 사례가 축적된다면 이는 이성주의를 강화하는 것이지, 경험주의를 강화하는 것이 아니다. 따라서 이 선지는 부적절하다.
④ 베이컨의 경험주의는 감각적 경험을 중시하며 이를 통해 지식을 얻는다고 보았다. 감각적 경험이 잘못된 결론을 낳을 수 있다는 사실이 밝혀진다면, 이는 경험주의의 한계를 드러내는 것이며, 오히려 경험주의를 약화하는 근거가 된다.

2. ② [어휘 – 바꿔 쓸 수 있는 유사한 표현]
㉡의 '도입(導入: 導 인도할 도 入 들 입)하다'는 '끌어들이다.'의 뜻이므로 '이끌어낸다'를 바꿔 쓰기에 적절하지 않다. 바꿔 쓸 수 있는 표현으로는 '어떤 생각이나 결론·반응 따위를 이끌어 내다.'의 뜻을 가진 '도출(導出: 導 인도할 도 出 날 출)하다'가 적절하다.

① ㉠의 '간주(看做: 看 볼 간 做 지을 주)하다'는 '상태·모양·성질 따위가 그렇다고 여기다.'의 뜻이므로 바꿔 쓰기에 적절하다.
③ ㉢의 '인식(認識: 認 알 인 識 알 식)하다'는 '사물을 분별하고 판단해서 알다.'의 뜻이므로 바꿔 쓰기에 적절하다.
④ ㉣의 '획득(獲得: 獲 얻을 획 得 얻을 득)하다'는 '손에 넣다.'의 뜻이므로 바꿔 쓰기에 적절하다.

3. ② [어휘 - 문맥적 의미 추론]
제시문의 ㉠의 '가라앉다'는 '흥분이나 아픔, 괴로움 따위가 수그러들거나 사라지다.'의 뜻으로 쓰였고, 이와 의미가 가장 가까운 것은 ②이다.

① '가라앉다'는 '안개나 연기 따위가 낮게 드리우다.'의 뜻으로 쓰였다.
③ '가라앉다'는 '붓거나 부풀었던 것이 줄어들어 본래의 모습대로 되다.'의 뜻으로 쓰였다.
④ '가라앉다'는 '물 따위에 떠 있거나 섞여 있는 것이 밑바닥으로 내려앉다.'의 뜻으로 쓰였다.

p. 217
01. ❶ ㉣ 파문 ❷ ㉡ 파급 ❸ ㉢ 파렴치 ❹ ㉡ 파급 ❺ ㉠ 파국
02. ❶ ㉡ 파열 ❷ ㉠ 파생 ❸ ㉣ 파행 ❹ ㉣ 파행 ❺ ㉢ 파장

p. 219
01. ❶ ㉡ 패권 ❷ ㉣ 편집증 ❸ ㉠ 판독 ❹ ㉠ 판독 ❺ ㉢ 패륜
02. ❶ ㉠ 편견 ❷ ㉡ 편재 ❸ ㉡ 편재 ❹ ㉢ 패악 ❺ ㉠ 편견

Day 11 ··· ❶ ㅍ

빈/칸/문/제

p. 223

01. ❶ ㄹ 폐기 ❷ ㄱ 편파적 ❸ ㄷ 폄하 ❹ ㄴ 편협 ❺ ㄹ 폐기
02. ❶ ㄴ 평탄 ❷ ㄷ 폄훼 ❸ ㄱ 평정 ❹ ㄴ 평탄 ❺ ㄹ 포고

독/해/문/제

p. 224~225

1. ④ [독해(비문학) - 서술 방식]
본문에서 『영자의 전성시대』, 『겨울여자』 등 상업소설을 영화화한 대표적인 사례를 제시하고 있다. 따라서 사례 제시를 통해 '대중 장르의 유행 양상' 이해를 돕고 있다고 보는 것이 적절하다.

오답풀이

① 권위 있는 기관의 통계자료는 나오지 않는다. 다만 김은석의 여류문학전집 연구를 인용하고 있기는 하다. 하지만 이는 개인의 연구일 뿐 권위 있는 기관의 통계 자료라고 볼 수 없다.
② 전문 용어가 나와 있지 않다.
③ 자신의 주장을 밝히지 않았다. '김은석의 연구'를 제시하기는 하였으나 이가 글의 전체적인 흐름과 상반된다고 볼 수는 없다.

2. ① [어휘 - 바꿔 쓸 수 있는 유사한 표현]
㉠의 '순환(循環: 循 돌 순 環 고리 환)되다'는 '주기적으로 되풀이하여 돌게 되다'의 뜻이므로 '널리 통하다'를 바꿔 쓰기에 적절하지 않다. 바꿔 쓸 수 있는 표현으로는 '상품이 생산자·상인·소비자 사이에 거래되다.'의 뜻을 가진 '유통(流通: 流 흐를 류(유) 通 통할 통)되다'가 적절하다.

오답풀이

② ㉡의 '폄하(貶下: 貶 낮출 폄 下 아래 하)하다'는 '가치를 깎아내리다.'의 뜻이므로 바꿔 쓰기에 적절하다.
③ ㉢의 '분석(分析: 分 나눌 분 析 쪼갤 석)하다'는 '얽혀 있거나 복잡한 것을 풀어서 개별적인 요소나 성질로 나누다.'의 뜻이므로 바꿔 쓰기에 적절하다.
④ ㉣의 '제기(提起: 提 끌 제 起 일어날 기)하다'는 '의견이나 문제를 내어놓다.'의 뜻이므로 바꿔 쓰기에 적절하다.

3. ③ [어휘 – 문맥적 의미 추론]

제시문의 ㉠의 '벗어나다'는 '어려운 일이나 처지에서 헤어나다.'의 뜻으로 쓰였고, 이와 의미가 가장 가까운 것은 ③이다.

오답풀이

① '벗어나다'는 '공간적 범위나 경계 밖으로 빠져나오다.'의 뜻으로 쓰였다.

② '벗어나다'는 '구속이나 장애로부터 자유로워지다.'의 뜻으로 쓰였다.

④ '벗어나다'는 '맡은 일에서 놓여나다.'의 뜻으로 쓰였다.

Day 11 … ②

빈/칸/문/제

p. 227

01. ❶ ㉣ 포박 ❷ ㉢ 편향 ❸ ㉡ 포용 ❹ ㉠ 포괄 ❺ ㉢ 편향
02. ❶ ㉡ 포착 ❷ ㉠ 포섭 ❸ ㉡ 포착 ❹ ㉢ 포화

독/해/문/제

p. 228~229

1. ③ [독해(비문학) – 내용 추론 긍정 발문]

글쓴이의 입장과 일치하는 내용을 찾는 문제이다. 3문단에서 글쓴이는 "유교의 기본 입장은 설사 부모의 명령이라 하더라도 옳고 그름을 가리지 않는 맹목적인 복종은 그 자체가 불효라고 보았기 때문이다." 즉 글쓴이는, 맹목적으로 복종하는 것은 불효라는 것이 유교의 기본입장이라고 하는 것이다. 따라서 윗사람에 대한 복종을 절대시하지 않는 것이 유교적 윤리의 한 바탕이라는 ③이 글쓴이의 입장과 부합함을 알 수 있다.

오답풀이

① '효가 가부장제 사회에서 비롯한'이라는 설명은 글쓴이의 입장과 부합하지 않는다. 글쓴이는 효가 봉건 가부장제 사회의 유습이라는 생각이 잘못된 생각이라고 하고 있기 때문이다. 다만, 효가 일차적인 인간관계에서 일어나는 행위라는 설명은 적절하다. 1문단 첫 문장에 언급되어 있기 때문이다.

② 효가 '조건 없는 신뢰에 기초한다'는 생각은, 옳고 그름을 가리지 않는 맹목적 복종이 불효라는 입장과 반대되는 내용이다.

④ 3문단에서는 충과 효는 동일하지 않으며 효는 충보다 우선시된다고 하였다. 따라서 충의 도리
　를 다함으로써 효의 도리에 도달할 수 있다는 것이 인의 이치라는 ④는 옳지 않다. 충과 효가
　인과관계라는 내용은 아예 언급이 되어 있지도 않다.

2. ④ [어휘 – 바꿔 쓸 수 있는 유사한 표현]
㉣의 '결부(結付 : 結 맺을 결 付 줄 부)되다'는 '연관시켜 붙임.'의 뜻이므로 '맺어진'을 바꿔 쓰기
에 적절하지 않다. 바꿔 쓸 수 있는 표현으로는 '둘 이상의 사물이나 사람이 서로 관계를 맺어
하나가 되다.'의 뜻을 가진 '결합(結合 : 結 맺을 결 合 합할 합)되다'가 적절하다.

오답풀이
① ㉠의 '주입(注入 : 注 부을 주 入 들 입)하다'는 '기억과 암기를 주로 하여 지식을 넣어 주다.'의
　뜻이므로 바꿔 쓰기에 적절하다.
② ㉡의 '포괄적(包括的 : 包 쌀 포 括 묶을 괄 的 과녁 적)'은 '일정한 대상이나 현상 따위를 한데
　묶어서 어떤 범위나 한계 안에 모두 들게 하는 것.'의 뜻이므로 바꿔 쓰기에 적절하다.
③ ㉢의 '맹목적(盲目的 : 盲 맹인 맹 目 눈 목 的 과녁 적)'은 '주관이나 원칙이 없이 덮어놓고
　행동하는 것.'의 뜻이므로 바꿔 쓰기에 적절하다.

3. ④ [어휘 – 문맥적 의미 추론]
제시문의 ㉠의 '쓰다'는 '어떤 일을 하는 데 시간이나 돈을 들이다.'의 뜻으로 쓰였고, 이와 의미가
가장 가까운 것은 ④이다.

오답풀이
① '쓰다'는 '어떤 일을 하는 데에 재료나 도구, 수단을 이용하다.'의 뜻으로 쓰였다.
② '쓰다'는 '사람에게 어떤 일을 하게 하다.'의 뜻으로 쓰였다.
③ '쓰다'는 '(흔히, '한턱', '턱' 따위와 함께 쓰여) 다른 사람에게 베풀거나 내다.'의 뜻으로 쓰였다.

Day 11 … ❸

빈/칸/문/제
p. 231
01. ❶ ㉡ 표명 ❷ ㉢ 표상 ❸ ㉠ 표류 ❹ ㉠ 표류 ❺ ㉡ 표명
02. ❶ ㉢ 표출 ❷ ㉠ 표적 ❸ ㉡ 표제 ❹ ㉠ 표적 ❺ ㉢ 표출

독/해/문/제

p. 232~233

1. ④ [독해(비문학) - 밑줄 강화 약화] [2022학년도 대학수학능력시험 예시문항 16~21번 지문 발췌]
『여씨춘추』에서는 음악을 통해 감정의 표현이 적절해지면 사람의 마음은 편안해지며 생명 연장까지도 가능하다고 보았다고 하였다. 이에 따르면 모차르트가 '바이올린 소나타 21번'을 통해 자신이 느낀 고독감과 슬픔을 표현한 것은 ⓐ를 강화하는 사례로 볼 수 있다.

오답풀이

① '미제레레'를 특정한 장소에서만 들을 수 있게 한 것은 '좋은 음악이란 신분, 연령 등을 막론하고 모든 사람들에게 즐거움을 주는 것'이라는 ⓐ를 약화하는 사례로 볼 수 있다.
② 공연장의 소음이나 관객들이 내는 기침 소리는 감정의 솔직한 표현이라고 보기 어려우므로 ⓐ를 강화하는 사례로 볼 수 없다.
③ 기존 음악의 틀을 거부하며 불협화음을 추구하는 것은 ⓐ를 강화하는 사례로 볼 수 없다.

2. ④ [어휘 - 바꿔 쓸 수 있는 유사한 표현]
ⓔ의 '연기(延期: 延 늘일 연 期 기약할 기)하다'는 '정해진 기한을 뒤로 물려서 늘림.'의 뜻이므로 '늘리는'을 바꿔 쓰기에 적절하지 않다. 바꿔 쓸 수 있는 표현으로는 '시간이나 거리 따위를 본래보다 길게 늘림.'의 뜻을 가진 '연장(延長: 延 늘일 연 長 길 장)하는'이 적절하다.

오답풀이

① ㉠의 '표출(表出: 表 겉 표 出 날 출)되다'는 '겉으로 나타나다.'의 뜻이므로 바꿔 쓰기에 적절하다.
② ㉡의 '교화(敎化: 敎 가르칠 교 化 될 화)'는 가르치고 이끌어서 올바른 방향으로 나아가게 함.'의 뜻이므로 바꿔 쓰기에 적절하다.
③ ㉢의 '거론(擧論: 擧 들 거 論 논할 론(논))하다'는 '어떤 사항을 논제로 삼아 제기하거나 논의하다.'의 뜻이므로 바꿔 쓰기에 적절하다.

3. ④ [어휘 - 문맥적 의미 추론]
제시문의 ㉠의 '살다'는 '움직이던 물체가 멈추지 않고 제 기능을 하다.'의 뜻으로 쓰였고, 이와 의미가 가장 가까운 것은 ④이다.

오답풀이

① '살다'는 '불 따위가 타거나 비치고 있는 상태에 있다.'의 뜻으로 쓰였다.
② '살다'는 '성질이나 기운 따위가 뚜렷이 나타나다.'의 뜻으로 쓰였다.
③ '살다'는 '마음이나 의식 속에 남아 있거나 생생하게 일어나다.'의 뜻으로 쓰였다.

Day 11 ··· ④ ㅍ

빈/칸/문/제

p. 235

01. ❶ ㉡ 풍문 ❷ ㉢ 풍상 ❸ ㉠ 풍류 ❹ ㉡ 풍문 ❺ ㉣ 풍조
02. ❶ ㉢ 풍파 ❷ ㉡ 풍채 ❸ ㉢ 풍파 ❹ ㉡ 풍채 ❺ ㉠ 풍월

Day 11 ··· ⑤ ㅍ

빈/칸/문/제

p. 237

01. ❶ ㉢ 피폐 ❷ ㉠ 피력 ❸ ㉢ 피폐 ❹ ㉠ 피력 ❺ ㉡ 피상적
02. ❶ ㉡ 필두 ❷ ㉡ 필두 ❸ ㉢ 핍박 ❹ ㉠ 필경 ❺ ㉢ 핍박

Day 11 ··· ⑥ ㅎ

빈/칸/문/제

p. 239

01. ❶ ㉡ 학구적 ❷ ㉣ 할당 ❸ ㉠ 하자 ❹ ㉠ 하자 ❺ ㉢ 한발
02. ❶ ㉣ 함구 ❷ ㉠ 한탄 ❸ ㉡ 한적 ❹ ㉠ 한탄 ❺ ㉢ 할애

독/해/문/제

p. 240~241

1. ① [독해(비문학) − 내용 추론 부정 발문]
'뜀', '헿', '쀐'과 같은 글자를 쓰려면 조합형 방식 말고도 완성형 방식도 사용할 수 있기 때문에 이 선택지는 옳지 않다. 맨 마지막 문장에서 "유니코드 2.0은 조합형에서 구현할 수 있는 11,172자 모두를 포함하고 있으며, 각각의 자모 또한 포함하여 조합까지 할 수 있다."라고 언급되어 있다.

유니코드 2.0은 완성형 코드로서 모든 완성형 글자를 포함하므로 '똠', '햏', '뷁'과 같은 글자를 쓸 수 있다.

오답풀이

② 맨 마지막 문장에서 "유니코드 2.0은 조합형에서 구현할 수 있는 11,172자 모두를 포함하고 있으며, 각각의 자모 또한 포함하여 조합까지 할 수 있다."라고 언급되어 있다.

③ 첫 문장에서 "영문자와 달리 한글은 여러 가지 자모를 조합하여 글자를 만들기 때문에"라고 언급되어 있다. 영문자는 알파벳이기 때문에 한글과 달리 여러 가지 자모를 조합할 필요가 없다. 따라서 초성, 중성, 종성을 조합하는 완성형에 대한 한계에 대해 고민할 필요도 없다.

④ "조합형은 한글의 모든 자모(ㄱ, ㄴ, ㅏ, ㅓ …)에다 일련의 코드를 할당하고, 이를 불러와 조합하여 글자를 구현하는 방식임에 반해, 완성형은 이미 만들어진 글자(가, 각, 간, 갈 …) 자체에다 각각의 코드를 할당하여 그 글자를 불러오는 방식이다."에 언급되어 있다.

2. ④ [어휘 - 바꿔 쓸 수 있는 유사한 표현]
②의 '계발(啓發: 啓 열 계 發 필 발)되다'는 '슬기·재능이나 사상 따위를 일깨워 발전시키다.'의 뜻이므로 '만들어졌다'를 바꿔 쓰기에 적절하지 않다. '계발(啓發: 啓 열 계 發 필 발)되다'는 인간의 능력과 관련되어야 하는데 이 문맥은 인간의 능력과 관련이 없기 때문이다. 따라서 바꿔 쓸 수 있는 표현으로는 '새로운 물건이 만들어지거나 새로운 생각이 나오다.'의 뜻을 가진 '개발(開發: 開 열 개 發 필 발)되다'가 적절하다.

오답풀이

① ⓐ의 '구분(區分: 區 구분할 구 分 나눌 분)하다'는 '일정한 기준에 따라 전체를 몇 개로 갈라 나누다.'의 뜻이므로 바꿔 쓰기에 적절하다.

② ⓑ의 '할당(割當: 割 벨 할 當 마땅 당)하다'는 '몫을 갈라 나누다.'의 뜻이므로 바꿔 쓰기에 적절하다.

③ ⓒ의 '반영(反映: 反 돌이킬 반 映 비칠 영)하다'는 '다른 것에 영향을 받아 어떤 현상을 나타내다.'의 뜻이므로 바꿔 쓰기에 적절하다.

3. ② [어휘 - 문맥적 의미 추론]
제시문의 ⓐ의 '버리다'는 '(사람이 생각을) 떨쳐 없애다.'의 뜻으로 쓰였고, 이와 의미가 가장 가까운 것은 ②이다.

오답풀이

① '버리다'는 '직접 깊은 관계가 있는 사람과의 사이를 끊고 돌보지 아니하다.'의 뜻으로 쓰였다.

③ '버리다'는 '종사하던 일정한 직업을 스스로 그만두고 다시는 손을 대지 아니하다.'의 뜻으로 쓰였다.

④ '버리다'는 '못된 성격이나 버릇 따위를 떼어 없애다.'의 뜻으로 쓰였다.

Day 12 ··· ❶ ㅎ

빈/칸/문/제

01. ❶ ㉡ 함양 ❷ ㉣ 합리적 ❸ ㉡ 함양 ❹ ㉠ 함몰 ❺ ㉢ 함의
02. ❶ ㉠ 합당 ❷ ㉡ 함축 ❸ ㉢ 항구적 ❹ ㉠ 합당 ❺ ㉡ 함축

독/해/문/제

1. ③ [어휘 – 바꿔 쓸 수 있는 유사한 표현]
'재고(再考 : 再 두 재 考 생각할 고)하다'는 '어떤 일이나 문제 따위에 대하여 다시 생각하다.'의 뜻이므로 '끌어올림으로써'를 바꿔 쓰기에 적절하지 않다. 바꿔 쓸 수 있는 표현으로는 '수준이나 정도 따위를 끌어올리다.'의 뜻을 가진 '제고(提高 : 提 끌 제 高 높을 고)하다'가 적절하다.

오답풀이
① ㉠의 '합리적(合理的 : 合 합할 합 理 다스릴 리(이) 的 과녁 적)'은 '이론이나 이치에 합당한 것.'의 뜻이므로 바꿔 쓰기에 적절하다.
② ㉡의 '획득(獲得 : 獲 얻을 획 得 얻을 득)'은 '얻어 내거나 얻어 가짐.'의 뜻이므로 바꿔 쓰기에 적절하다.
④ ㉣의 '도입(導入 : 導 인도할 도 入 들 입)하다'는 '기술, 방법, 물자 따위를 끌어 들이다.'의 뜻이므로 바꿔 쓰기에 적절하다.

2. ③ [어휘 – 바꿔 쓸 수 있는 유사한 표현]
'보급(普及 : 普 넓을 보 及 미칠 급)하다'는 '세상에 널리 펴서 알리거나 사용하게 하다.'의 뜻이므로 '주고'를 바꿔 쓰기에 적절하지 않다. 바꿔 쓸 수 있는 표현으로는 '사람에게 권리·명예·임무 따위를 지니게 하거나 사물이나 일에 가치·의의 따위를 붙여 주다.'의 뜻을 가진 '부여(附與 : 附 붙을 부 與 더불 여)하다'가 적절하다.

오답풀이
① ⓐ의 '제공(提供 : 提 끌 제 供 이바지할 공)되다'는 '갖다 주어 이바지하다'의 뜻이므로 바꿔 쓰기에 적절하다.

② ⓑ의 '소유(所有: 所 바 소 有 있을 유)하다'는 '가지고 있다.'의 뜻이므로 바꿔 쓰기에 적절하다.
④ ⓓ의 '완화(緩和: 緩 느릴 완 和 화할 화)하다'는 '긴장된 상태나 급박한 것을 느슨하게 하다'
의 뜻이므로 바꿔 쓰기에 적절하다.

3. ③ [어휘 − 문맥적 의미 추론]
제시문의 ㉠의 '넣다'는 '어떤 범위 안에 들어 있게 하다.'의 뜻으로 쓰였고, 이와 의미가 가장 가
까운 것은 ③이다.

오답풀이

① '넣다'는 '한정된 공간 속으로 들게 하다.'의 뜻으로 쓰였다.
② '넣다'는 '다른 것에 섞거나 타다.'의 뜻으로 쓰였다.
④ '넣다'는 '사이에 어떤 것을 끼우거나 위에 어떤 것을 입혀 서로 어우러지게 하다.'의 뜻으로
쓰였다.

Day 12 ··· ❷ 👄

p. 249

빈/칸/문/제

01. ❶ ㉡ 현저 ❷ ㉢ 허구 ❸ ㉠ 해소 ❹ ㉢ 허구 ❺ ㉠ 해소
02. ❶ ㉠ 허위 ❷ ㉠ 허위 ❸ ㉡ 해체 ❹ ㉢ 현학적 ❺ ㉡ 해체

독/해/문/제

p. 250~251

1. ④ [독해(비문학) − 내용 추론 부정 발문]
2번째 문단에서 "전통적인 농업은 관련 인구 감소, 농촌 경제 영세화, '종자에서 식탁까지' 지배하
는 거대 자본의 위협을 받고 있다."라고 언급되어 있다. 이러한 문제를 해결하기 위한 운동이 로
컬푸드 운동이라고 했다. 따라서 지역 농가가 거대자본에 의존하여 생산과 소비를 연결하려는
것이 로컬푸드 운동이라는 이 선택지는 옳지 않다.

오답풀이

① 1문단 마지막 문장인 "이는 생산·유통·소비에 있어서 건강성, 신뢰성, 친환경성 등이 유지
될 수 있는 거리를 고려한 것이다."에서 '생산, 유통, 소비'는 경제적인 요소이므로 로컬푸드의
범위는 경제적 요소를 고려해서 규정될 수 있다는 이 선택지는 옳다.

② 2문단에서 "농약의 과다 사용으로 인해 식품은 물론 자연환경이 위기에 처하게 되었다. 이러한 문제점에 대응하기 위해"라는 부분을 통해 로컬푸드 운동은 환경 보호 운동과도 밀접한 관련을 지닌다고 볼 수 있다.
③ 맨 마지막 문장인 "이러한 문제점에 대응하기 위해 친환경 먹거리 생산과 건강한 소비를 연결하고, 나아가 지역 정체성을 강화하는 등 대안적 공동체 운동으로 선순환시키려는 노력이 로컬푸드 운동으로 나타났다."에 언급되어 있다.

2. ③ [어휘 - 바꿔 쓸 수 있는 유사한 표현]
ⓒ의 '성행(盛行: 盛 성할 성 行 다닐 행)하다'는 '매우 성하게 유행하다.'의 뜻이므로 '중대한 영향을 미치는'을 바꿔 쓰기에 적절하지 않다. 바꿔 쓸 수 있는 표현으로는 '외부의 요인이 사람의 생각이나 행동에 적극적으로 영향을 미치다.'의 뜻을 가진 '지배(支配: 支 지탱할 지 配 짝 배)하다'가 적절하다.

오답풀이

① ㉠의 '지칭(指稱: 指 가리킬 지 稱 일컬을 칭)하다'는 '어떤 대상을 가리켜 부르다.'의 뜻이므로 바꿔 쓰기에 적절하다.
② ㉡의 '영세화(零細化: 零 떨어질 령(영) 細 가늘 세 化 될 화)'는 '규모가 작고 보잘것없게 됨.'의 뜻이므로 바꿔 쓰기에 적절하다.
④ ㉣의 '대응(對應: 對 대할 대 應 응할 응)하다'는 '어떤 일이나 사태에 맞추어 태도나 행동을 취하다.'의 뜻이므로 바꿔 쓰기에 적절하다.

3. ② [어휘 - 문맥적 의미 추론]
제시문의 ㉠의 '내리다'는 '위에 있는 것을 낮은 곳 또는 아래로 끌어당기거나 늘어뜨리다.'의 뜻으로 쓰였고, 이와 의미가 가장 가까운 것은 ②이다.

오답풀이

① '내리다'는 '눈, 비, 서리, 이슬 따위가 오다.'의 뜻으로 쓰였다.
③ '내리다'는 '졌거나 부었던 살이 빠지다.'의 뜻으로 쓰였다.
④ '내리다'는 '판단, 결정을 하거나 결말을 짓다.'의 뜻으로 쓰였다.

p. 253

01. ❶ ㉢ 호도 ❷ ㉡ 호기심 ❸ ㉣ 호황 ❹ ㉢ 호도 ❺ ㉠ 형상화
02. ❶ ㉢ 환산 ❷ ㉠ 혼곤 ❸ ㉡ 혼재 ❹ ㉡ 혼재 ❺ ㉣ 환원

Day 12 … ❹ ㅎ

빈/칸/문/제

p. 255

01. ❶ ⓛ 합세 ❷ ⓒ 획기적 ❸ ⓔ 획일적 ❹ ⓔ 획일적 ❺ ㉠ 회고
02. ❶ ㉠ 회상 ❷ ⓛ 합의 ❸ ⓔ 항의 ❹ ㉠ 회상 ❺ ⓒ 항거

독/해/문/제

p. 256~257

1. ③ [독해(비문학) – 내용 추론 부정 발문]
2문단에서 집단의 구성원 수가 많거나 결속력이 강할 때 동조 현상이 강하게 나타난다고 한다.
개인의 신념은 오히려 동조 현상 발생을 힘들게 하는 요인이다.

오답풀이

① 2문단에서 "집단의 구성원 수가 많거나 그 결속력이 강할 때, 특정 정보를 제공하는 사람의
권위와 지위, 그에 대한 신뢰도가 높을 때도 동조 현상은 강하게 나타난다."라는 부분에서 집
단의 구성원 수가 많을 때 동조 현상은 강하게 나타난다고 하였다. 따라서 줄을 서 있는 사람
이 많을수록 나중에 오는 사람들이 그 줄 뒤에 설 확률이 더 높다고 추론할 수 있다.
② 응집력과 결속력은 비슷한 개념인데 2문단에서 결속력이 강할 때 동조 현상은 강하게 나타난
다고 하였다. 또한 1문단에서 집단의 압력 때문에 동조 현상이 일어날 수 있다고 했기 때문에
응집력이 강한 집단에 항거하는 것은 더 어렵고 이런 경우 동조 압력은 더 강할 수밖에 없다
고 추론할 수 있다.
④ 2문단에서 특정 정보를 제공하는 사람의 권위와 지위, 그에 대한 신뢰도가 높을 때도 동조
현상은 강하게 나타난다고 나와 있다. 스튜어디스는 공항으로 갈 수 있는 지위이므로 신뢰도
를 높여 동조현상을 이끌었다고 볼 수 있다.

2. ② [어휘 – 바꿔 쓸 수 있는 유사한 표현]
ⓛ의 '왜곡(歪曲 : 歪 기울 왜 曲 굽을 곡)되다'는 '사실과 다르게 해석되거나 그릇되게 되다.'의
뜻이므로 '기피되지'를 바꿔 쓰기에 적절하지 않다. 바꿔 쓸 수 있는 표현으로는 '어떤 무리에서
기피되어 따돌림을 당하거나 배척되다.'의 뜻을 가진 '소외(疏外 : 疏 소통할 소 外 바깥 외)되다'
가 적절하다.

오답풀이

① ㉠의 '배척(排斥 : 排 밀칠 배 斥 물리칠 척)하다'는 '따돌리거나 거부하여 밀어 내치다.'의 뜻
이므로 바꿔 쓰기에 적절하다.

③ ⓒ의 '제공(提供: 提 끌 제 供 이바지할 공)하다'는 '무엇을 내주거나 갖다 바치다.'의 뜻이므로 바꿔 쓰기에 적절하다.
④ ⓔ의 '이탈자(離脫者: 離 떠날 리(이) 脫 벗을 탈 者 놈 자)'는 '어떤 범위나 대열 따위에서 떨어져 나오거나 떨어져 나간 사람.'의 뜻이므로 바꿔 쓰기에 적절하다.

3. ④ [어휘 − 문맥적 의미 추론]
제시문의 ㉠의 '나다'는 '이름이나 소문 따위가 알려지다.'의 뜻으로 쓰였고, 이와 의미가 가장 가까운 것은 ④이다.

오답풀이
① '나다'는 '신체 표면이나 땅 위에 솟아나다.'의 뜻으로 쓰였다.
② '나다'는 '어떤 사물에 구멍, 자국 따위의 형체 변화가 생기거나 작용에 이상이 일어나다.'의 뜻으로 쓰였다.
③ '나다'는 '인물이 배출되다.'의 뜻으로 쓰였다.

Day 12 … ❺ 🍳

빈/칸/문/제
p. 259
01. ❶ ⓒ 행로 ❷ ⓛ 행사 ❸ ㉠ 해이 ❹ ⓔ 향배 ❺ ㉠ 해이
02. ❶ ⓛ 행태 ❷ ⓒ 해학 ❸ ⓔ 향유 ❹ ㉠ 행세 ❺ ⓛ 행태

독/해/문/제
p. 260~261
1. ① [독해(비문학) − 내용 추론 부정 발문]
사적인 글쓰기는 청중들로부터 즉각적인 반응을 얻을 수 없었다. 따라서 작가가 독자와 직접 소통할 수 있다라고 보는 이 선택지는 옳지 않다.

오답풀이
② 1문단의 끝 부분에서 자기만의 내적인 것의 추구가 이상이 되어 새로운 형태의 글쓰기 형태를 요구하게 되었음을 알려주고 있다.
③ 2문단에서 19세기에는 사적 생활에 상당한 의미를 두게 되어 사적 공간에서의 책읽기와 글쓰기가 가능해졌다고 언급하고 있다.

④ 르네상스 시대와 17세기에는 공통의 규범과 가치를 나누는 단일 사회로, 희곡을 통해 서로 소통했음을 알 수 있다.

2. ③ [어휘 - 바꿔 쓸 수 있는 유사한 표현]

ⓒ의 '존속(存續: 存 있을 존 續 이을 속)되다'는 '어떤 대상이 그대로 있거나 어떤 현상이 계속되게 되다.'의 뜻이므로 '달렸다고'를 바꿔 쓰기에 적절하지 않다. 바꿔 쓸 수 있는 표현으로는 '어떤 일에 영향이 주어져 지배되다.'의 뜻을 가진 '좌우(左右: 左 왼 좌 右 오른쪽 우)되다'가 적절하다.

오답풀이

① ㉠의 '탐색(探索: 探 찾을 탐 索 찾을 색)하다'는 '드러나지 않은 사물이나 현상 따위를 자세히 살펴 찾다.'의 뜻이므로 바꿔 쓰기에 적절하다.

② ⓒ의 '행태(行態: 行 다닐 행 態 모습 태)'는 '행동하는 양상.'의 뜻이므로 바꿔 쓰기에 적절하다.

④ ㉣의 '자율적(自律的: 自 스스로 자 律 법칙 률(율) 的 과녁 적)'은 '자기 스스로의 원칙에 따라 어떤 일을 하거나 자기 스스로를 통제하여 절제하는 것.'의 뜻이므로 바꿔 쓰기에 적절하다.

3. ① [어휘 - 문맥적 의미 추론]

제시문의 ㉠의 '돌아오다'는 '일정한 간격으로 되풀이되는 것이 다시 닥치다.'의 뜻으로 쓰였고, 이와 의미가 가장 가까운 것은 ①이다.

오답풀이

② '돌아오다'는 '무엇을 할 차례나 순서가 닥치다.'의 뜻으로 쓰였다.

③ '돌아오다'는 '몫, 비난, 칭찬 따위를 받다.'의 뜻으로 쓰였다.

④ '돌아오다'는 '갔던 길을 되짚어서 오다.'의 뜻으로 쓰였다.

빈/칸/문/제

p. 263

01. ❶ ㉢ 허식 ❷ ㉠ 허비 ❸ ㉠ 허비 ❹ ㉡ 허상 ❺ ㉣ 허언

02. ❶ ㉠ 허용 ❷ ㉡ 허탈 ❸ ㉢ 허황 ❹ ㉠ 허용

Day 13 … ❶ ㅎ

p. 267

01. ❶ ㉢ 현격 ❷ ㉠ 험로 ❸ ㉡ 혁파 ❹ ㉡ 혁파
02. ❶ ㉡ 협소 ❷ ㉢ 협의 ❸ ㉠ 현황 ❹ ㉠ 현황 ❺ ㉡ 협소

Day 13 … ❷ ㅎ

p. 269

01. ❶ ㉢ 혜안 ❷ ㉠ 형극 ❸ ㉡ 형언 ❹ ㉣ 호감 ❺ ㉡ 형언
02. ❶ ㉢ 혹평 ❷ ㉠ 호방 ❸ ㉡ 호혜 ❹ ㉢ 혹평 ❺ ㉣ 혼란

Day 13 … ❸ ㅎ

p. 271

01. ❶ ㉠ 혼선 ❷ ㉢ 홀연 ❸ ㉠ 혼선 ❹ ㉡ 혼탁 ❺ ㉣ 홍진
02. ❶ ㉡ 혼잡 ❷ ㉣ 확고 ❸ ㉢ 화합 ❹ ㉡ 혼잡 ❺ ㉢ 화합

독/해/문/제

p. 272~273

1. ④ [독해(비문학) – 내용 추론 부정 발문]

아인슈타인은 양자역학 그 자체를 부정한 것은 아니며, 코펜하겐 학파의 확률적 해석에 대해 회의적인 입장을 취했다.

오답풀이

① 막스 보른은 코펜하겐 학파로, 아인슈타인은 이들의 해석에 대해 회의적인 입장을 취했다.

② 막스 보른을 비롯한 코펜하겐 학파는 하이젠베르크의 불확정성의 원리를 통해 양자역학을 해석하고자 했다.

③ 아인슈타인은 불확정성의 원리에 대해 정교하지 못한 실험 도구와 실험 방법으로 말미암은 확률적 결과라고 생각했다.

2. ② [어휘 – 바꿔 쓸 수 있는 유사한 표현]

ⓛ의 '엄습(掩襲: 掩 가릴 엄 襲 엄습할 습)하다'는 '감정, 생각, 감각 따위가 갑작스럽게 들이닥치거나 덮치다.'의 뜻이므로 '빈틈 없음'을 바꿔 쓰기에 적절하지 않다. 바꿔 쓸 수 있는 표현으로는 '아주 정교하고 치밀하여 빈틈이 없고 자세하다.의 뜻을 가진 '정밀(精密: 精 정할 정 密 빽빽할 밀)하다'가 적절하다.

오답풀이

① ㉠의 '존재(存在: 存 있을 존 在 있을 재)하다'는 '현실에 실재하다.'의 뜻이므로 바꿔 쓰기에 적절하다.

③ ㉢의 '완성(完成: 完 완전할 완 成 이룰 성)되다'는 '완전히 다 이루어지다.'의 뜻이므로 바꿔 쓰기에 적절하다.

④ ㉣의 '확고(確固: 確 굳을 확 固 굳을 고)하다'는 '태도나 상황 따위가 튼튼하고 굳다.'의 뜻이므로 바꿔 쓰기에 적절하다.

3. ② [어휘 – 문맥적 의미 추론]

제시문의 ㉠의 '빠지다'는 '원래 있어야 할 것에서 모자라다.'의 뜻으로 쓰였고, 이와 의미가 가장 가까운 것은 ②이다.

오답풀이

① '빠지다'는 '어느 정도 이익이 남다.'의 뜻으로 쓰였다.

③ '빠지다'는 '때, 빛깔 따위가 씻기거나 없어지다.'의 뜻으로 쓰였다.

④ '빠지다'는 '정신이나 기운이 줄거나 없어지다.'의 뜻으로 쓰였다.

p. 275

01. ❶ ㉢ 환상 **❷** ㉣ 환기 **❸** ㉡ 확증 **❹** ㉠ 확약 **❺** ㉠ 확산
02. ❶ ㉡ 활황 **❷** ㉢ 환영 **❸** ㉠ 환멸 **❹** ㉡ 활황 **❺** ㉣ 황급

p. 276~277

1. ① [독해(화법) – 말하기 방식]
수현은 "우리 고등학생이었을 때 학교에서 화장 금지했던 거 기억나?"라고 연재와 공유하는 경험을 환기하며 청소년 화장 금지에 대해 문제를 제기하고 있다.

오답풀이

② 연재는 수현이 제기한 문제와 관련된 기사 내용을 토대로 수현과 다른 입장임을 밝히고 있다. 청소년 화장과 관련된 자신의 사례를 들지는 않았다.
③ '동의의 격률'은 상대방과 의견이 다르더라도 상대방 말에 어느 정도 공감하고 인정해 준 뒤 자신의 의견을 밝히는 것이다. 수현은 연재의 말에 공감하거나 인정하지 않고 있다.
④ 연재는 모호하고 중의적인 표현을 사용하지 않았으며, "청소년들의 화장은 규제하는 것이 좋다고 생각해."라고 자신의 생각을 분명히 밝혔다.

2. ④ [어휘 – 문맥적 의미 추론]
제시문의 ㉠의 '보다'는 '음식상이나 잠자리 따위를 채비하다.의 뜻으로 쓰였고, 이와 의미가 가장 가까운 것은 ④이다.

오답풀이

① '보다'는 '맡아서 보살피거나 지키다.'의 뜻으로 쓰였다.
② '보다'는 '눈으로 대상의 존재나 형태적 특징을 알다.'의 뜻으로 쓰였다.
③ '보다'는 '상대편의 형편 따위를 헤아리다.'의 뜻으로 쓰였다.

 … ⑤ ☉

p. 279

01. ❶ ㉡ 회생 ❷ ㉠ 회귀 ❸ ㉢ 회생 ❹ ㉢ 회심 ❺ ㉣ 회의
02. ❶ ㉢ 효험 ❷ ㉡ 횡행 ❸ ㉣ 후덕 ❹ ㉡ 횡행 ❺ ㉠ 회환

p. 280~281

1. ④ [독해(비문학) – 내용 추론 부정 발문]

본문의 1문단에 따르면 라마르크의 진화론은 '개체가 노력하여 얻은 형질을 후손에게 물려주어' 진화가 발생한다고 보았다. 이후 문장에서 다윈은 진화는 우연적으로 발생하며, 형질 간의 우열은 존재하지 않는다고 말한다. 이에 다윈의 진화론은 우연성으로, 이와 반대되는 라마르크의 진화론은 필연성으로 정리할 수 있다. 더불어 노력해서 얻은 형질이 후손에 대물림된다는 설명은 필연성에 부합한다. ④의 선지에서는 제국주의와 파시즘을 지지하는 자들은 우연적으로 발생한 국가, 인종 간의 우열이 식민 지배의 근거라고 생각함을 말하고 있는데, 이러한 '우연적'은 라마르크주의보다는 다윈주의에 가깝다. 또한 해당 지문의 3문단에서 제국주의, 파시즘의 이데올로기는 다윈주의가 아닌 라마르크주의에 기반하고 있음을 확인할 수 있기 때문에 해당 선지는 부적절한 추론이라고 할 수 있다.

오답풀이

① 1문단에서 다윈은 형질의 우열을 부정했다는 사실을 밝히고 있다. 또한 3문단에서는 다윈에 의하면 국가, 인종 간의 우열을 설명할 수 없다는 정보가 있다. 지문의 전개 과정에서 유전 형질과 국가, 인종이 대응한다는 사실을 살펴 해당 선지에서 다윈의 진화론이 국가, 인종 간의 우열을 설명할 수 없는 이유를 추론할 수 있다.

② 3문단에 따르면 스펜서의 이론은 제국주의, 파시즘을 정당화하는 이론으로 이용되었음을 확인할 수 있다. 그런데 다음 문장에서 스펜서가 제국주의와 파시즘을 바라보는 시각이 제시되었다. 이는 '야만으로의 회귀'로 정리되며, 이를 통해 적자생존의 논리가 제국주의와 파시즘에 유효하게 작용하였음을 확인할 수 있다.

③ 라마르크에 대한 지지는 자연의 합목적성과 관련이 있다. 라마르크의 진화론은 진화가 열등한 것에서 고등한 것으로 이루어지며, 획득한 형질을 후대에 물려준다고 이야기하고 있으므로 해당 선지에 대한 추론은 적절하다.

2. ② [어휘 - 바꿔 쓸 수 있는 유사한 표현]

ⓒ의 '감당(堪當: 堪 견딜 감 當 마땅 당)하다'는 '일 따위를 맡아서 능히 해내다.'의 뜻이므로 '맞서서 버티는'을 바꿔 쓰기에 적절하지 않다. 바꿔 쓸 수 있는 표현으로는 '서로 맞서서 버티다.'의 뜻을 가진 '대치(對峙: 對 대할 대 峙 언덕 치)되다'가 적절하다.

오답풀이

① ㉠의 '기반(基盤: 基 터 기 盤 소반 반)하다'는 '바탕이나 토대를 두다.'의 뜻이므로 바꿔 쓰기에 적절하다.

③ ㉢의 '지지(支持: 支 지탱할 지 持 가질 지)하다'는 '어떤 사람이나 단체 따위의 주의·정책·의견 따위에 찬동하여 이를 위하여 힘을 쓰다.'의 뜻이므로 바꿔 쓰기에 적절하다.

④ ㉣의 '회귀(回歸: 回 돌아올 회 歸 돌아갈 귀)'는 '한 바퀴 돌아 제자리로 돌아오거나 돌아감.'의 뜻이므로 바꿔 쓰기에 적절하다.

3. ④ [어휘 - 문맥적 의미 추론]

제시문의 ㉠의 '드러나다'는 '알려지지 않은 사실이 널리 밝혀지다.'의 뜻으로 쓰였고, 이와 의미가 가장 가까운 것은 ④이다.

오답풀이

① '드러나다'는 '가려 있거나 보이지 않던 것이 보이게 되다.'의 뜻으로 쓰였다.

② '드러나다'는 '겉에 나타나 있거나 눈에 띄다.'의 뜻으로 쓰였다.

③ '드러나다'는 '겉에 나타나 있거나 눈에 띄다.'의 뜻으로 쓰였다.

빈/칸/문/제

p. 283

01. ❶ ㉣ 흉측 ❷ ㉡ 후생 ❸ ㉢ 훼손 ❹ ㉠ 힐난

02. ❶ ㉠ 흡사 ❷ ㉣ 힐문 ❸ ㉡ 희한 ❹ ㉡ 희한 ❺ ㉢ 황폐

p. 284~285

1. ③ [독해(비문학) – 내용 추론 긍정 발문]
패스티쉬는 패러디와 달리 '공통점'에 중점을 둠을 마지막 문단에서 확인할 수 있다. 기존 작품의 '친밀성'은 '공통점'으로 인해 유발되는 것이고, '낯설게하기'는 '공통점'을 뒤트는 표현 방법임을 1문단 끝에서 확인할 수 있다. 때문에 패스티쉬가 '낯설게하기'보다 '친밀성'에 중점을 둠을 알 수 있다.

오답풀이
① 1문단 7번째 줄에서 누구나 알아볼 수 있는 작품이 패러디의 대상이 됨을 알 수 있다.
② 1문단 마지막에서 패러디는 원작에 대한 더 강렬한 인상과 이해를 가져다 준다고 하고 있으므로 원작을 훼손한다는 선지는 옳지 않다
④ 존 파울즈는 패러디 기법을 사용한 작가로 제시되고 있으며, 언어에 대한 불신은 '패스티쉬'의 특징이다.

2. ③ [어휘 – 바꿔 쓸 수 있는 유사한 표현]
ⓒ의 '분석(分析 : 分 나눌 분 析 쪼갤 석)하다'는 '얽혀 있거나 복잡한 것을 풀어서 개별적인 요소나 성질로 나눔.'의 뜻이므로 '차이를 두어'을 바꿔 쓰기에 적절하지 않다. 바꿔 쓸 수 있는 표현으로는 '성질이나 종류에 따라 차이가 남. 또는 성질이나 종류에 따라 갈라놓음.'의 뜻을 가진 '구별(區別 : 區 구분할 구 別 나눌 별)하다'가 적절하다.

오답풀이
① ㉠의 '삽입(揷入 : 揷 꽂을 삽 入 들 입)하다'는 '끼워 넣다'의 뜻이므로 바꿔 쓰기에 적절하다.
② ㉡의 '부여(附與 : 附 붙을 부 與 더불 여)하다'는 '사람에게 권리·명예·임무 따위를 지니게 하거나 사물이나 일에 가치·의의 따위를 붙여 주다.'의 뜻이므로 바꿔 쓰기에 적절하다.
④ ㉣의 '모방(模倣 : 模 법 모 倣 본뜰 방)하다'는 '본뜨거나 본받다.'의 뜻이므로 바꿔 쓰기에 적절하다.

3. ③ [어휘 – 문맥적 의미 추론]
제시문의 ㉠의 '맞다'는 '시간의 흐름에 따라 오는 어떤 때를 대하다'의 뜻으로 쓰였고, 이와 의미가 가장 가까운 것은 ③이다.

오답풀이
① '맞다'는 '오는 사람이나 물건을 예의로 받아들이다.'의 뜻으로 쓰였다.
② '맞다'는 '어떤 좋지 아니한 일을 당하다.'의 뜻으로 쓰였다.
④ '맞다'는 '가족의 일원으로 예를 갖추어 데려오다.'의 뜻으로 쓰였다.

박혜선

주요 약력

고려대학교 국어국문학과 최우수 수석 졸업
고려대학교 국어국문학과 심화 전공
고려대학교 국어국문학과 중등학교 정교사 2급 자격증
前) 대치, 반포 산에듀 온라인 오프라인 최연소 대표 강사
現) 박문각 공무원 국어 1타 강사

주요 저서

2025 박혜선 국어 기본서 출좋포 독해·문학(박문각)
2025 박혜선 국어 기본서 출좋포 문법·어휘(박문각)
2025 박혜선 국어 독해 신유형 공부(박문각)
2025 박혜선 국어 천기누설 혜선팍 세트형 독해+어휘(박문각)
2025 박혜선 국어 천기누설 혜선팍 논리추론(박문각)
박혜선 국어 기본서 출좋포 어휘·한자(박문각)
박혜선 국어 최단기간 어문 규정(박문각)
박혜선 국어 최단기간 고전 운문(박문각)
박혜선 국어 개념도 새기는 기출 문법(박문각)
박혜선 국어 개념도 새기는 기출 문학&독해(박문각)
박혜선 국어 족집게 적중노트 88(박문각)
박혜선 국어 콤단문 문법(콤팩트한 단원별 문제풀이)(박문각)
박혜선 국어 콤단문 독해(콤팩트한 단원별 문제풀이)(박문각)
박혜선 국어 문법 출.좋.포 80(박문각)
2024 박문각 공무원 실전동형 국가직 모의고사(박문각)
2024 박문각 공무원 실전동형 지방직 모의고사(박문각)

박혜선 국어 ✧✦ 천기누설 세트형 독해+어휘

초판 인쇄 2024. 9. 5. | **초판 발행** 2024. 9. 10. | **편저자** 박혜선
발행인 박 용 | **발행처** (주)박문각출판 | **등록** 2015년 4월 29일 제2019-000137호
주소 06654 서울시 서초구 효령로 283 서경 B/D 4층 | **팩스** (02)584-2927
전화 교재 문의 (02)6466-7202

저자와의
협의하에
인지생략

정가 22,000원
ISBN 979-11-7262-196-4